Schriftenreihe
der Juristischen Schulung

Geschäftsführender Herausgeber
Rechtsanwalt Prof. Dr. Hermann Weber

Heft 118

W0272708

Einführung in die Verfassungsgeschichte der Bundesrepublik Deutschland

– Vorgeschichte, Grundstrukturen und Entwicklungslinien des Grundgesetzes –

von

Dr. iur. Klaus Kröger

Professor an der Universität Gießen

C.H.BECK'SCHE VERLAGSBUCHHANDLUNG

MÜNCHEN 1993

Die Deutsche Bibliothek – CIP-Einheitsaufnahme

Kröger, Klaus:
Einführung in die Verfassungsgeschichte der Bundesrepublik Deutschland : Vorgeschichte, Grundstrukturen und Entwicklungslinien des Grundgesetzes / von Klaus Kröger. – München : Beck, 1993
(Schriftenreihe der Juristischen Schulung ; H. 118)
ISBN 3 406 37494 8
NE: GT

ISBN 3 406 37494 8

Gesamtherstellung: C. H. Beck'schen Buchdruckerei, Nördlingen
Gedruckt auf alterungsbeständigem (säurefreiem) Papier
gemäß der ANSI-Norm für Bibliotheken

Konrad Hesse

zugeeignet

Um an die Quelle zu kommen,
muß man gegen den Strom schwimmen.

Stanislaw Jerzy Lec

Vorwort

Das Grundgesetz der Bundesrepublik Deutschland hat nicht nur eine Vor- und eine Entstehungsgeschichte; es ist nach über vierzig Jahren seines Bestehens selbst Teil der Geschichte geworden. Der tastende Versuch, eine „Einführung in die Verfassungsgeschichte der Bundesrepublik" zu schreiben, ist ein großes Wagnis. Wer die Grundlinien der *Verfassungsentwicklung* der Bundesrepublik[1] verfolgen und sich dabei nicht lediglich auf die Abfolge der förmlichen Verfassungsänderungen beziehen will, läuft Gefahr, seinen Gegenstand wegen der noch fehlenden Distanz zu den sich anbahnenden Veränderungen zu verzeichnen, wenn nicht gar zu verkennen. Manche Beobachtung von heute mag sich in zwanzig, dreißig Jahren als weniger wichtig, vielleicht sogar als irrig erweisen. Hinzu tritt die weitere Gefahr, jetzt einsetzende Entwicklungstendenzen nicht oder nicht hinreichend wahrzunehmen; ganz zu schweigen von all den schwer erkennbaren Verlockungen zur Selbsttäuschung, die mit einem solchen Vorhaben unvermeidlich verbunden sind.

Wenn ungeachtet dessen hier dieser Versuch unternommen wird, so steht dabei das Bemühen im Vordergrund, den Studenten über die punktuelle Betrachtung einzelner Verfassungsnormen und fallbezogener Verfassungsgerichtsentscheidungen hinaus den Blick für den Zusammenhang von Stabilität und Dynamik des Verfassungsrechts zu schärfen, der erst ein vertieftes Verständnis des Verfassungsrechts ermöglicht. Nur sofern sich dem Leser *Hermann Hellers* wegweisende, schon vor fast sechzig Jahren ausgesprochene Erkenntnis *konkret* erschließt, daß die Verfassung „eine offene Gestalt (ist), durch die das Leben hindurchgeht, Leben in Form und Form aus Leben",[2] offenbart sich dem Betrachter die *Kernstruktur* des modernen Verfassungsrechts. Diese Absicht kann durch die

---

[1] Der Begriff „Verfassungsentwicklung" als Oberbegriff von Verfassungswandlungen und Verfassungsänderungen wird von *H. Ehmke* (Grenzen der Verfassungsänderung, 1953, S. 64) gebraucht; ihm folgend jetzt: *B.-O. Bryde*, Verfassungsentwicklung, 1982, S. 22 et passim.

[2] *H. Heller*, Staatslehre, 1934, S. 250.

Nachzeichnung der Grundlinien der Verfassungsentwicklung der Bundesrepublik besonders gefördert werden.

Eine solche Darstellung hat nicht nur den Blick von 1949 nach vorn zu richten, sondern auch zurück auf die *Vorgeschichte* zu schauen. Denn die heutigen Verfassungen verstehen und legitimieren sich von vornherein als Glieder einer geschichtlichen Abfolge, worauf *Rudolf Smend* besonders hingewiesen hat:[3] „Die deutschen Verfassungen von 1919, 1933, 1949 gelten nicht nur kraft ihres immanenten Aufbauschemas, sondern auch kraft ihres historischen Stellenwerts, ihrer real-dialektischen Ablösungsrolle gegenüber einer überwundenen Stufe". Daher werden die Grundlinien des Staatsrechts des Dritten Reiches an den Anfang gestellt als Kontrastmodell zur staatsrechtlichen Ordnung der Bundesrepublik, die auf Traditionen zurückgreift, welche sich in der Kernphase der deutschen Verfassungsgeschichte der Neuzeit im 19. und im beginnenden 20. Jahrhundert herausgebildet haben.[4]

Im Mittelpunkt dieses Grundrisses steht die Fortentwicklung der *Grundstrukturen des Bonner Grundgesetzes.* Die hier nachgezeichneten Entwicklungslinien erscheinen als die wichtigsten und die am wenigsten abweisbaren. Auf eine weitergehende detaillierte Darstellung muß hier verzichtet werden. Aufschlußreicher mag hier und da die Wandlung einzelner Institutionen oder Normen der Verfassung sein; im Rahmen einer Gesamtbetrachtung können diese – schon aus Raumgründen – allenfalls als Beispielsfälle für die Entwicklung der Strukturprinzipien des Grundgesetzes erwähnt werden. Verzichtet wird auch auf die Besonderheiten der Weiterentwicklung der Länderverfassungen nach 1945.

Außerhalb der Zielsetzung dieses Grundrisses liegt es, die wissenschaftlichen Kontroversen darzustellen und zu ihnen Stellung zu nehmen. Die Literaturhinweise im Text beschränken sich auf die unentbehrlichen Angaben. Im bibliographischen Vorspann zu den einzelnen Paragraphen sind besonders ausgewählte Literaturangaben aufgeführt, die dem interessierten Leser eine Vertiefung ermöglichen sollen. Auch dort wird Vollständigkeit der Nachweise nicht angestrebt. Das Manuskript wurde am 1. Oktober 1992 abgeschlossen.

Angesichts des überschaubaren Umfangs dieses Buches ist auf ein Sachverzeichnis verzichtet worden; mannigfache Verweise in den Fußnoten erleichtern das Auffinden der Anschlußpassagen.

Gießen, im Januar 1993 *Klaus Kröger*

---

[3] *R. Smend*, Art. „Staat", in: Evangelisches Kirchenlexikon Bd. III, 1959, jetzt wieder abgedruckt in den „Staatsrechtlichen Abhandlungen" des Verfassers, 2. Aufl. (1968), S. 517ff. (523).

[4] Vgl. dazu: *K. Kröger*, Einführung in die jüngere deutsche Verfassungsgeschichte, 1988.

Inhaltsverzeichnis

Abkürzungsverzeichnis

ABl. .... Amtsblatt
aF .... alte Fassung
Anm. .... Anmerkung
AöR .... Archiv des öffentlichen Rechts
Art. .... Artikel
Aufl. .... Auflage
BBG .... Bundesbeamtengesetz
Bd. .... Band
bes. .... besonders
BGBl I, II .... Bundesgesetzblatt Teil I, Teil II
BRRG .... Beamtenrechtsrahmengesetz
BT-Dr .... Bundestags-Drucksache
BVerfGE .... Entscheidungen des Bundesverfassungsgerichts (amtliche Sammlung)
BWG .... Bundeswahlgesetz
DJZ .... Deutsche Juristenzeitung
DöV .... Die öffentliche Verwaltung
DVBl .... Deutsches Verwaltungsblatt
DVerwGesch .... Deutsche Verwaltungsgeschichte
EuGRZ .... Europäische Grundrechte Zeitschrift
EvStL .... Evangelisches Staatslexikon
FAZ .... Frankfurter Allgemeine Zeitung
GBl .... Gesetzblatt
GG .... Grundgesetz für die Bundesrepublik Deutschland
GMBl .... Gemeinsames Ministerialblatt
GOBR .... Geschäftsordnung des Bundesrates
GOBReg .... Geschäftsordnung der Bundesregierung
GOBT .... Geschäftsordnung des Deutschen Bundestages
GS .... Gesetzessammlung
H. .... Heft
HdBStR .... Handbuch des Staatsrechts der Bundesrepublik Deutschland
HdBVerfR .... Handbuch des Verfassungsrechts der Bundesrepublik Deutschland
Hg. (hg.) .... Herausgeber (herausgegeben)
i. d. F. .... in der Fassung
insb. .... insbesondere
JA .... Juristische Arbeitsblätter
JöR .... Jahrbuch des öffentlichen Rechts
JuS .... Juristische Schulung
JZ .... Juristenzeitung
Kap. .... Kapitel
KritV .... Kritische Vierteljahresschrift für Gesetzgebung und Rechtswissenschaft
nF .... neue Fassung
NF .... Neue Folge
NJW .... Neue Juristische Wochenschrift

NVwZ	Neue Zeitschrift für Verwaltungsrecht
PartG	Parteiengesetz
RGBl I	Reichsgesetzblatt Teil I
Rdnr.	Randnummer
S.	Satz oder Seite
SGB-AT	Sozialgesetzbuch – allgemeiner Teil
StGB	Strafgesetzbuch
StL	Staatslexikon der Görres-Gesellschaft
u. a.	und andere
Verh.	Verhandlungen
VerwA	Verwaltungsarchiv
VJZgesch	Vierteljahreshefte für Zeitgeschichte
VOBlBrZ	Verordnungsblatt für die Britische Zone
VVDStRL	Veröffentlichungen der Vereinigung der Deutschen Staatsrechtslehrer
WP	Wahlperiode
ZBR	Zeitschrift für Beamtenrecht
ZfParl	Zeitschrift für Parlamentsfragen
ZfPol	Zeitschrift für Politik
ZgStW	Zeitschrift für die gesamte Staatswissenschaft
Ziff.	Ziffer
ZRP	Zeitschrift für Rechtspolitik

Teil A. Vorgeschichte, Ausgangslage und Neubeginn

§ 1. Grundlinien des Staatsrechts des Dritten Reiches

Quellen: F. Poetzsch-Heffter, Vom Deutschen Staatsleben (30. 1. bis 31. 12. 1933), in JöR Bd. 22 (1935), 1 ff.; *A. Köttgen,* Vom Deutschen Staatsleben (1. 1. 1934 bis 31. 9. 1937), in: JöR Bd. 24 (1938), 1 ff.; *H. Herrfahrdt* (Hg.), Die Verfassungsgesetze des nationalsozialistischen Staates dem Text der Weimarer Verfassung gegenübergestellt, 1935; *I. v. Münch-U. Brodersen* (Hg.), Gesetze des NS-Staates, 2. Aufl. (1982).

Literatur: E. R. Huber, Verfassungsrecht des Großdeutschen Reiches, 2. Aufl. (1939); *ders.,* Bau und Gefüge des Reiches, 1941; *ders.,* Die Rechtsstellung des Volksgenossen, in: ZgStW Bd. 96 (1936), 438 ff.; *O. Koellreutter,* Deutsches Verfassungsrecht, 3. Aufl. (1938); *ders.,* Der deutsche Führerstaat, 1934; *ders.,* Volk und Staat in der Weltanschauung des Nationalsozialismus, 1935; *Carl Schmitt,* Staat, Bewegung, Volk. Die Dreigliederung der politischen Einheit, 1933; *ders.,* Über die drei Arten des rechtswissenschaftlichen Denkens, 1934; *ders.,* Der Führer schützt das Recht, (1934), wiederabgedruckt in dem Sammelband des Verfassers: Positionen und Begriffe im Kampf mit Weimar-Genf-Versailles 1923–1939, 1940, S. 199 ff.; *O. Gauweiler,* Rechtseinrichtungen und Rechtsaufgaben der Bewegung, 1939; *R. Höhn,* Die Wandlung im staatsrechtlichen Denken, 1934; *ders.,* Das subjektive öffentliche Recht und der neue Staat, in: Deutsche Rechtswissenschaft 1936, 49 ff; *K. Larenz,* Rechtsperson und subjektives Recht. Zur Wandlung der Rechtsgrundbegriffe, 1935; *ders.,* Über Gegenstand und Methoden des völkischen Rechtsdenkens, 1938; *G. Neeße,* Das Gesetz zur Sicherung der Einheit von Partei und Staat, 1934; *ders.,* Die Rechtsnatur der Nationalsozialistischen Deutschen Arbeiterpartei, in: ZgStW Bd. 95 (1935), 709 ff.; *G. A. Walz,* Autoritärer Staat, nationaler Rechtsstaat oder völkischer Führerstaat? in: DJZ 1933, 1334 ff.

Aus der Literatur nach 1945: H. Schneider, Das Ermächtigungsgesetz vom 24. März 1933, 1955; *E. W. Böckenförde* (Hg.), Staatsrecht und Staatsrechtslehre im Dritten Reich, 1985; *R. Grawert,* Die nationalsozialistische Herrschaft, in: HdBStR Bd. I, 1987, S. 143 ff.; *R. Echterhölter,* Das öffentliche Recht im nationalsozialistischen Staat, 1970; *K. D. Bracher,* Die deutsche Diktatur-Entstehung, Struktur, Folgen des Nationalsozialismus, 6. Aufl. (1979); *M. Broszat,* Der Staat Hitlers. Grundlegung und Entwicklung seiner inneren Verfassung, 10. Aufl. (1983); *M. Stolleis,* Gemeinschaft und Volksgemeinschaft. Zur juristischen Terminologie im Nationalsozialismus, in: VJZgesch Bd. 20 (1972), 16 ff.; *K. Anderbrügge,* Völkisches Rechtsdenken. Zur Rechtslehre in der Zeit des Nationalsozialismus, 1978; *O. Kimminich,* Deutsche Verfassungsgeschichte, 2. Aufl. (1987), S. 541 ff.

Die durchtriebene radikale Zerstörung der Weimarer Reichsverfassung vom 11. 8. 1919 durch die *„nationale Revolution"* der nationalsozialistischen Machthaber nach dem 30. 1. 1933 war eines der Schockerlebnisse, das die Verfassunggebung der Nachkriegszeit nachhaltig beeinflußt hat. In einem Zeitraum von nur wenigen Monaten wurde die Weimarer Reichsverfassung ausgehebelt und eine diametral entgegengesetzte Staatsordnung etabliert.[1] Die einzelnen Etappen dieser Umwälzung vollzogen

---

[1] Die beste Dokumentation dieser Umwälzung bei. *F. Poetzsch-Heffter,* Vom Deutschen Staatsleben (30. I. bis 31. XII. 1933), in: JöR Bd. 22 (1935), 1 ff.; und *A. Köttgen,* Vom Deutschen Staatsleben (1. I. 1934–30. IX. 1937), in: JöR Bd. 24 (1938), 1 ff.

sich schrittweise: Auf Veranlassung des Reichskanzlers *Adolf Hitler* verordnete der Reichspräsident *Paul von Hindenburg* am 6. 2. 1933 die Übertragung aller der preußischen Regierung noch verbliebenen Befugnisse auf den Reichskommissar Vizekanzler *Franz von Papen* (RGBl I, 43). Damit war die preußische Regierung ihres Amtes enthoben. Der vordringliche Zweck dieser Maßnahme war die vorzeitige Auflösung des preußischen Landtages, um gleichzeitig mit der Reichstagswahl vom 5. 3. 1933 die Neuwahl des preußischen Landtags zu ermöglichen.

Nach dem spektakulären Reichstagsbrand am 27. 2. 1933 erließ der Reichspräsident tags darauf die *„Verordnung zum Schutze von Volk und Staat"* (RGBl I, 83), durch die sieben Grundrechtsartikel der Weimarer Reichsverfassung bis auf weiteres außer Kraft gesetzt wurden: die Unverletzlichkeit der persönlichen Freiheit (Art. 114), die Unverletzlichkeit der Wohnung (Art. 115), das Brief-, Post-, Telegraphen- und Fernsprechgeheimnis (Art. 117), das Recht der freien Meinungsäußerung (Art. 118), das Versammlungsrecht (Art. 123) und die Vereinigungsfreiheit (Art. 124) sowie die Eigentumsgarantie (Art. 153). Nach § 2 dieser Verordnung konnte die Reichsregierung, sofern in einem Lande die zur Wiederherstellung der öffentlichen Sicherheit und Ordnung nötigen Maßnahmen nicht getroffen wurden, die Befugnisse der obersten Landesbehörde vorübergehend wahrnehmen. In der gleichen Verordnung wurde der Strafrahmen einer Reihe von Verbrechenstatbeständen drastisch erhöht (§ 5).

Der am 5. 3. 1933 neugewählte Reichstag, in dem die Nationalsozialistische Deutsche Arbeiterpartei (NSDAP) 43,9% der Sitze auf sich vereinigte, beschloß am 24. 3. das vielberufene *„Ermächtigungsgesetz":* das *„Gesetz zur Behebung der Not von Volk und Reich"* (RGBl I, 141)[2] Es wurde als „vorläufiges Verfassungsgesetz des neuen Deutschland" betrachtet[3] Der Reichstag ermächtigte die Reichsregierung, Gesetze zu beschließen (Art. 1). Nach Art. 2 konnten die von der Reichsregierung beschlossenen Gesetze sogar „von der Reichsverfassung abweichen, soweit sie nicht die Einrichtung des Reichstages und des Reichsrates als solche zum Gegenstand" hatten. Das zunächst bis zum 1. 4. 1937 befristete Ermächtigungsgesetz wurde vom Reichstag zweimal verlängert; während des Krieges wurde es durch Führererlaß vom 10. 5. 1943 auf unbegrenzte Zeit ausgedehnt (RGBl I, 295).

Aufgrund des Ermächtigungsgesetzes wurde zunächst der alte „Parteienbundesstaat", wie er geringschätzig bezeichnet wurde, beseitigt. Die Reichsregierung erließ am 31. 3. 1933 das *„Vorläufige Gesetz zur Gleichschaltung der Länder mit dem Reich"* (RGBl I, 153), durch das die Lan-

---

[2] Vgl. dazu die grundlegende Untersuchung von *Hans Schneider*, Das Ermächtigungsgesetz vom 24. März 1933, 1955.

[3] *Carl Schmitt*, Staat, Bewegung, Volk. Die Dreigliederung der politischen Einheit, 1933, S. 7.

desregierungen zum Erlaß von Landesgesetzen ermächtigt (§§ 1–3) und die bisherigen Volksvertretungen der Länder aufgelöst wurden (§§ 4ff.).

„Sie (diese) werden neu gebildet nach den Stimmen, die bei der Wahl zum Deutschen Reichstag am 5. 3. 1933 innerhalb eines jeden Landes auf die Wahlvorschläge entfallen sind. Hierbei werden die auf Wahlvorschläge der Kommunistischen Partei entfallenden Sitze nicht zugeteilt. Dasselbe gilt für Wahlvorschläge von Wählergruppen, die als Ersatz von Wahlvorschlägen der Kommunistischen Partei anzusehen sind" (§ 4 II).

Als lakonische Begründung für dieses Verfahren wurde angegeben, daß es „zweckmäßig" erscheine, „nach den vielen Wahlen in der letzten Zeit jetzt keine weitere Neuwahl mehr folgen zu lassen" (Ziff. II Abs. 2 der Begründung des Gesetzentwurfs). Die neuen Landtage galten mit dem 5. 3. 1933 als auf vier Jahre gewählt; eine vorzeitige Auflösung war unzulässig (§ 8).

Nur wenige Tage später erließ die Reichsregierung das *Zweite Gleichschaltungsgesetz* vom 7. 4. 1933 (RGBl I, 173), das durch das Änderungsgesetz vom 25. 4. 1933 (RGBl I, 225) die Bezeichnung *„Reichsstatthaltergesetz"* erhielt.

„In den deutschen Ländern, mit Ausnahme von Preußen, ernennt der Reichspräsident auf Vorschlag des Reichskanzlers Reichsstatthalter. Der Reichsstatthalter hat die Aufgabe, für die Beobachtung der vom Reichskanzler aufgestellten Richtlinien der Politik zu sorgen ..." (§ 1).

„Der Reichsstatthalter wird für die Dauer einer Landtagsperiode ernannt. Er kann auf Vorschlag des Reichskanzlers vom Reichspräsidenten jederzeit abberufen werden.

Auf das Amt des Reichsstatthalters finden die Vorschriften des Reichsministergesetzes vom 27. 3. 1930 (RGBl I, 96) sinngemäß Anwendung ..." (§ 3).

Zu den Befugnissen des Reichsstatthalters gehörten: die Ernennung und Entlassung des Vorsitzenden der Landesregierung und auf dessen Vorschlag der übrigen Mitglieder der Landesregierung, die Ausfertigung und Verkündung der Landesgesetze, die Ernennung und Entlassung der unmittelbaren Staatsbeamten und Richter auf Vorschlag der Landesregierung (§ 1).

Daneben galt es, die bisherigen politischen Parteien bis auf die NSDAP zu beseitigen. Während der Kommunistischen Partei bereits im März 1933 aufgrund der „Verordnung zum Schutze von Volk und Staat" vom 28. 2. 1933 jede Betätigungsmöglichkeit genommen worden war, wurde auf Ersuchen des Reichsministers des Innern im Juni 1933 auf der Grundlage derselben Verordnung die Sozialdemokratische Partei „ausgeschaltet" und ihren Mandatsträgern jede politische Tätigkeit untersagt. Die übrigen Parteien lösten sich auf staatlichen Druck hin selbst auf. Den Mitgliedern der Deutschen Volkspartei und der Deutschnationalen Front wurde empfohlen, der NSDAP beizutreten. Am 14. 7. 1933 beschloß die Reichsregierung das *Gesetz gegen die Neubildung von Parteien* (RGBl I, 479), das die NSDAP zur einzigen politischen Partei in Deutschland erklärte. Durch das *„Gesetz zur Sicherung der Einheit von Partei und*

Staat" vom 1. 12. 1933 (RGBl I, 1016) erhielt die NSDAP den Status einer Körperschaft des öffentlichen Rechts (§ 1 II). Der Ausschaltung politisch unerwünschter Beamten diente das „*Gesetz zur Wiederherstellung des Berufsbeamtentums*" vom 7. 4. 1933 (RGBl I, 175), ergänzt durch das Beamtenrechtsänderungsgesetz vom 30. 6. 1933 (RGBl I, 433).

Endgültig zerstört wurde die Weimarer Reichsverfassung durch das „*Gesetz über den Neuaufbau des Reiches*" vom 30. 1. 1934 (RGBl I, 75): Die Volksvertretungen der Länder wurden aufgehoben (Art. 1), die Hoheitsrechte der Länder gingen auf das Reich über, und die Landesregierungen wurden der Reichsregierung unterstellt (Art. 2), die Reichsstatthalter unterstanden der Dienstaufsicht des Reichsministers des Innern (Art. 3), die Reichsregierung konnte neues Verfassungsrecht setzen (Art. 4).

Durch Gesetz vom 14. 2. 1934 (RGBl I, 89) wurde der Reichsrat aufgehoben. Und nach dem Tode des Reichspräsidenten *von Hindenburg* wurde das Amt des Reichspräsidenten mit dem des Reichskanzlers durch Gesetz vom 1. 8. 1934 (RGBl I, 747) vereinigt.

Ziel der „nationalen Revolution" der nationalsozialistischen Machthaber war die Errichtung des „*völkischen Führerstaates*"[4] Diese Formel war Ausdruck der verschwommenen nationalsozialistischen Ideologie, die mit den Staats- und Rechtsvorstellungen des 19. und beginnenden 20. Jahrhunderts in Deutschland radikal brach. *Carl Schmitt* hat die nationalsozialistische Neuordnung als „Dreigliederung der politischen Einheit" in die Elemente „Staat, Bewegung, Volk" beschrieben[5]:

Danach hatte der Staat nur noch eine rein instrumentale, sekundäre Bedeutung gegenüber der „staatstragenden Bewegung", der NSDAP; er wurde zum „bloßen Funktionsmodus des staatlichen Behördenapparates". Die Staat und Volk tragende Stellung der NSDAP kam in einer Reihe von Personalunionen zum Ausdruck, voran der des „Führers und Reichskanzlers" *Adolf Hitler*,[6] der unumschränkte Entscheidungsbefugnisse besaß. Das Volk war demgegenüber das „im Schutz und Schatten der politischen Entscheidungen sich aufbauende unpolitische Element" dieser Dreiheit.

Im Zentrum der nationalsozialistischen Neuordnung stand die „*Führergewalt*", ein mit den herkömmlichen staatsrechtlichen Begriffen nicht zu fassender Terminus:

„Der Führer ist der Träger des völkischen Willens; er ist unabhängig von allen Gruppen, Verbänden und Interessen, aber er ist gebunden an die Wesensgesetze des Volkes" ... Er ist „kein ‚Organ' des Staates im Sinne eines bloß ausführenden Handlungsträgers. Er ist vielmehr selbst der Träger des völkischen Gemeinwillens; in seinem Willen tritt der Volkswille in die Erscheinung. Er wandelt das bloße Gefühl des Volkes in einen bewußten Willen; er schafft aus einem vielstrebigen Ganzen die einheitliche, einsatzbereite Gefolgschaft. Er bildet in sich den wahrhaften Willen des Volkes, der

---

[4] So die Formulierung von *G. A. Walz*, Autoritärer Staat, nationaler Rechtsstaat oder völkischer Führerstaat, in: DJZ 1933, 1334.

[5] Siehe den Nachweis in Fußn. 3.

[6] So ausdrücklich: § 1 S. 2 des *Staatsoberhauptgesetzes* vom 1. 8. 1934 (RGBl I, 747).

von den subjektiven Überzeugungen der jeweils lebenden Volksglieder zu unterscheiden ist. Er ist hingegeben an die objektive geschichtliche Einheit und Ganzheit des Volkes ...".[7]

Die Huldigung an die mythisch verklärte Gestalt des Führers konnte den Blick auf seine schrankenlose, bis zur Willkür reichende autoritäre Entscheidungsgewalt nicht verdecken:

„Der Führer vereinigt in sich alle hoheitliche Gewalt des Reiches; alle öffentliche Gewalt im Staat wie in der Bewegung leitet sich von der Führergewalt ab ... Nicht der Staat als eine unpersönliche Einheit ist der Träger der politischen Gewalt, sondern diese ist dem Führer als dem Vollstrecker des völkischen Gemeinwillens gegeben. Die Führergewalt ist umfassend und total; sie vereinigt in sich alle Mittel der politischen Gestaltung; sie erstreckt sich auf alle Sachgebiete des völkischen Lebens; sie umfaßt alle Volksgenossen, die dem Führer zu Treue und Gehorsam verpflichtet sind. Die Führergewalt ist nicht durch Sicherungen und Kontrollen, durch autonome Schutzbereiche und wohlerworbene Einzelrechte gehemmt, sondern sie ist frei und unabhängig, ausschließlich und unbeschränkt ...".[8]

Die nationalsozialistische Doktrin der „Einheit der Führergewalt" überwand die traditionelle Gewaltenteilungslehre. Alle Einzelfunktionen und Befugnisse wurden nunmehr aus der *Gesamtgewalt* des Führers abgeleitet. Diese stellte auf allen Lebensgebieten und in allen Gestaltungsformen „die Einheit, Existenz und Macht des völkischen Reiches" her. Von daher war es konsequent, im Führer zugleich den „obersten Gesetzgeber", den „obersten Regierenden" und den „obersten Richter" zu sehen.[9]

Neben dem Begriff der „Führergewalt" war der des *Volkes* von zentraler Bedeutung im nationalsozialistischen Staatsrecht. Das Volk wurde nicht als die Gesamtheit der Staatsbürger, sondern als *ursprüngliche* Ganzheit verstanden, die durch die *„Artgleichheit"* und die geschichtliche Idee einer in sich geschlossenen Gemeinschaft gekennzeichnet war:

„Das politische Volk wird durch die *Einheitlichkeit der Art* gebildet. Die Rasse ist die naturhafte Grundlage des Volkes. Rasse ist eine durch bestimmte leib-seelische Merkmale ausgezeichnete Abstammungsgemeinschaft. Das durch die gemeinsame Abstammung bestimmte Volk ist eine überpersönliche Geschlechtereinheit, in der Vergangenheit, Gegenwart und Zukunft sich verbinden. Es ist eine naturhafte, elementare, organische und zunächst unbewußt vorhandene Ganzheit; es ist das natürliche Volk ...".[10]

Nach dieser Vorstellung konnte es kein beziehungsloses Nebeneinander der Individuen und ebensowenig eine Gegenüberstellung von Staat und Einzelnen mehr geben. Der Bürger war in allen Lebensbeziehungen „Gliedpersönlichkeit" innerhalb der völkischen Gemeinschaft. Er besaß

---

[7] *E. R. Huber*, Verfassungsrecht des Großdeutschen Reiches, 2. Aufl. (1939), S. 195f. Dieses Buch enthält die umfassendste Darlegung des nationalsozialistischen Staatsrechts.

[8] *E. R. Huber* (o. Fußn. 7), S. 230, und zum Folgenden ebenda S. 231f.

[9] *E. R. Huber* (o. Fußn. 7), S. 235ff., 223ff., 277ff.

[10] *E. R. Huber* (o. Fußn. 7), S. 153.

keine subjektiven öffentlichen Rechte mehr, er erhielt eine eigene Persönlichkeit erst durch die „Gliedschaftsstellung in der Volksgemeinschaft“[11] Die Trennung zwischen öffentlicher und privater Sphäre war damit aufgehoben. Die gliedhafte Stellung, die der Einzelne in der konkreten Ordnung der Gemeinschaft innehatte, wurde als *„volksgenössische Rechtsstellung“* bezeichnet:

„Der Begriff der volksgenössischen Rechtsstellung tritt als eine neue Bildung ein, die für den Aufbau der völkischen Ordnung unentbehrlich ist. Die Rechtsstellung des Volksgenossen ist stets gemeinschaftsbezogen und pflichtgebunden. Sie ist nicht um des Einzelnen willen begründet, sondern um der Gemeinschaft willen, die nur dann lebendig, kraftvoll und sinnhaft ist, wenn der Genosse in ihr den rechten Wirkungsraum besitzt. Ohne die konkrete Rechtsstellung des Genossen gibt es keine wirkliche Gemeinschaft.

... alle Berechtigungen (bestehen) nur als *pflichtgebundene* Berechtigungen; ihr Gebrauch ist stets abhängig davon, daß der Inhaber die Pflichten, die jede Berechtigung zugleich in sich schließt, erfüllt. Nicht der individualistische Personbegriff, sondern die Teilhabe des Genossen an der völkischen Gemeinschaft kommt im Begriff der Rechtsstellung zum Ausdruck. Wesentlich ist der gliedhaften Rechtsstellung stets, daß sie keine bloße Rechtsbeziehung unter Einzelnen ist, sondern daß sie von der Gemeinschaft her Sinn und Richtung, Wesen und Bindung erhält. ...“[12]

Die volksgenössische Rechtsstellung erstreckte sich auf alle Rechtsbereiche von der politischen Führungsordnung über die öffentlichen Dienstverhältnisse bis hin zur Familie, zur Eigentumsordnung und den Arbeitsverhältnissen. Sie war Inbegriff der „völkischen Verfassung“.

Das Beispiel von Ehe und Familie zeigt, wie tiefgreifend die durch Art. 119 und 120 der Weimarer Reichsverfassung geschützten Institute verändert wurden. Sie wurden zu „Kernstellungen im Aufbau der völkischen Gemeinschaft“ und damit ihres bisherigen Charakters als Einrichtungen des bürgerlichen Rechts völlig entkleidet:

„Ehe und Familie sind die Zellen der völkischen Lebensordnung. Ihr Schutz, ihre Förderung und Entfaltung gehören zu den Grundaufgaben des Reiches. Die Eigenart der deutschen Ehe und Familie ist eines der Elemente des völkischen Verfassung. Deshalb ist das *Gesetz zum Schutze des deutschen Blutes und der deutschen Ehre* vom 15. 9. 1935 (RGBl I, 1146) ein Grundgesetz der neuen völkischen Ordnung. Das Ziel des sog. Blutschutzgesetzes ist, die Reinheit des deutschen Blutes als die Voraussetzung für den Fortbestand des deutschen Volkes zu sichern. Es ist ein Verfassungsgesetz des Dritten Reiches, da es die naturhafte Grundlage der Volksgemeinschaft zu schützen bestimmt ist. Eheschließungen zwischen Juden und Staatsangehörigen deutschen oder artverwandten Blutes sind danach verboten ...“.[13]

Das *„Gesetz zum Schutze der Erbgesundheit des deutschen Volkes“* vom 18. 10. 1938 (RGBl I, 1246) verbot die Eheschließung, wenn einer der Verlobten an einer gefährlichen ansteckenden Krankheit litt, entmündigt war, eine geistige Störung aufwies, welche die Ehe für die Volksge-

---

[11] Besonders eindringlich: *K. Larenz,* Rechtsperson und subjektives Recht. Zur Wandlung der Rechtsgrundbegriffe, 1935.

[12] *E. R. Huber* (o. Fußn. 7), S. 365, 366.

[13] *E. R. Huber* (o. Fußn. 7), S. 369 (Hervorhebungen nicht im Originaltext).

meinschaft unerwünscht erscheinen ließ, oder „erbkrank" war. Aufgrund des *„Gesetzes zur Verhütung erbkranken Nachwuchses"* vom 14. 7. 1933 (RGBl I, 529) sollten Ehegatten, die an einer „Erbkrankheit" litten, unfruchtbar gemacht werden, wenn zu erwarten war, daß ihre Nachkommen an schweren körperlichen oder geistigen Erbschäden leiden würden.

Eine der wichtigsten Säulen der nationalsozialistischen Neuordnung war die *„Bewegung"*, die NSDAP. Sie war „der politische Orden des völkischen Führerreiches, das durch sie zum Bewegungsstaat" wurde.[14] Das „Ziel der volk- und staattragenden Bewegung" war die „totale Durchsetzung der nationalsozialistischen Weltanschauung in Volk und Reich."[15] Die *Rechtsstellung der NSDAP* war die „eines vollkommen souveränen Machtträgers", dessen „Rechtsherrlichkeit und Eigengesetzlichkeit ... auf der unabgeleiteten ursprünglichen politischen Macht, die der Führer und die Bewegung kraft ihres geschichtlichen Wirkens erreicht" hatten, beruhte.[16] Dieser Status kam in dem *„Gesetz zur Sicherung der Einheit von Partei und Staat"* vom 1. 12. 1933 (RGBl I, 1016) nur unvollkommen zum Ausdruck:

„Nach dem Sieg der nationalsozialistischen Revolution ist die Nationalsozialistische Deutsche Arbeiterpartei die Trägerin des Staatsgedankens und mit dem Staat unlöslich verbunden. Sie ist eine Körperschaft des öffentlichen Rechts. Ihre Satzung bestimmt der Führer" (§ 1).

„Zur Gewährleistung engster Zusammenarbeit der Dienststellen der Partei und der SA („Sturmabteilung") mit den öffentlichen Behörden werden der Stellvertreter des Führers und der Chef des Stabes der SA Mitglieder der Reichsregierung" (§ 2).

Die Bezeichnung der NSDAP als *Körperschaft des öffentlichen Rechts* war irreführend, weil die Bewegung weder staatlicher Aufsicht unterstand noch in ihren Befugnissen eingegrenzt war, sondern als eigenständige Verfassungseinrichtung galt. Und die in § 2 dieses Gesetzes erwähnte Berufung des Stellvertreters des Führers zum Mitglied der Reichsregierung war lediglich ein einzelnes – wenn auch ein besonders wichtiges – Beispiel aus der Vielzahl personeller *Verbindungen zwischen Parteistellen und führenden Staatsämtern:*

Die bedeutendste Personalunion bestand in der Verbindung von Reichskanzler und oberstem Führer der Partei und oberstem SA-Führer.[17] Weitere Verknüpfungen ergaben sich daraus, daß eine Gruppe höherer Parteiführer, darunter der Stabschef der SA, der Reichsführer der SS („Saalschutz") und der Stabsleiter der Parteiorganisation zu preußischen Staatsräten ernannt wurden, wobei sich die Dauer der Zugehörigkeit zum Staatsrat nach der Dauer der Parteiämter richtete.[18] Desgleichen gehörten den preußi-

[14] *E. R. Huber* (o. Fußn. 7), S. 290.

[15] *E.R.* Huber (o. Fußn. 7), S. 293.

[16] *O. Gauweiler,* Rechtseinrichtungen und Rechtsaufgaben der Bewegung, 1939, S. 9.

[17] Siehe den Hinweis oben in Fußn. 6.

[18] Vgl. das *preußische Gesetz über den Staatsrat* vom 8. 7. 1933 (GS. 241) i.d.F. des Änderungsgesetzes vom 31. 7. 1933 (GS. 289).

schen Provinzialräten Kreisleiter der NSDAP sowie höhere SA- und SS-Führer an.[19] Ähnliche Verbindungen gab es auch auf Gemeindeebene.[20] Besonders bemerkenswert war, daß die Mehrzahl der Reichsstatthalter zugleich Gauleiter der NSDAP waren.[21]

Die Partei konnte aufgrund der vielfältigen Personalunionen alle wesentlichen Entscheidungen des Staatsapparates beeinflussen und kontrollieren. Hinzu trat die Einrichtung von *Sonderbeauftragten der Partei* bei den staatlichen Behörden,[22] wodurch die parteiliche Ingerenz noch verstärkt wurde.

§ 2. Der Zusammenbruch des Dritten Reiches und die Besatzungsherrschaft

Quellen: E. R. Huber (Hg.), Quellen zum Staatsrecht der Neuzeit, Bd. II, 1951; Akten zur Vorgeschichte der Bundesrepublik Deutschland Bd. 1–5, 1976–1983; *E. Deuerlein* (Hg.), Potsdam 1945. Quellen zur Konferenz der „Großen Drei", 1963. *D. Schröder* (Hg.), Das geltende Besatzungsrecht, 1990.

Literatur: Ploetz, Das Dritte Reich (Hg. von *M. Broszat* und *N. Frei*), 1983; *F. Meinecke*, Die deutsche Katastrophe, 1946; *R. Hansen*, Das Ende des Dritten Reiches. Die deutsche Kapitulation 1945, 1966; *M. Stolleis*, Besatzungsherrschaft und Wiederaufbau deutscher Staatlichkeit, in: HdBStR Bd. I, 1987, S. 173ff.; *B. Diestelkamp*, Die Verfassungsentwicklung in den Westzonen bis zum Zusammentreten des Parlamentarischen Rates, in: NJW 1989, 1312ff.; *W. Benz*, Von der Besatzungsherrschaft zur Bundesrepublik. Stationen einer Staatsgründung 1946–1949, 1984; *P. Bucher*, Nachkriegsdeutschland 1945–1949, 1990; *O. Kimminich*, Deutsche Verfassungsgeschichte, 2. Aufl. (1987), S. 584ff.; *C. Scharf-H. J. Schröder* (Hg.), Die Deutschlandpolitik Großbritanniens und die britische Zone 1945–1949, 1979; *J. Foschepoth-R. Steininger* (Hg.), Die britische Deutschland- und Besatzungspolitik 1945–1949, 1985; *J. Gimbel*, Amerikanische Besatzungspolitik in Deutschland 1945–1949, 1968; *C. F. Latour-T. Vogelsang*, Okkupation und Wiederaufbau. Die Tätigkeit der Militärregierung in der amerikanischen Besatzungszone Deutschlands 1944–1947, 1973; *J. Thies-K. v. Daak*, Südwestdeutschlands Stunde Null. Die Geschichte der französischen Besatzungszone 1945–1948, 1984; *C. Scharf-H. J. Schröder* (Hg.), Die Deutschlandpolitik Frankreichs und die französische Zone 1945–1949, 1983; *H. Glaser*, Kulturgeschichte der Bundesrepublik Deutschland, Bd. I: Zwischen Kapitulation und Währungsreform, 1985; *G. Boeddeker*, Die Flüchtlinge. Die Vertreibung der Deutschen im Osten, 1985; *S. Mampel*, Die Entwicklung der Verfassungsordnung in der sowjetisch besetzten Zone Deutschlands von 1945–1963, in: JöR NF Bd. 13 (1964), 456ff.

Ebenso radikal, wie die nationalsozialistische Neuordnung unter Bruch der Weimarer Reichsverfassung erzwungen wurde, war die Selbstzerstörung des Dritten Reiches durch den mutwillig vom Zaun gebrochenen Zweiten Weltkrieg. Im Anblick des unentrinnbaren Zusammenbruchs

---

[19] Vgl. das *preußische Gesetz über den Provinzialrat* vom 17. 7. 1933 (GS. 254) i. d. F. des Änderungsgesetzes vom 31. 7. 1933 (GS. 289).

[20] Siehe § 41 des *preußischen Gemeindeverfassungsgesetzes* vom 15. 12. 1933 (GS. 427).

[21] Siehe die Übersicht bei *F. Poetzsch-Heffter* (o. Fußn. 1), S. 104; daselbst auch weitere Beispiele von Personalunionen.

[22] Vgl. die näheren Nachweise bei: *F. Poetzsch-Heffter* (o. Fußn. 1), S. 104ff.

des Dritten Reiches verübte *Adolf Hitler* am 30. 4. 1945 Selbstmord. Nach dem raschen Vormarsch der alliierten Truppen auf deutschem Territorium in den letzten Kriegsmonaten und der Begegnung der Spitzen der amerikanischen und der russischen Armeen bei Torgau am 25. 4. 1945 war die *militärische Niederlage* unabwendbar geworden. Die Unterzeichnung der bedingungslosen Kapitulation der deutschen Wehrmacht am 7. 5. in Reims und tags darauf in Berlin-Karlshorst war nur die förmliche Besiegelung des längst verlorenen Krieges. Alle deutschen Soldaten befanden sich fortab – soweit sie nicht in Einzelfällen flüchten oder untertauchen konnten – in alliierter Gefangenschaft. 3,7 Millionen Soldaten der deutschen Wehrmacht und 2 Millionen deutsche Zivilpersonen fanden infolge von Kriegshandlungen den Tod; die Gesamtzahl aller Kriegstoten betrug weit über 30 Millionen – eine erschütternde Bilanz.

Verbunden mit der Kapitulation war der endgültige *politische Zusammenbruch* des Dritten Reiches. Dem von *Hitler* zu seinem Nachfolger als Staatsoberhaupt und Oberbefehlshaber der Wehrmacht bestellten Großadmiral *Karl Dönitz* verblieb nur die Aufgabe der Liquidation der Reste der Reichsgewalt und der Durchführung der Kapitulation der deutschen Streitkräfte. Am 23. 5. 1945 erklärten die Alliierten *Dönitz* und die von ihm gebildete Reichsregierung für abgesetzt und verhafteten alle Regierungsmitglieder. Faktisch übernahmen die alliierten Befehlshaber der Vereinigten Staaten, Großbritanniens, der Sowjetunion und Frankreichs die Regierungsgewalt in den von ihren Truppen okkupierten Teilen Deutschlands. Mit der Besetzung Deutschlands durch die alliierten Armeen versickerte die nationalsozialistische Herrschaft und ihre lückenlose Organisation wie Wasser im Wüstensand:

> „Wo immer alliierte Truppen eine Stadt oder eine ländliche Region besetzten, zerfiel die NS-Herrschaft, die eben noch die Bevölkerung unter straffer Kontrolle zu halten und sogar Widerstand gegen die Besetzung zu organisieren vermocht hatte, zu Staub, den der Wind der Okkupation so fein in der politischen Landschaft verteilte, daß er nahezu unsichtbar wurde. Nicht daß es keine nationalsozialistische Gesinnung und keine einzelnen Nationalsozialisten mehr gegeben hätte. Aber der NS-Machtapparat und das Organisationsnetz des Regimes, das jede Gruppe und jeden Lebensbereich der Nation umschlossen gehalten hatte, waren so plötzlich verschwunden, als seien sie nie gewesen ..."[1] – ein wundersames deutsches Phänomen, das die Weltöffentlichkeit verblüffte. Es war der Endzustand einer – im wahrsten Sinne des Wortes – tabula rasa, die heute schwer zu begreifen ist.

Die nihilistische Ideologie des Nationalsozialismus hatte sich selbst überlebt. Unter den existentiellen Bedrohungen und den zahllosen Entbehrungen des Zweiten Weltkriegs fielen die radikalen Vorstellungen und die großspurigen Zielsetzungen der Nationalsozialisten in sich zusammen, großmäulige Versprechungen wurden illusorisch, und die ständigen Appelle an die Leistungs- und Opferbereitschaft der Bevölkerung ver-

---

[1] *H. Graml,* Die Kapitulation und ihre Folgen, in: *Ploetz,* Das Dritte Reich (hg. von *M. Broszat* und *N. Frei*) 1983, S. 224.

hallten angesichts des näherrückenden Zusammenbruchs des Reiches wirkungslos. So bahnte sich schon während der letzten Kriegsmonate eine Abkehr breiter Bevölkerungskreise von den nationalsozialistischen Zielsetzungen und Vorstellungen an – ein tiefer *Auffassungswandel,* der sich freilich im Stillen vollzog, weil das verzweigte Überwachungs- und Unterdrückungsnetz nationalsozialistischer Organisation bis hinunter zum Blockwart jede öffentliche Kritik im Keime zu ersticken suchte. Offene Widersetzlichkeiten blieben die Ausnahme und wurden drakonisch geahndet. Der auf kleine Gruppen beschränkte organisierte Widerstand von Offizieren, Geistlichen, Weimarer Politikern und Gewerkschaftlern wurde – insbesondere nach dem Attentat auf *Hitler* am 20. 7. 1944 – brutal niedergeschlagen, und jeder Mitverschworene der Terrorjustiz des Volksgerichtshofs überantwortet, soweit er nicht standrechtlich erschossen wurde.

Die Nöte und Leiden des Krieges hatten zudem den *Nivellierungsprozeß* innerhalb der deutschen Gesellschaft beschleunigt, der durch die nationalsozialistischen Bestrebungen zur Bildung einer homogenen „Volksgemeinschaft" eingeleitet worden war. Unter dem Druck der radikaler werdenden nationalsozialistischen Willkürherrschaft und den Entbehrungen des verlustreichen Krieges verlor das Trennende der gesellschaftlichen Schichten an Gewicht; das gleiche harte Schicksal brachte die verschiedenen Bevölkerungskreise einander näher als je zuvor: die Kriegszerstörungen mit dem Verlust von Hab und Gut, die Wohnungsnot, die Flucht aus den Ostgebieten des Reiches, die Hungersnot und der Mangel an vielem Lebensnotwendigen führten die Menschen mehr zusammen, als es die nationalsozialistische Gleichheitsideologie je vermocht hätte.

Der Verschleiß an Ideologie und Idealen ernüchterte die Deutschen über ihre eigene Lage. Die Folge war einerseits ein Rückzug ins Private, andererseits eine *Rückbesinnung* auf die nun in einem verlockenden Glanz erscheinenden liberalen und demokratischen Ideen, welche die Verfassungsentwicklung in Deutschland bis 1933 maßgebend bestimmt hatten[2] und die offenbar allein noch eine – wenn überhaupt denkbare – Zukunft verhießen.

Das *Kriegsende* erlebten die meisten Deutschen wie ein erquickendes Erwachen nach einem bösen Alptraum; doch das Erlebnis der Befreiung vom nationalsozialistischen Regime war durchaus verschieden, denn die Folgen und Lasten des Krieges waren höchst ungleich verteilt: Die Kriegsversehrten und -gefangenen, die Opfer der Gewaltherrschaft, die Flüchtlinge und Heimatvertriebenen, die Ausgebombten, die Arbeits- und Besitzlosen sowie die Verwaisten traf das härteste Los. Dementspre-

[2] Siehe dazu: *K. Kröger,* Einführung in die jüngere deutsche Verfassungsgeschichte (1806–1933), 1988.

chend waren die individuellen Erwartungen und Hoffnungen recht unterschiedlich. Für die einen stand die politische, wirtschaftliche und soziale Erneuerung des Gemeinwesens an erster Stelle; für andere mehr die geistige und kulturelle Neuorientierung, die Rückbesinnung auf die Werke der Literatur und Musik,[3] die religiöse Einkehr, die Suche nach ethischen Werten als unerläßliche Voraussetzung für jedes menschliche Zusammenleben.[4]

Die vier Jahre zwischen dem Zusammenbruch des Dritten Reiches und der Gründung der beiden Teilordnungen auf deutschem Boden im Jahre 1949, der Bundesrepublik Deutschland und der Deutschen Demokratischen Republik, waren eine *Phase des Übergangs,* aber auch der *Grundlegung künftiger politischer Ordnung.* Auf dem Gebiet der drei westlichen Besatzungszonen entwickelte sich rasch, beginnend mit den sich neu konstituierenden Ländern, ein breiter Konsens über die künftige Gestalt neuer Staatlichkeit: den *liberalen demokratischen Verfassungsstaat auf bundesstaatlicher Grundlage* mit ausgeprägten Garantien der Grundrechte, der Gewaltenteilung, des Berufsbeamtentums und der Unabhängigkeit der Justiz. Im komplizierten Zusammenwirken von Außenpolitik und innenpolitischen Regenerations- und Umschichtungsprozessen hatte sich die politische Ordnung in den vier Jahren bis 1949 bereits soweit stabilisiert, daß prinzipiell Neues nur noch selten hinzugefügt werden konnte.[5]

Die faktische Übernahme der Regierungsgewalt durch die vier alliierten Besatzungsmächte am Beginn der Übergangsphase wurde erst durch die *Berliner Viermächte-Erklärung* vom 5. 6. 1945[6] rechtlich sanktioniert:

> „Die Regierungen des Vereinigten Königsreichs (von Großbritannien), der Vereinigten Staaten von Amerika, der Union der Sozialistischen Sowjet-Republiken und die Provisorische Regierung der Französischen Republik übernehmen hiermit die oberste Regierungsgewalt in Deutschland, einschließlich aller Befugnisse der deutschen Regierung, des Oberkommandos der Wehrmacht und der Regierungen, Verwaltungen oder Behörden der Länder, Städte und Gemeinden. Die Übernahme ... der besagten Regierungsgewalt und Befugnisse bewirkt nicht die Annektierung Deutschlands ...". Bestehen gebliebene örtliche zivile Verwaltungsdienststellen wurden den Anordnungen der Alliierten unterworfen, und alle Deutschen hatten den Forderungen der Besatzungsmächte „bedingungslos nachzukommen".

Die oberste Gewalt in Deutschland wurde vom *Alliierten Kontrollrat* ausgeübt, der von den Oberbefehlshabern Großbritanniens, der Verei-

---

[3] Vgl. besonders: *H. Glaser,* Kulturgeschichte der Bundesrepublik Deutschland, Bd. I: Zwischen Kapitulation und Währungsreform, 1985.

[4] Charakteristisch: *F. Meinecke,* Die deutsche Katastrophe, 1946.

[5] *M. Stolleis,* Besatzungsherrschaft und Wiederaufbau deutscher Staatlichkeit, in: HdBStR Bd. I, 1987, S. 173ff. (175 Rdnr. 3).

[6] Auszugsweise abgedruckt bei: *E. R. Huber,* Quellen zum Staatsrecht der Neuzeit, Bd. II, 1951, S. 158ff.

nigten Staaten von Amerika, Sowjetrußlands und Frankreichs gebildet wurde. Alle Entscheidungen des Kontrollrats mußten einstimmig erfolgen. Die Verwaltung des Gebietes von Groß-Berlin wurde einer *Interalliierten Behörde* (Kommandantur) übertragen, die unter der Leitung des Kontrollrats arbeitete und aus den alliierten Stadtkommandanten der vier Sektoren der Stadt bestand. Am 5. 6. 1945 wurde schließlich die Aufteilung Deutschlands in den Grenzen vom 31. 12. 1937 in vier *Besatzungszonen* sanktioniert.[7]

Die Ziele künftiger Besatzungspolitik der alliierten Mächte wurden im *Potsdamer Abkommen* vom 2. 8. 1945 festgelegt, dem allerdings Frankreich erst nachträglich beitrat.[8] Sie waren durch vier Begriffe gekennzeichnet: Demilitarisierung, Entnazifizierung, Demokratisierung und Dezentralisierung der Wirtschaft. Diese Zielformeln waren dehnbar und durchaus unterschiedlich interpretierbar, was in der Folgezeit zu einer mehr und mehr sichtbar werdenden Diskontinuität in der Besatzungspolitik führte. Im Zuge des beginnenden Ost-West-Konflikts suchte jede Besatzungsmacht die ihr zugewiesene Zone im Sinne ihrer spezifischen Zielvorstellungen umzugestalten, am zügigsten und offensten die Sowjetunion. Aber auch die Westmächte waren sich nicht einig; Frankreich distanzierte sich von jeder Art zentraler Verwaltungsdienststellen für ganz Deutschland und beschritt in der Verwaltung der ihm eingeräumten Zone eigene Wege. Die Erhaltung Deutschlands als Wirtschaftseinheit blieb eine papierene Forderung.

Folgenreicher waren die *Gebietsregelungen* des Potsdamer Abkommens. Grundsätzlich stimmten die Vereinigten Staaten und Großbritannien dem Vorschlag der Sowjetregierung zu, die Stadt Königsberg und das anliegende Gebiet an die Sowjetunion zu übergeben – „vorbehaltlich der endgültigen Bestimmung der territorialen Fragen bei der Friedensregelung“. Einigkeit wurde auch über die Westgrenze Polens erzielt:

> „Die Häupter der drei Regierungen stimmen darin überein, daß bis zur endgültigen Festlegung der Westgrenze Polens die früher deutschen Gebiete östlich der Linie, die von der Ostsee unmittelbar westlich von Swinemünde und von dort die Oder entlang bis zur Einmündung der westlichen Neiße und die westliche Neiße entlang bis zur tschechoslowakischen Grenze verläuft, einschließlich des Teiles Ostpreußens, der nicht unter die Verwaltung der Union der Sozialistischen Sowjet-Republiken ... gestellt wird, und einschließlich des Gebietes der früheren Freien Stadt Danzig, unter die Verwaltung des polnischen Staates kommen und in dieser Hinsicht nicht als Teil der sowjetischen Besatzungszone in Deutschland betrachtet werden sollen“.

Im Grunde ging es bei der Abmachung über die Westgrenze Polens um eine Sanktionierung der faktisch schon unmittelbar nach der *Konferenz von Yalta* im Februar 1945 vollzogenen Grenzsicherung, wie die charak-

[7] Die Dokumente zur Einsetzung des Kontrollrats und zur Errichtung der Besatzungszonen sind bei: *E. R. Huber* (o. Fußn. 6), S. 160f., 161f., abgedruckt.

[8] Im Auszug wiedergegeben bei: *E. R. Huber* (o. Fußn. 6), S. 162ff.; ausführlicher: *E. Deuerlein* (Hg.), Potsdam 1945. Quellen zur Konferenz der „Großen Drei“, 1963.

teristische Formulierung „früher deutsche Gebiete“ unzweideutig erkennen läßt. Auch die Regelung über die „Überführung der deutschen Bevölkerung oder Bestandteile derselben“ aus Polen, der Tschechoslowakei und Ungarn nach Deutschland stellte in erster Linie eine nachträgliche Billigung der weithin bereits erfolgten Vertreibung der Deutschen dar.[9]

Der *Kontrollrat* erlangte lediglich als Gesetzgebungsorgan, das in erster Linie die vom nationalsozialistischen Regime erlassenen ideologieträchtigen Normen außer Kraft setzte, wegweisende Bedeutung. Als zentrales Administrativ- und Regierungsorgan vermochte er wegen der zunehmenden Uneinigkeit der Besatzungsmächte über die künftige Entwicklung in Deutschland nur wenig zu bewirken. Mit dem Auszug des sowjetischen Oberbefehlshabers am 20. 3. 1948 kam die Tätigkeit des Kontrollrats vollends zum Erliegen.

Umso bedeutsamer war der Einfluß der *Militärregierungen* in den vier *Besatzungszonen.* Er führte zu sehr unterschiedlichen Entwicklungen in den Zonen. Am raschesten und radikalsten vollzog sich die politische, wirtschaftliche und soziale Umgestaltung in der *sowjetischen Besatzungszone.*[10] Unter der sowjetischen Militäradministration wurden schon 1945 fünf *Provinzialverwaltungen* unter jeweils einem von den bürgerlichen Parteien gestellten Regierungspräsidenten und einem kommunistischen Vizepräsidenten errichtet, und zwar für Mecklenburg, Brandenburg, Sachsen-Anhalt, Thüringen und Sachsen. Aus diesen Provinzialverwaltungen wurden bald Provinzialregierungen; zugleich wurden Parlamente gewählt, in denen die Sozialistische Einheitspartei (SED) mit Hilfe des im Juni 1945 gegründeten „Antifaschistisch-demokratischen Blocks“ dominierte. Zwar wurden nach dem Vorbild der Weimarer Reichsverfassung *Landesverfassungen* erlassen: in *Thüringen* am 20. 12. 1946, in *Sachsen-Anhalt* am 10. 1. 1947, in *Mecklenburg* am 16. 1. 1947, in *Brandenburg* am 31. 1. 1947 und in *Sachsen* am 26. 2. 1947, aber die so entstandenen *Länder* der sowjetischen Besatzungszone hatten indessen wenig mit denen der drei übrigen Zonen gemein. Sie waren lediglich Zwischenstufen im Aufbau einer sozialistischen Ordnung sowjetischer Prägung. Immer stärker rückte die sowjetische Militärregierung die *Zentralverwaltung* in den Vordergrund. Die zunächst als bloße Beratungsorgane für die Militäradministration gedachten elf Zonenzentralverwaltungen wurden zunehmend mit eigenen Verwaltungs- und Gesetzgebungsvollmachten ausgestattet, mit denen sie nach und nach die Befugnisse der örtlichen Selbstverwaltung und der Länder aufsogen. Mit einer Welle von Verstaatlichungen und Enteignungen wurde der Boden für eine straff gelenkte

---

[9] Vgl. dazu: *G. Boeddeker,* Die Flüchtlinge. Die Vertreibung der Deutschen im Osten, 1985.

[10] Siehe vor allem: *S. Mampel,* Die Entwicklung der Verfassungsordnung in der sowjetisch besetzten Zone Deutschlands von 1945–1963, in: JöR NF Bd. 13 (1964), 456ff.

zentrale Planwirtschaft bereitet. Die Monopolisierung aller politischen Entscheidungen durch die SED mündete in das totalitäre Regime der *„Deutschen Demokratischen Republik"*. Formell wurden die Länder durch das „Gesetz über die weitere Demokratisierung des Aufbaus und der Arbeitsweise der staatlichen Organe in den Ländern der Deutschen Demokratischen Republik" vom 23. 7. 1952 (GBl S. 613) beseitigt, indem an ihre Stelle eine Gliederung des Territoriums nach Bezirken trat.

Völlig anders verlief die Entwicklung in den übrigen Besatzungszonen. Die *amerikanische* Militärregierung wollte den Weg zu einer repräsentativen Demokratie ebnen und so schnell wie möglich den Großteil ihrer Befugnisse deutschen Verwaltungsbehörden und deutschen Regierungen übertragen.[11] Schon im Mai 1945 wurden die unteren Verwaltungsbehörden reaktiviert, und durch die Proklamation des amerikanischen Militärbefehlshabers vom 19. 9. 1945 die Länder „Groß-Hessen", „Württemberg-Baden" und „Bayern" errichtet. Im Januar 1946 wurden die ersten Gemeinderäte, im April und Mai die Kreistage und die Großstadtparlamente gewählt. Die von der Besatzungsmacht eingesetzten Regierungen in den drei Ländern beriefen Vorparlamente ein, die je einen Verfassungsentwurf vorzulegen hatten. Die Verfassungsberatungen konnten schon nach wenigen Monaten abgeschlossen werden. Nach Genehmigung der *Verfassungen* durch die Militärregierung und ihrer Annahme durch Volksabstimmungen traten die Verfassung von *Württemberg-Baden* am 29. 11. 1946, die von *Hessen* am 1. 12. 1946 und die von *Bayern* tags darauf in Kraft.

Die Stadt *Bremen* und das Gebiet der Wesermündung bildeten zunächst eine amerikanische Enklave innerhalb der britischen Besatzungszone, waren dann vorübergehend den Briten unterstellt, um ab 1947 der amerikanischen Besatzungszone eingegliedert zu werden. Die in einer Volksabstimmung angenommene Verfassung Bremens wurde am 21. 10. 1947 wirksam.

Um die Entwicklung in den einzelnen Ländern in der amerikanischen Zone aufeinander abzustimmen, wurde im Oktober 1945 der *Stuttgarter Länderrat* geschaffen, dessen wichtigstes Organ der „Rat der Ministerpräsidenten" war. 1946 wurde ihm ein beratender Parlamentarischer Rat aus 24 gewählten Mitgliedern der Länderparlamente angegliedert. Die Verwaltungsaufgaben des Länderrats verrichtete ein Sekretariat und später auch ein Direktorium mit einem eigenen Verwaltungsunterbau. Mit der Schaffung des Vereinigten Wirtschaftsgebietes der amerikanischen und der britischen Zone im Jahre 1947 verlor der Länderrat seine Bedeutung und wurde ein Jahr später aufgelöst.

---

[11] *C. F. Latour-T. Vogelsang*, Okkupation und Wiederaufbau. Die Tätigkeit der Militärregierung in der amerikanischen Besatzungszone Deutschlands 1944–1947, 1973.

Die *britische Zone* war von der Einwohnerzahl und der Fläche her die größte unter den vier Besatzungszonen und umfaßte überwiegend Landesteile Preußens. Die britische Militärregierung stand vor der schwierigen Aufgabe einer Neuordnung dieser Gebietsteile.[12] Sie beschritt zunächst den Weg der Reaktivierung der bisherigen unteren Verwaltungsbehörden sowie der neun Regierungsbezirks- und Provinzialverwaltungen, mußte dann aber, um einer Verwaltungszersplitterung vorzubeugen, eine umfassende *Zonenzentralverwaltung* aufbauen. Es wurden sieben deutsche Zonenzentralämter gebildet, die unter der britischen Militärregierung weitgehende Entscheidungsbefugnisse besaßen. Als Beratungsorgan wurde ein *Zonenbeirat* von zunächst ernannten, später gewählten Mitgliedern errichtet.

Die endgültige politische Gliederung in der britischen Besatzungszone erfolgte später als in der amerikanischen Zone. Das Land *Nordrhein-Westfalen* wurde am 23. 8. 1946 aus dem nördlichen Teil der preußischen Provinz Rheinland und aus der Provinz Westfalen geschaffen und verdankt seine Existenz nicht zuletzt dem Bemühen der Briten, einer von Frankreich gewünschten Internationalisierung des Ruhrgebiets entgegenzuwirken. Das Land *Niedersachsen* entstand am 1. 11. 1946 aus dem vorläufigen Land Hannover unter Einschluß von Schaumburg-Lippe sowie aus den Ländern Oldenburg und Braunschweig. Sowohl in Nordrhein-Westfalen als auch in Niedersachsen wurden vollwertige Landesverfassungen erst nach Verkündung des Grundgesetzes erlassen. Das Land *Schleswig-Holstein* ging aus der gleichnamigen preußischen Provinz hervor. Der im Februar 1946 ernannte Provinziallandtag schuf nur eine vorläufige Verfassung, da es zunächst unsicher war, ob das Land wirtschaftlich existenzfähig wäre. Auch die spätere Landessatzung von Schleswig-Holstein wurde erst nach Schaffung des Grundgesetzes verkündet. Die Selbständigkeit der Stadt *Hamburg* fußt auf ihrer stadtstaatlichen Tradition. Die Bürgerschaft gab sich am 15. 5. 1946 eine vorläufige Verfassung; die endgültige Verfassung vom 6. 6. 1952 trat am 1. 7. 1952 in Kraft.

Nicht weniger verwickelt gestalteten sich die Verhältnisse in der *französischen Besatzungszone,*[13] die aus sehr verschiedenen Gebietsteilen gebildet worden war. Die französische Besatzungspolitik war darauf ausgerichtet, Deutschland dauerhaft zu dezentralisieren und alle länderübergreifenden Einrichtungen zu verhindern.

Das *Saargebiet* wurde im Juli 1945 aus der Zonenverwaltung in dem Bestreben ausgegliedert, es später Frankreich einzuverleiben. Da sich die übrigen Besatzungsmächte einer Annektierung des Saargebiets widersetzten, mußte sich Frankreich im Dezember 1946 mit einer Zollunion

---

[12] *C. Scharf-H. J. Schröder* (Hg.), Die Deutschlandpolitik Großbritanniens und die britische Zone 1945–1949, 1979.

[13] *J. Thies-K. v. Daak*, Südwestdeutschlands Stunde Null. Die Geschichte der französischen Besatzungszone 1945–1948, 1984.

begnügen, zu der ab 15.11. 1947 noch eine Währungsunion hinzutrat. Durch den Saarvertrag vom 3. 1. 1948 bestätigten die Vereinigten Staaten und Großbritannien die wirtschaftliche Abhängigkeit des Saarlandes von Frankreich, das als Gegenleistung seinen Widerstand gegen die beabsichtigte Schaffung der Bundesrepublik aufgab.

Das Land *Rheinland-Pfalz* wurde am 30. 8. 1946 aus den Gebietsteilen „Hessen-Pfalz“ und „Rheinland-Hessen-Nassau“ gleichsam aus dem Boden gestampft, obwohl weder historische, wirtschaftliche noch landsmannschaftliche Gründe für diese Lösung sprachen. Die Beratende Landesversammlung beschloß die Verfassung des neuen Landes, die am 18. 5. 1947 durch Volksabstimmung gebilligt wurde. Ein Kunstgebilde war auch das kaum existenzfähige Land *Württemberg-Hohenzollern,* geschaffen aus südwürttembergischem Gebiet und den beiden preußischen Landkreisen Hechingen und Sigmaringen. Die Beratende Landesversammlung erließ die ebenfalls am 18. 5. 1947 in Kraft getretene Landesverfassung. Am 8. 10. 1946 wurde der südliche Teil Badens zum Land *„Südbaden“* durch die französische Besatzungsmacht erklärt. Auch hier trat die von der Beratenden Landesversammlung beschlossene Verfassung nach einer Volksabstimmung am 18. 5. 1947 in Kraft. Schon früh war erkennbar, daß auf längere Sicht eine Neuordnung der Länder Südwest-Deutschlands nicht zu umgehen war.

Die katastrophalen Mängel in der Energieversorgung und die Engpässe bei der Sicherstellung der Ernährung der Bevölkerung in den Jahren 1945 und 1946 ließen rasch die Grenzen der Wirtschaftskraft der einzelnen Besatzungszonen erkennen. Nachdem die im Potsdamer Abkommen vorgesehene Erhaltung Deutschlands als Wirtschaftseinheit gescheitert war, beschlossen die amerikanische und die britische Militärregierung, ihre beiden Zonen am 1. 1. 1947 zu einem *Vereinigten Wirtschaftsgebiet* zusammenzufassen („Bizone“).

Die an fünf verschiedenen Orten errichteten *Zentralverwaltungsstellen* für Wirtschaft, Verkehr, Ernährung und Landwirtschaft, Finanzen sowie für Post- und Fernmeldewesen und der in Minden gebildete *„Wirtschaftsrat“* der beiden Zonen bewährten sich nicht. Im April 1947 wurde das Vereinigte Wirtschaftsgebiet neu organisiert: Zentrales Beratungsorgan wurde der *Frankfurter Wirtschaftsrat,* den 52 von den Landesparlamenten entsandte Mitglieder bildeten. Ferner wurde ein *Exekutivausschuß* berufen, dem je ein von den Landesregierungen der acht Länder der Bizone ernannter Vertreter angehörte. Die Verwaltung lag in den Händen der *Direktoren* der Zentralverwaltungsstellen.[14] Auch nach dieser Reorganisation kam es nicht zu einer durchgreifenden Besserung der desolaten Wirtschaftslage. Erst der weitere Ausbau der Bizonenverwaltung zu Beginn des Jahres 1948 zu einem staatsähnlichen Gebilde unter

---

[14] Die Dokumente sind abgedruckt bei: *E. R. Huber* (o. Fußn. 6), S. 171 ff.

der Aufsicht der beiden Militärregierungen[15] erwies sich als erfolgreich. Die Zahl der Mitglieder des Frankfurter Wirtschaftsrates wurde verdoppelt; sie wurden wie bisher von den Volksvertretungen der acht Länder der amerikanischen und der britischen Zone bestellt. Statt des Exekutivrates wurde ein *Länderrat* geschaffen, bestehend aus je zwei von den Landesregierungen ernannten Vertretern. Er hatte die Funktion einer zweiten Kammer, die an der Gesetzgebung beteiligt war. Die Direktoren der Zentralverwaltungsstellen bildeten zusammen unter einem *Oberdirektor ohne Geschäftsbereich* den *Verwaltungsrat.* Zu den zentralen Verwaltungsämtern traten „weitere Verwaltungsstellen": ein Personalamt, ein Statistisches Amt, ein Rechtsamt, ein Rechnungshof sowie die *Bank Deutscher Länder.* Von besonderer Bedeutung war die Errichtung des *Deutschen Obergerichts* in Köln, das in erster Instanz für öffentlichrechtliche Streitigkeiten zuständig war und zudem über Revisionen gegen Entscheidungen der ordentlichen Gerichte der Bizone zu befinden hatte. In diesem Ausbau der Organisation des Vereinigten Wirtschaftsgebietes wurden bereits Teilstrukturen erkennbar, die später Aufnahme in das Grundgesetz der Bundesrepublik Deutschland finden sollten.

Das nicht zu einer Besatzungszone gehörende Gebiet von *Groß-Berlin* hatte die ganze Härte einer viergeteilten Stadt zu ertragen. Die zunächst einheitliche Verwaltung, unterteilt in 20 Verwaltungsbezirke, geriet immer stärker in die Zerreißprobe der entgegengesetzten Zielvorstellungen der vier Besatzungsmächte. Am 13. 8. 1945 war zwar die vorläufige Verfassung von Groß-Berlin in Kraft getreten, aber sie vermochte die Einheit der Stadt nicht zu gewährleisten. Mit dem Auszug des sowjetischen Oberbefehlshabers aus dem Alliierten Kontrollrat im März 1948, mit den getrennten Währungsreformen in den Westzonen und der sowjetischen Besatzungszone, der Blockade West-Berlins durch die Sowjets und mit dem Ende der Zusammenarbeit der Stadtkommandanten in der Alliierten Kommandantur seit 1. 7. 1948 war die Teilung Berlins vollzogen. Die Vertreibung der freigewählten Stadtverordnetenversammlung und des rechtmäßigen Magistrats aus dem Ostsektor der Stadt und die Einsetzung eines zweiten Magistrats in Ost-Berlin am 30. 11. 1948 waren nur die Schlußakte dieser verhängnisvollen Entwicklung, deren Kehrseite der moralische Gewinn West-Berlins als Hort der Freiheit war.

---

[15] So die treffende Charakterisierung von *M. Stolleis* (o. Fußn. 5), S. 213f. (Rdnr. 114).

§ 3. Die Entstehung des Grundgesetzes und die Konstituierung der Bundesrepublik Deutschland

Quellen: E. R. Huber (Hg.), Quellen zum Staatsrecht der Neuzeit, Bd. II, 1951; Akten zur Vorgeschichte der Bundesrepublik Deutschland Bd. 4, 1983, und 5, 1981; *K. G. Wernicke-H. Booms* (Hg.), Der Parlamentarische Rat 1948–1949. Akten und Protokolle Bd. 1–2, 1975–1981; *K. B. v. Doemming-R. W. Füsslein-W. Matz*, Entstehungsgeschichte der Artikel des Grundgesetzes, in: JöR NF Bd. I (1951), 1 ff.

Literatur: W. Sörgel, Konsensus und Interessen. Eine Studie zur Entstehung des Grundgesetzes, 1969; *V. Otto*, Das Staatsverständnis des Parlamentarischen Rates, 1971; *R. Mußgnug*, Zustandekommen des Grundgesetzes und Entstehen der Bundesrepublik Deutschland, in: HdBStR Bd. I, 1987, S. 219 ff.; *K. Kröger*, Die Entstehung des Grundgesetzes, in: NJW 1989, 1318 ff.; *R. Morsey*, Der Weg zur Bundesrepublik Deutschland, in: DVerwGesch Bd. V (1987), 87 ff.; *A. Rauscher* (Hg.), Kirche und Katholizismus 1945–1949, 1977; *H. J. Grabbe*, Die deutsch-alliierte Kontroverse um den Grundgesetzentwurf im Frühjahr 1949, in: VJZgesch Bd. 26 (1978), 393 ff.

Die erfolglos gebliebenen Außenministerkonferenzen der Siegermächte in Moskau (März/April 1947) und London (November/Dezember 1947) sowie der sich dramatisch zuspitzende Ost-West-Konflikt bildeten den nicht wegzudenkenden Hintergrund der veränderten politischen Lage in Deutschland, die zur Entstehung des Bonner Grundgesetzes führte. In der damaligen Situation waren sich die drei westlichen Besatzungsmächte darüber einig, daß nur ein aus den drei Westzonen geschaffener Teilstaat imstande sein würde, dem sich verschärfenden Druck der Sowjetunion standzuhalten.

Die USA, Großbritannien und Frankreich hatten sich – trotz nicht geringer Meinungsunterschiede im einzelnen – zusammen mit den Benelux-Staaten auf der Londoner *Sechs-Mächte-Konferenz* im Frühjahr 1948 über eine von einer westdeutschen verfassunggebenden Versammlung zu erarbeitende Verfassung für einen deutschen Teilstaat verständigt, „die es den Deutschen ermöglicht, ihren Teil dazu beizutragen, die augenblickliche Teilung Deutschlands wiederaufzuheben ... mittels einer föderativen Regierungsform, die die Rechte der einzelnen Staaten angemessen schützt und gleichzeitig eine angemessene zentrale Gewalt vorsieht und die Rechte und Freiheiten des Individuums garantiert".[1]

Die Regierungen der drei Westmächte beauftragten ihre Militärgouverneure in Deutschland, den Ministerpräsidenten der westdeutschen Länder die Empfehlungen der Londoner Sechs-Mächte-Konferenz zu erläutern, ihnen die drei sog. *Frankfurter Dokumente* vom 1. 7. 1948[2] zu überreichen und sie zu einer gemeinsamen Stellungnahme dazu aufzufordern. Das wichtigste Dokument war das erste: Es enthielt zunächst die

---

[1] Aus dem Schlußkommuniqué der Londoner Sechs-Mächte-Konferenz vom 7. 6. 1948, abgedruckt bei: *E. R. Huber*, Quellen zum Staatsrecht der Neuzeit Bd. II, 1951, S. 196 f.

[2] Die drei Dokumente sind bei: *E. R. Huber* (o. Fußn. 1), S. 197 ff., wiedergegeben.

Ermächtigung, eine *verfassunggebende Versammlung* spätestens zum 1. 9. 1948 einzuberufen, deren Abgeordnete – auf jeweils 750000 Einwohner einer – in jedem Land nach einem selbstgewählten Verfahren bestellt werden sollten. Sodann legte es den Auftrag der verfassunggebenden Versammlung fest: Eine „demokratische Verfassung" auszuarbeiten, die eine „Regierungsform des föderalistischen Typs" schaffen sollte. Und schließlich bestimmte es das einzuhaltende Ratifizierungsverfahren für die neue Verfassung. Demgegenüber erlangte das zweite Dokument, das eine Überprüfung der Grenzen der nach dem Kriege entstandenen westdeutschen Länder noch vor der Konstituierung des westlichen deutschen Teilstaates vorsah, keine praktische Bedeutung. Das dritte Dokument enthielt Grundzüge des künftigen Besatzungsstatuts, das indessen bereits mit dem Inkrafttreten des Deutschland-Vertrages vom 26. 5. 1952 obsolet wurde.[3]

Nach dreitätigen Beratungen im Hotel „Rittersturz" oberhalb von Koblenz nahmen die elf Ministerpräsidenten der westdeutschen Länder die ihnen erteilte Ermächtigung grundsätzlich an, betonten jedoch, daß „alles vermieden werden müßte, was dem zu schaffenden Gebilde den Charakter eines Staates verleihen würde". Sie waren daher der Ansicht, „daß auch durch das hierfür einzuschlagende Verfahren zum Ausdruck kommen müßte, daß es sich lediglich um ein Provisorium" handeln würde.[4] Die nicht geringen Auffassungsunterschiede zwischen den Ministerpräsidenten und den drei westlichen Militärgouverneuren konnten erst nach intensiven Beratungen durch folgenden Kompromiß überwunden werden: Statt einer „verfassunggebenden Versammlung" sollte ein *„Parlamentarischer Rat"* einberufen werden, der aufgrund von Beschlüssen der Landtage bestellt werden sollte; statt einer „Verfassung" sollte ein *„Grundgesetz"* geschaffen werden, und dessen Ratifizierung sollte „auf breiter demokratischer Grundlage" – „auf direktem oder indirektem Wege" erfolgen.[5]

Die Ministerpräsidenten einigten sich am 27. 7. 1948 auf das Modell eines Gesetzes über den Parlamentarischen Rat,[6] das den Landesgesetzgebern als Richtschnur für die Wahl der Abgeordneten dienen sollte. Ange-

---

[3] Vgl. das *Pariser Protokoll* über die Beendigung des Besatzungsregimes in der Bundesrepublik Deutschland vom 23. 10. 1954 und das Gesetz des Bundestages zu diesem Protokoll vom 24. 3. 1955 (BGBl II, 213). Der *Deutschland-Vertrag* ist gleichzeitig mit diesem Protokoll am 5. 5. 1955 in Kraft getreten (siehe die Bekanntmachung über das Inkrafttreten vom gleichen Tage – BGBl II, 215).

[4] *Mantelnote* der Koblenzer Ministerpräsidenten-Konferenz vom 8. bis 10. 7. 1948, abgedruckt bei: *E. R. Huber* (o. Fußn. 1), S. 200ff. (201).

[5] Vgl. Ziff. 5, 6 und 9 des *Aide-Mémoire* der Ministerpräsidenten der westdeutschen Länder vom 22. 7. 1948, wiedergegeben in: *K. G. Wernicke-H. Booms* (Hg.), Der Parlamentarische Rat. Akten und Protokolle Bd. I (bearbeitet von *J. V. Wagner*), 1975, S. 270ff.

[6] Abdruck dieses Gesetzes in: Der Parlamentarische Rat, Bd. I (o. Fußn. 5), S. 286ff.

sichts der kurzen Frist bis zum 1. 9. 1948, an welchem der Rat in Bonn zu seiner konstituierenden Sitzung zusammentreten sollte, kam nur ein indirektes Wahlverfahren in Betracht. Die Anzahl der Abgeordneten eines jeden Landes errechnete sich aus dem Anteil seiner Einwohner an der Gesamtbevölkerung Westdeutschlands. Die Auswahl erfolgte nach dem politischen Proporz des jeweiligen Landesparlaments; die Benennung der Kandidaten blieb den einzelnen Fraktionen überlassen. Zu den so bestellten 65 Abgeordneten der westdeutschen Länder traten fünf Berliner Abgeordnete, die auf Geheiß der westlichen Militärgouverneure indessen nicht stimmberechtigt sein durften.

Der einzuberufende Parlamentarische Rat konnte sich – im Unterschied zur Weimarer Nationalversammlung – nicht auf die Sachkunde einer zentralen Ministerialorganisation stützen. Er benötigte, sollten seine Beratungen zügig voranschreiten, einen Verfassungsentwurf. Zwar gab es seit dem Frühjahr 1947 eine Anzahl von Vorentwürfen, die von der SPD und der CDU/CSU erarbeitet worden waren,[7] aber keinen *gemeinsamen* Entwurf, der von der Mehrzahl der Abgeordneten des Parlamentarischen Rates hätte getragen werden können. Deshalb beschlossen die westdeutschen Ministerpräsidenten am 25. 7. 1948, einen „Sachverständigen-Ausschuß für Verfassungsfragen" einzusetzen, der einen Entwurf mit verfassungsrechtlichen Richtlinien für die anstehenden Beratungen erstellen sollte. Dieser Ausschuß tagte vom 10. bis 25. 8. 1948 auf der bayerischen Insel Herrenchiemsee; für ihn hat sich die Bezeichnung *„Herrenchiemseer Verfassungskonvent"* eingebürgert.

Die versammelten Verfassungsexperten der westdeutschen Länder waren sich der strukturellen Schwächen der Weimarer Reichsverfassung und der verhängnisvollen verfassungspolitischen Entwicklung in der Spätphase der Weimarer Republik[8] bewußt und legten daher das Schwergewicht ihrer Erörterungen darauf, Regelungen vorzuschlagen, die den Weimarer Erfahrungen Rechnung trugen. Der von ihnen vorgelegte „Bericht" enthielt eine allgemeine Darstellung von Richtlinien für ein Grundgesetz und einen *artikulierten Verfassungsentwurf*,[9] dem einzelne Kommentierungen folgten. In zentralen Fragen lieferte der Verfassungskonvent dem Parlamentarischen Rat wichtige Vorgaben, die später im Bonner Grundgesetz Eingang fanden, z.B. die Zurückdrängung der Stellung des Staatsoberhaupts und dessen Beschränkung auf repräsentative Aufgaben; die Stärkung der Bundesregierung gegenüber dem Parlament, die Schaffung

---

[7] Die wichtigsten Entwürfe sind bei: *W. Sörgel*, Konsensus und Interessen. Eine Studie zur Entstehung des Grundgesetzes, 1969, S. 263ff., wiedergegeben. Ausführlich zu den Verfassungsvorstellungen der Parteien: *K. G. Wernicke-H. Booms* (Hg.), Der Parlamentarische Rat. Akten und Protokolle Bd. II (bearbeitet von *P. Bucher*), 1981, S. XXXVff.

[8] Vgl. dazu: *K. Kröger*, Einführung in die jüngere deutsche Verfassungsgeschichte, 1988, S. 159ff.

[9] Abgedruckt bei: *E. R. Huber* (o. Fußn. 1), S. 219ff.

eines mit weitgehenden Zuständigkeiten ausgestatteten Bundesverfassungsgerichts, die betont föderative Ordnung des künftigen Teilstaates mit einer detaillierten Verteilung der Zuständigkeiten zwischen Bund und Ländern, die Eingrenzung der Grundrechte des Bürgers auf rechtlich überprüfbare, auch den Gesetzgeber bindende Gewährleistungen unter Verzicht auf bloß programmatische Erklärungen. In wichtigen verfassungspolitischen Fragen offerierte der Verfassungskonvent Alternativlösungen, um dem Parlamentarischen Rat Entscheidungshilfen an die Hand zu geben, wie etwa bei der Ausgestaltung des Föderativorgans (Bundesrats- oder Senatslösung), bei der Einsetzung des Staatsoberhaupts (Bundespräsident oder Bundespräsidium), bei der Bestellung des Bundeskanzlers, für das Gesetzgebungsverfahren, bei der Ausgestaltung des Finanzwesens sowie in diversen Einzelfragen.

Am 1. 9. 1948 trat der Parlamentarische Rat zu seiner konstituierenden Sitzung in Bonn zusammen und wählte *Konrad Adenauer* (CDU) zu seinem Vorsitzenden, *Adolph Schönfelder* (SPD) und *Hermann Schäfer* (FDP) zu stellvertretenden Vorsitzenden. Von den 65 stimmberechtigten Abgeordneten gehörten je 27 der CDU/CSU und der SPD an, fünf der FDP und je zwei der Deutschen Partei, dem Zentrum und der KPD. Die meisten von ihnen waren langjährige Politiker, die bereits in der Weimarer Republik ihre Erfahrungen sammeln konnten; zwei Drittel von ihnen waren Akademiker, überwiegend Juristen. Ihre Interessenbindungen waren gering; das breite Spektrum gesellschaftlicher Interessen war im Parlamentarischen Rat nicht vertreten.[10]

Der relativ homogen zusammengesetzte, überschaubare Kreis der Abgeordneten trug viel dazu bei, daß die Verfassungsberatungen in verhältnismäßig kurzer Zeit bis zum Mai 1949 erfolgreich abgeschlossen werden konnten. Zur Vorbereitung der Plenarsitzungen setzte der Parlamentarische Rat einen *Hauptausschuß* und fünf *Fachausschüsse* ein; am 30. 9. 1948 wurde außerdem ein aus den bestehenden Ausschüssen zu bildendes *Redaktionskomitee* beschlossen, das allerdings auch materielle Änderungsvorschläge unterbreitete. Im Januar 1949 wurde ein zusätzlicher sog. *Fünferausschuß* geschaffen, der in der Schlußphase der Beratungen zu einem sog. *Siebenerausschuß* erweitert wurde. Dieses Gremium, in dem außer der KPD alle Parteien vertreten waren, sollte die politischen Streitfragen im Parlamentarischen Rat und die Differenzen mit den westlichen Militärgouverneuren beizulegen versuchen. Ferner wurde je ein besonderer Ausschuß für die Ausarbeitung des Bundeswahlgesetzes und für Besatzungsfragen eingerichtet.

Trotz großer weltanschaulicher Auffassungsunterschiede war die Mehrzahl der Mitglieder des Parlamentarischen Rates in den Grundsatzfragen des zu beratenden Grundgesetzes einer Meinung. Es bestand Einigkeit unter ihnen, eine demokratische Ordnung auf bundesstaatlicher Grundlage mit rechtsstaatlichen Gewährleistungen zu schaffen. Insoweit bedurfte es im Grunde der Richtlinien der westlichen Militärgouverneure nicht, die im Frankfurter Dokument Nr. 1 enthalten waren. Das Grundgesetz wurde ein *genuin deutsches* Werk, auf das die Besatzungsmächte nur in Einzelfragen Einfluß zu nehmen versuchten. Wer das bestreiten wollte, folgt einer haltlosen Legende.

---

[10] Siehe dazu die umfassende Dokumentation bei: *W. Sörgel* (o. Fußn. 7), S. 236ff.

So sehr sich die Abgeordneten über den *provisorischen* Charakter der neuen Ordnung einig waren, so wenig war zu übersehen, daß dank deutscher Grundsatztreue und deutscher Gründlichkeit eine Verfassung entstand, deren Vollständigkeit und Perfektion den demokratischen Verfassungen des Westens kaum nachstehen sollten. Je länger die Verfassungsberatungen dauerten, desto mehr trat die Hervorhebung des Provisorischen in den Hintergrund. Im Verfassungstext erschien sie nur in der Präambel und im Schlußartikel (Art. 146 GG), nach dem das Grundgesetz an dem Tage seine Gültigkeit verliert, „an dem eine Verfassung in Kraft tritt, die von dem deutschen Volk in freier Entscheidung beschlossen worden ist."

Für den zu schaffenden westdeutschen Teilstaat hatte der Herrenchiemseer Verfassungskonvent die Bezeichnung „Bund deutscher Länder" vorgeschlagen, die vom Parlamentarischen Rat indessen als zu wenig aussagekräftig verworfen wurde. Der Abgeordnete *Theodor Heuss* (FDP) regte an, den Terminus *„Bundesrepublik Deutschland"* zu übernehmen, der erstmals in den Ellwanger „Grundsätzen für eine Deutsche Bundesverfassung"[11] auftauchte. Dieser Vorschlag fand breite Zustimmung.

Im Parlamentarischen Rat war unstreitig, daß sich der *Geltungsbereich des Grundgesetzes* zunächst auf die damals bestehenden elf Länder der drei westlichen Besatzungszonen erstrecken sollte. Schwierigkeiten bereitete lediglich – angesichts der Bedenken der alliierten Militärgouverneure – die gleichberechtigte *Einbeziehung von Berlin.* Über den einschränkenden Regelungsvorschlag des Herrenchiemseer Verfassungskonvents: „Groß-Berlin hat das Recht, Vertreter in den Bundestag und in den Bundesrat (Senat) zu entsenden", ist lange und des öfteren im Parlamentarischen Rat verhandelt worden. Erst der Fünferausschuß schlug im Februar 1949 vor, in den Art. 23 GG Groß-Berlin als zwölftes Bundesland aufzunehmen. Wegen der fortbestehenden Bedenken der Militärgouverneure[12] setzte der Redaktionsausschuß indessen durch, daß in den Art. 144 GG ein zweiter Absatz eingefügt wurde:

> „Soweit die Anwendung dieses Grundgesetzes in einem der in Artikel 23 aufgeführten Länder oder in einem Teile eines dieser Länder Beschränkungen unterliegt, hat das Land oder der Teil des Landes das Recht, gemäß Artikel 38 Vertreter in den Bundestag und gemäß Artikel 50 Vertreter in den Bundesrat zu entsenden".

Für die Mitglieder des Parlamentarischen Rates stand außer Frage, daß die *Demokratie* eines der tragenden Prinzipien des Grundgesetzes sein sollte. Allerdings mißtrauten sie in ihrer Mehrheit einer uneingeschränk-

---

[11] Grundsätze für eine Deutsche Bundesverfassung. Vorschläge für die CDU/CSU-Arbeitsgemeinschaft, erarbeitet auf der Tagung des *Ellwanger Freundeskreises* am 13. 4. 1948 (Drucksache des Parlamentarischen Rates Nr. 74), wieder abgedruckt bei: *W. Sörgel* (o. Fußn. 7), S. 297ff.

[12] Vgl. den Suspendierungsvorbehalt im *Zweiten Memorandum* der Militärgouverneure v. 2. 3. 1949 Ziff. 10 – abgedruckt bei: *E. R. Huber* (o. Fußn. 1), S. 210ff. (213f.).

ten Volksherrschaft. Um keine Formulierung des späteren Art. 20 GG ist so gerungen worden, wie um den Satz 1 des 2. Absatzes: „Alle Staatsgewalt geht vom Volke aus". Im Blick auf die agitatorischen und demagogischen Praktiken der extremistischen Parteien in der Weimarer Republik und des nationalsozialistischen Regimes wollte man soweit wie möglich auf *plebiszitäre Elemente* im Grundgesetz *verzichten.* So erklärt sich die strikte Eingrenzung, daß die Staatsgewalt „vom Volke in Wahlen und Abstimmungen und durch besondere Organe der Gesetzgebung, der vollziehenden Gewalt und der Rechtsprechung ausgeübt" wird (Art. 20 II 2 GG). Als alleinigen Anwendungsfall für Volksabstimmungen ließ der Parlamentarische Rat lediglich Fragen der Neugliederung des Bundesgebiets zu (Art. 29 und – bedingt – Art. 118 GG).

Zudem wollte man die Demokratie vor einer Beseitigung auf scheinbar legalem Wege durch eine revolutionäre antidemokratische Bewegung schützen. Diesem Zweck diente unter anderem die Regelung des Art. 79 III GG, nach der eine Änderung des Grundgesetzes unzulässig ist, durch welche „die in Art. 1 und 20 niedergelegten Grundsätze berührt werden".

Es verwundert nicht, daß der Parlamentarische Rat ein zwiespältiges Verhältnis zur *parteienstaatlichen Demokratie* hatte. Er erkannte zwar die politischen Parteien als Mittler im Prozeß der politischen Willensbildung an (Art. 21 I 1 GG), hielt aber an der unbedingten Freiheit des nur seinem Gewissen verpflichteten Abgeordneten fest (Art. 38 I 2 GG), ohne sich der Problematik des Verhältnisses dieser beiden Verfassungsartikel zueinander bewußt zu sein. Besonders eindringlich warnten Abgeordnete des Parlamentarischen Rates vor undemokratischen Einflüssen auf die Parteien sowie vor dem Wiedererstehen antidemokratischer Parteien. Der zuerst genannten Gefahr suchte der Parlamentarische Rat mit den Forderungen zu begegnen, daß die innere Ordnung der Parteien demokratischen Grundsätzen entsprechen muß (Art. 21 I 3 GG) und daß über die Herkunft ihrer Mittel öffentlich Rechenschaft zu geben ist (Art. 21 I 4 GG). Antidemokratische Parteien wurden als verfassungswidrig angesehen; über die Frage der Verfassungswidrigkeit sollte das *Bundesverfassungsgericht* entscheiden (Art. 21 II GG).

Fast einmütig bekannten sich die Abgeordneten des Parlamentarischen Rates zur *parlamentarischen Demokratie.* In Abgrenzung zu den Volksdemokratien der Länder des Ostblocks wurde betont, daß jede Regierung der aus freien, gleichen und geheimen Wahlen hervorgegangenen Volksvertretung verantwortlich sein sollte. Es fiel auf, daß eine solche Klausel in fast allen Vorschlägen für die Gestaltung des Art. 20 GG wiederkehrte. Erst in der vom Redaktionskomitee formulierten Endfassung wurde – ohne Angaben von Gründen – der Satz über die parlamentarische Verantwortlichkeit der Regierung gestrichen. Offenbar war man der Ansicht, daß sich die parlamentarische Regierungsform unzweideutig aus den Regelungen des VI. Abschnitts des Grundgesetzes über die Bundesregierung ergeben würde.

Die Mitglieder des Parlamentarischen Rates waren sich bewußt, daß die Flucht des Reichstages aus seiner Verantwortung einen entscheidenden Anteil am Niedergang der Weimarer Republik gehabt hatte. Sie richteten daher ihr Augenmerk besonders darauf, das zentrale Organ der neuen parlamentarischen Demokratie, den *Bundestag*, verstärkt in Pflicht zu nehmen. Zum einen wurde die Delegation von Rechtsetzungsbefugnissen auf die Regierung durch die Regelung des Art. 80 GG eng begrenzt und das Notverordnungsrecht des Reichspräsidenten durch ein schwerfälliges, kaum handhabbares Notgesetzgebungsverfahren ersetzt (Art. 81 GG), das sich im Ernstfall allerdings als hölzernes Eisen erweisen dürfte. Zum anderen wurde der Einfluß des Bundestages auf die Regierungsbildung dadurch erhöht, daß der *Bundeskanzler* vom Bundestag gewählt (Art. 63 GG) und die Mitwirkung des Staatsoberhaupts auf eine rein formale Verfahrensbeteiligung begrenzt wird. Da das Amt des Bundeskanzlers in jedem Falle mit dem Zusammentritt eines neuen Bundestages endigt (Art. 69 II GG), gehört die Kanzlerwahl zu den ersten unabweislichen Aufgaben jeder neugewählten Volksvertretung.

Wiewohl der Parlamentarische Rat die Einflußmöglichkeiten des Bundestages verstärkte, suchte er andererseits einer Parlamentsallmacht entgegenzuwirken. Insbesondere war es ihm darum zu tun, die Abhängigkeit der *Bundesregierung* von der Volksvertretung in Grenzen zu halten. Dahinter verbargen sich die Furcht vor Instabilität künftiger Regierungen sowie ein gewisses Mißtrauen gegenüber den politischen Parteien. Es ist nicht ohne Berechtigung behauptet worden, daß bei dieser Restriktion ein Antiparteienaffekt Pate gestanden hat.[13] Erschwert werden sollte der Sturz der Regierung durch den Bundestag mittels des *„konstruktiven Mißtrauensvotums“*: Das Parlament sollte „dem Bundeskanzler das Mißtrauen nur dadurch aussprechen, daß es mit der Mehrheit seiner Mitglieder einen Nachfolger wählt und den Bundespräsidenten ersucht, den Bundeskanzler zu entlassen“ (Art. 67 GG). Außerdem wurde ein Mißtrauensvotum gegen *Bundesminister* nicht zugelassen. Ferner wurde auf Vorschlag der FDP mit Unterstützung der CDU/CSU und der Deutschen Partei gegen die Stimmen der SPD festgelegt, daß „Gesetze, welche die von der Bundesregierung vorgeschlagenen Ausgaben des Haushaltsplans erhöhen oder neue Ausgaben in sich schließen oder für die Zukunft mit sich bringen, der Zustimmung der Bundesregierung bedürfen“ (Art. 113 I 1 GG). Auch diese Normierung bezweckte die Begrenzung parlamentarischen Wirkens. Schließlich ist in diesem Zusammenhang die erst durch das Redaktionskomitee in das Grundgesetz eingefügte Bestim-

[13] *V. Otto,* Das Staatsverständnis des Parlamentarischen Rates, 1971, S. 136.

mung des Art. 68 zu erwähnen, nach der auf Antrag des Bundeskanzlers der Bundestag aufgelöst werden kann, wenn dieser dem Regierungschef weder das Vertrauen ausspricht noch seinen Nachfolger wählt.

Einschneidende Veränderungen nahm der Parlamentarische Rat bei der Regelung der Stellung des Staatsoberhaupts vor. Der *Bundespräsident*, für dessen Amt sich der Parlamentarische Rat nach ausführlicher Debatte entschloß, sollte bei der Regierungsbildung keine zentrale Rolle mehr spielen. An die Stelle des Kanzlerernennungsrechts des Reichspräsidenten trat die Kanzlerwahl durch den Bundestag. Die Verfahrensbeteiligung des Bundespräsidenten wurde auf das rein formelle Recht beschränkt, dem Bundestag den in der Regel feststehenden Kanzlerkandidaten vorzuschlagen und diesen nach seiner Wahl durch die absolute Mehrheit zu ernennen (Art. 63 I, II GG). Lediglich für den Fall, daß der nach mehreren Wahlgängen gewählte Kanzler nicht die Stimmen der Mehrheit der Mitglieder des Bundestages auf sich vereinigt, hat der Bundespräsident das Entscheidungsrecht, binnen sieben Tagen den Gewählten zu ernennen oder den Bundestag aufzulösen (Art. 63 IV GG). Auch in einem weiteren Falle sollte ihm eine materielle Entscheidungsbefugnis zustehen: Bei einer fehlgeschlagenen Vertrauensfrage des Bundeskanzlers sollte er gemäß Art. 68 GG auf Vorschlag des Kanzlers das Recht zur *Bundestagsauflösung* haben.

Nach den Terror- und Unrechtsakten des nationalsozialistischen Regimes verband die Abgeordneten des Parlamentarischen Rates die gemeinsame Überzeugung, daß der westdeutsche Teilstaat nur als *materialer Rechtsstaat* konstituiert werden dürfte. Der Abgeordnete *Adolf Süsterhenn* (CDU) faßte diese Grundvorstellung mit den Worten zusammen:

„Der Staat wird nur dann nicht Selbstzweck sein, wenn wir uns endgültig vom Geiste des Rechtspositivismus abwenden, wonach der in ordnungsmäßiger Form zustande gekommene staatliche Gesetzesbefehl immer Recht schafft ohne Rücksicht auf seinen sittlichen Inhalt".[14]

Am klarsten fand diese Grundüberzeugung ihren Niederschlag in Art. 20 III GG: „Die Gesetzgebung ist an die verfassungsmäßige Ordnung, die vollziehende Gewalt und die Rechtsprechung sind an Gesetz *und* Recht gebunden". Sie kommt ferner im *Grundrechtskatalog* des Grundgesetzes zum Ausdruck, der sich von dem der Weimarer Reichsverfassung unterscheiden sollte:

Die „Grundrechte sollen nicht bloß Deklamationen, Deklarationen oder Direktiven sein, nicht nur Anforderungen an die Länderverfassungen, nicht nur eine Garantie der Ländergrundrechte, sondern unmittelbar geltendes Bundesrecht, aufgrund dessen jeder einzelne Deutsche, jeder einzelne Bewohner unseres Landes vor den Gerichten soll Klage erheben können".[15] Diese Grundgedanken wurden besonders in Art. 1 III und 19 IV GG verwirklicht.

---

[14] Wiedergegeben bei: *V. Otto* (o. Fußn. 13), S. 175f.

[15] Das Zitat stammt von dem Abgeordneten *Carlo Schmid* (SPD). Zur Grundrechtsdiskussion im Parlamentarischen Rat vgl. vor allem: *K. B. v. Doemming-R. W. Füss-*

Über die *klassischen Grundrechte* konnten sich die Mitglieder des Parlamentarischen Rates durchweg bald einigen. Nur wenige Neuregelungen, so das Kriegsdienstverweigerungsrecht (Art. 4 III), die Unentziehbarkeit der deutschen Staatsangehörigkeit (Art. 16 I 1) und das Asylrecht (Art. 16 II), wurden in das Grundgesetz aufgenommen. Besonders umstritten waren allerdings die Bestimmungen über Ehe und Familie, das Schulwesen sowie über die Religionsgesellschaften.

In keiner anderen Frage prallten die weltanschaulichen Gegensätze so hart und unversöhnlich im Parlamentarischen Rat aufeinander wie bei den Erörterungen der *kulturpolitischen Artikel.* CDU, CSU, Zentrum und Deutsche Partei traten für die Regelung des Schutzes von Ehe und Familie, für die Gewährleistung des Elternrechts, der Privatschule, des Religionsunterrichts an öffentlichen Schulen sowie für die Garantie der Unabhängigkeit und Selbständigkeit der Kirchen und Religionsgesellschaften ein. SPD, KPD und FDP lehnten diese Forderungen mit allerdings unterschiedlichen Begründungen ab. Durch die Interventionen der Katholischen und der Evangelischen Kirche verhärteten sich die Fronten zusehends.[16] Nachdem der Antrag auf Neuregelung des Verhältnisses von *Staat und Kirche* abgelehnt worden war, einigten sich die Fraktionen des Parlamentarischen Rates darauf, die Kirchenartikel der Weimarer Reichsverfassung (Art. 136–139; 141) im Grundgesetz zu verankern (Art. 140 GG). Der Schutz von *Ehe und Familie* und die Garantie des *Elternrechts* wurden in Art. 6 des Grundgesetzes in einer Formulierung aufgenommen, die den Wünschen der SPD und der FDP entgegenkam. Am heftigsten wurde um die Regelungen des *Schulwesens* gerungen. Den religiös-weltanschaulichen Charakter der Schule konnten die christlichen Parteien nicht durchsetzen. Lediglich die Gewährleistung des *Religionsunterrichts* (Art. 7 III, 141 GG), das Recht der Erziehungsberechtigten, über die Teilnahme des Kindes am Religionsunterricht zu bestimmen (Art. 7 II GG), und das eingeschränkte Recht zur Errichtung von *Privatschulen* (Art. 7 IV, V GG) fanden Aufnahme in das Grundgesetz. Das gesamte Schulwesen wurde unter die Aufsicht des Staates gestellt (Art. 7 I GG). Es war insbesondere dem interfraktionellen Fünferausschuß zu danken, daß dieser Kompromiß nach langwierigen Beratungen im Februar 1949 zustande kam.

Auf *soziale* Grundrechte sowie Normierungen über die *Wirtschafts- und Gesellschaftsordnung* wurde fast ganz verzichtet. Auf diese Weise umging man die großen, schier unüberwindlichen weltanschaulichen Differenzen. Aber auch die ungewisse künftige wirtschaftliche und soziale

---

lein-W. Matz, Entstehungsgeschichte der Artikel des Grundgesetzes, in: JöR NF Bd. I (1951), 1ff. (41ff.).

[16] Zur Einflußnahme der Katholischen Kirche siehe insb.: *K. Gotto,* Die katholische Kirche und die Entstehung des Grundgesetzes, in: *A. Rauscher* (Hg.), Kirche und Katholizismus 1945–1949, 1977, S. 88ff.

Entwicklung der Bundesrepublik war ursächlich für diesen Verzicht, der den Abgeordneten im Blick auf den provisorischen Charakter des Grundgesetzes vertretbar erschien. Einigkeit bestand im Parlamentarischen Rat indessen über die Kennzeichnung des Rechtsstaates als *„sozialen Rechtsstaat"*[17] – im Unterschied zu dem herkömmlichen liberalen.

Redner fast aller im Parlamentarischen Rat vertretenen Parteien bekannten sich zum *Gewaltenteilungsprinzip.* Neben der traditionellen horizontalen Gewaltenteilung wurde auch eine vertikale zwischen Bund und Ländern gefordert. Die Diskussion über dieses Prinzip wurde bei den Erörterungen des Art. 20 II GG und vor allem über die Selbständigkeit und Unabhängigkeit der Justiz wieder aufgenommen. Der Parlamentarische Rat verstand das Gewaltenteilungsprinzip rein formal und schematisch und spitzte das Problem der Zuordnung voneinander unabhängiger Gewalten vor allem auf die Frage der Autonomie der rechtsprechenden Gewalt zu. Daraus erklärt sich die große Bedeutung, die der Parlamentarische Rat dem *Bundesverfassungsgericht* als „Hüter der Verfassung"[18] und höchstem Organ der dritten Gewalt zuwies.

Schon im Herrenchiemseer Verfassungskonvent wie auch im Parlamentarischen Rat war man sich einig, ein Verfassungsgericht einzurichten, dessen Zuständigkeiten über die des Staatsgerichtshofes der Weimarer Republik hinausgehen sollten. Unklar war zunächst nur, ob das *Oberste Bundesgericht* und das *Bundesverfassungsgericht* institutionell getrennt sein sollten. Mit der höchst fragwürdigen Begründung, die „absolute Reinheit der Rechtssphäre" des Obersten Bundesgerichts nicht „durch die mehr oder weniger politisch betonte Tätigkeit des Bundesverfassungsgerichts" zu gefährden,[19] entschied sich der Parlamentarische Rat für die Trennung beider Gerichte.[20]

Über den Umfang der *Zuständigkeiten* des *Bundesverfassungsgerichts* gab es keine größeren Auseinandersetzungen. Die Abgeordneten des Parlamentarischen Rates folgten weitgehend den Vorschlägen des Herrenchiemseer Verfassungskonvents, die bereits alle wichtigen Kompetenzen des Verfassungsgerichts enthielten, insbesondere diejenigen zur Entscheidung über bundesstaatsrechtliche Streitigkeiten (Art. 93 I Nr. 3 und 4 GG), Organstreitigkeiten (Art. 93 I Nr. 1 GG), über die Vereinbarkeit von Bundes- oder Landesrecht mit dem Grundgesetz (Normenkontrolle – Art. 93 I Nr. 2 GG) und über die Verfassungswidrigkeit von politischen Parteien (Art. 21 II GG). Lediglich die Richteranklagen (Art. 98 II GG)

---

[17] Der Begriff stammt von *H. Heller,* Rechtsstaat oder Diktatur?, 1930, S. 9f., 26.

[18] Dieser Begriff geht auf *Carl Schmitt* zurück: Der Hüter der Verfassung in: AöR NF Bd. 16 (1929), 161ff.; vgl. auch dessen gleichnamige Schrift von 1931.

[19] Vgl. die Hinweise bei: *H. B. v. Doemming-R. W. Füsslein-W. Matz* (o. Fußn. 15), S. 697.

[20] Das *Oberste Bundesgericht* ist nie gebildet worden. Durch das 16. Gesetz zur Änderung des Grundgesetzes vom 18. 6. 1968 (BGBl I, 657) wurde die entsprechende Regelung gestrichen und der Art. 95 GG neu gefaßt.

wurden aus Sorge vor möglichem Mißbrauch richterlicher Befugnisse vom Parlamentarischen Rat neu in den Zuständigkeitskatalog aufgenommen.

Bestand über die Gestaltung der Demokratie und des sozialen Rechtsstaates in den meisten Fragen im Parlamentarischen Rat Übereinstimmung, so waren die Parteien über die Organisation des künftigen *Bundesstaates* zerstritten. Die Auseinandersetzungen wurden noch dadurch erschwert, daß selbst in den einzelnen Parteien – vor allem in der CDU und in der FDP – keine einheitlichen Grundauffassungen vertreten wurden. Einigkeit herrschte im Parlamentarischen Rat lediglich darüber, was man *nicht* wollte: den dezentralisierten Einheitsstaat der Weimarer Republik.

Die extremste Position vertrat die Deutsche Partei: Danach sollte der Bund nicht viel mehr sein als die Summe der Gliedstaaten. Diese Auffassung hatte keine Aussicht auf Erfolg. Die CSU befürwortete ein Bundesstaatsmodell, nach dem den Ländern als „Staaten im vollen Sinne des Wortes mit einer originären Staatlichkeit" die Mehrzahl der Befugnisse zustehen sollte. Auch diese Meinung stieß auf erheblichen Widerspruch. Ähnlich, wenn auch nicht so dezidiert war die Vorstellung der süddeutschen CDU-Landesverbände, die einem auf dem Subsidiaritätsprinzip aufbauenden Föderalismus das Wort redeten. Demgegenüber wollten die norddeutschen CDU-Landesverbände und die SPD das Eigengewicht des Bundes stärker betont wissen. Die Abgeordneten der FDP besaßen überhaupt kein einheitliches Bundesstaats-Konzept.

Einer der wichtigsten Streitpunkte betraf die Frage, ob die Interessen der Länder besser durch einen *„Bundesrat"* oder einen *„Senat"* gewahrt würden: Einen mit Vertretern der Landesregierungen besetzten Bundesrat favorisierten die süddeutsche CDU und die CSU, während die SPD und Teile der norddeutschen CDU für einen Senat eintraten, dessen Mitglieder von den Landtagen gewählt werden sollten. Die FDP nahm eine vermittelnde Position ein, indem sie für einen Bundesrat plädierte, dem allerdings nicht nur Mitglieder der Landesregierungen, sondern auch gewählte Abgeordnete angehören sollten. Auch über die Aufgaben der Zweiten Kammer bestand Streit: Die SPD wollte ihre Befugnisse stark begrenzen, insbesondere ihr im Gesetzgebungsverfahren nur ein aufschiebendes Veto einräumen, während die CDU/CSU und die Deutsche Partei ein dem Bundestag gleichberechtigtes Organ anstrebten.

Wochenlang stagnierten die Beratungen, bis man sich auf die Einrichtung eines *Bundesrates,* bestehend aus Mitgliedern der Regierungen der Länder, verständigte. Jedes Land sollte mindestens drei, Länder mit mehr als zwei Millionen Einwohnern sollten vier und solche mit mehr als sechs Millionen fünf Stimmen erhalten (Art. 51 II GG). Nachhaltiger dauerte der Streit über die Mitwirkungsbefugnisse des Bundesrates an. Erst im Februar 1949 gelang es dem Fünferausschuß, einen Kompromiß vorzuschlagen: Danach sollte der Bundesrat im Regelfall nur ein Einspruchsrecht gegen die vom Bundestag beschlossenen Gesetze haben, ausgenommen die Gesetze, welche die Verwaltungsorganisation der Länder oder deren Finanzfragen betrafen. Diese Differenzierung nach *„Zustimmungs"- und „Einspruchsgesetzen"* fand daraufhin Eingang in das Grundgesetz und überbrückte die gegensätzlichen Positionen im Parlamentarischen Rat.

Noch heftiger waren die Erörterungen über die Abgrenzung der *Zuständigkeit von Bund und Ländern;* sie verschärften sich so sehr, daß das Verfassungswerk zeitweilig zu scheitern drohte. Die Frontlinien der Auseinandersetzung gingen – mit Ausnahme der SPD und KPD – quer durch die Fraktionen des Parlamentarischen Rates. Für eine Stärkung der Bundeszuständigkeiten setzten sich die SPD und die nord- und westdeutschen Landesverbände der CDU ein; die süddeutschen CDU-Abgeordneten und die CSU wollten den Ländern ein Optimum an Kompetenzen zuweisen. Erschwert wurden die Einigungsversuche durch die *Intervention der Militärgouverneure,* die erstmals durch das Memorandum vom 22. 11. 1948[21] und stärker noch durch das vom 2. 3. 1949[22] für eine engere Begrenzung der Bundeszuständigkeiten eintraten. Die alliierten Mächte beanstandeten vor allem die Rahmengesetzgebung des Bundes sowie die Vorschriften über die konkurrierende Gesetzgebung, welche sie durch eine Vorranggesetzgebung der Länder ersetzt wissen wollten. Sie erregten bei den Abgeordneten des Parlamentarischen Rates durch eigene komplett formulierte Neufassungen der kritisierten Regelungen Ärgernis.

Parallel zu dem Streit um die Gesetzgebungszuständigkeiten verlief die Kontroverse über die Kompetenzen auf dem Gebiet des *Finanzwesens.* Auch hier intervenierten die Militärgouverneure durch das erwähnte Memorandum vom 2. 3. 1949: Der Bund sollte allein auf die Einnahme beschränkt werden, die er zur Erfüllung seiner Verpflichtungen unabweislich benötigen würde. Die alliierten Mächte legten auch dazu detaillierte Abänderungsvorschläge vor, deren Übernahme sie dem Parlamentarischen Rat nahelegten. In dieser schwierigen Situation wurde der bisherige Fünferausschuß zu einem Siebenerausschuß erweitert. Das vergrößerte Gremium erarbeitete nacheinander drei Kompromißvorschläge, die allesamt im März 1949 von den Militärgouverneuren verworfen wurden. Guter Rat war teuer. Die Krise verschärfte sich noch, als die *Außenminister* der USA, Großbritanniens und Frankreichs in einem Schreiben vom 5. 4. 1949[23] die Erwartung äußerten, „daß der Parlamentarische Rat und die verantwortlichen deutschen Parteiführer den Empfehlungen der Militärgouverneure die nötige Beachtung schenken werden ..." Während die CDU, insbesondere der Vorsitzende des Parlamentarischen Rates, *Konrad Adenauer,* zu neuerlichen Kompromissen drängte, versteifte sich die

---

[21] Abgedruckt bei: *E. R. Huber* (o. Fußn. 1), S. 208f.
[22] Abgedruckt bei: *E. R. Huber* (o. Fußn. 1), S. 210ff.
[23] Abgedruckt bei: *E. R. Huber* (o. Fußn. 1), S. 214.

unnachgiebige Haltung der Sozialdemokraten unter ihrem Vorsitzenden *Kurt Schumacher.* Über den Beratungen stand das Menetekel des Scheiterns. Die dramatische Zuspitzung löste sich erst, als die Außenminister in einem zweiten Schreiben vom 8. 4. 1949, das dem Parlamentarischen Rat allerdings erst am 22. 4. übermittelt wurde,[24] eine „wohlwollende Würdigung" der deutschen Vorschläge für die Finanzregelung zusicherten, „die darauf abzielt, sowohl den Länderregierungen als auch der Bundesregierung finanzielle Unabhängigkeit und angemessene Finanzkraft bei der Ausübung ihrer Befugnisse" zu gewährleisten. Desgleichen versprachen die drei Außenminister „wohlwollende Würdigung" der deutschen Regelungsvorschläge zur Abgrenzung der Gesetzgebungskompetenzen zwischen Bund und Ländern. Es verdichtete sich der Eindruck, daß die Alliierten ein Scheitern des Grundgesetzes möglichst vermeiden wollten.[25]

In einem ausführlichen Gespräch konnte sich eine siebzehnköpfige Delegation des Parlamentarischen Rates am 25. 4. 1949 mit den Militärgouverneuren über die strittigen Fragen einigen. Den deutschen Vorstellungen wurde weitgehend entsprochen. In interfraktionellen Verhandlungen konnten die letzten Unstimmigkeiten beseitigt werden. Abgeordnete der CSU machten allerdings einige Vorbehalte, wollten indessen die erzielten Kompromisse nicht gefährden. Die schwerste Krise des Parlamentarischen Rates war überwunden.

Nachdem die zum Teil erbittert geführten Auseinandersetzungen um Einzelfragen der bundesstaatlichen Ordnung beigelegt waren, stand einer *abschließenden Beratung* des Grundgesetzes nichts mehr im Wege. Der Hauptausschuß legte letzte Hand an den Entwurf des Grundgesetzes, der im Plenum in dritter Lesung am 8. 5. 1949 mit 53 gegen 12 Stimmen angenommen wurde. Die Abgeordneten der Deutschen Partei, des Zentrums und der KPD sowie sechs Abgeordnete der CSU votierten gegen das Grundgesetz.

Am 12. 5. 1949 genehmigten die drei westlichen *Militärgouverneure* das beschlossene Grundgesetz, erhoben jedoch einige *Vorbehalte,* die indessen den Text des Grundgesetzes nicht änderten. Neben Bedenken gegen die Ausübung der Befugnisse des Bundes gemäß Art. 91 II, 84 V und 87 III GG erhoben die Besatzungsmächte Einwände gegen die Teilnahme Groß-Berlins am Bund. Sie gingen davon aus, daß „Berlin zwar nicht Stimmberechtigung im Bundestag oder Bundesrat eingeräumt werden, noch von der Bundesregierung regiert werden kann, daß es jedoch nichtsdestoweniger eine kleine Anzahl von Vertretern zur Teilnahme an den Sitzungen jener gesetzgeberischen Körperschaften bestimmen

---

[24] Abgedruckt bei: *E. R. Huber* (o. Fußn. 1), S. 215.

[25] Siehe zum Ganzen: *H. J. Grabbe,* Die deutsch-alliierte Kontroverse um den Grundgesetzentwurf im Frühjahr 1949, in: VJZgesch Bd. 26 (1978), 393ff.

mag".[26] Insoweit wurden der *Anwendung* des Grundgesetzes Grenzen gesetzt. Im übrigen stimmten die Militärgouverneure zu, daß das Grundgesetz dem deutschen Volk zur *Ratifizierung* gemäß Art. 144 I GG unterbreitet wurde. Sie verzichteten damit auf die im Frankfurter Dokument Nr. 1 geforderten Volksabstimmungen in den Ländern und gaben sich mit der Annahme des Grundgesetzes durch die *Länderparlamente* zufrieden.

In zehn Ländern ergaben die Abstimmungen deutliche Mehrheiten für die Annahme des Grundgesetzes. Lediglich der bayrische Landtag lehnte das Verfassungswerk mehrheitlich ab, sprach sich jedoch dafür aus, das Grundgesetz auch in Bayern verbindlich anzuerkennen. Nachdem mehr als zwei Drittel der Länderparlamente das Grundgesetz gutgeheißen hatten, stand seiner *Ausfertigung und Verkündung* in der feierlichen Schlußsitzung am 23. 5. 1949 nichts mehr im Wege. Tags darauf trat das neue Verfassungswerk in Kraft.

Der Parlamentarische Rat entschied sich am 10. 5. 1949 mit knapper Mehrheit für *Bonn* als vorläufigen *Parlaments- und Regierungssitz* und verabschiedete am gleichen Tage das *Wahlgesetz* zum Ersten Deutschen Bundestag und zur ersten Bundesversammlung.[27] Einzelne Änderungen dieses Gesetzes ordneten die Militärgouverneure an; diesen Forderungen kamen die Ministerpräsidenten der Länder nach, nachdem sich der Parlamentarische Rat bereits aufgelöst hatte.

Bei der ersten Bundestagswahl erzielten zwölf Parteien Mandate, die meisten errangen CDU und CSU (139). Am 7. 9. 1949 konstituierte sich der Bundestag in Bonn und wählte den Abgeordneten *Erich Köhler* (CDU) zu seinem ersten Präsidenten. Der Bundesrat trat zu seiner ersten Sitzung am gleichen Tage zusammen und bestimmte den Ministerpräsidenten des Landes Nordrhein-Westfalen, *Karl Arnold* (CDU), zu seinem ersten Präsidenten. *Theodor Heuss* (FDP) wurde von der Bundesversammlung am 12. 9. im zweiten Wahlgang zum ersten Bundespräsidenten gewählt. Und am 15. 9. wählte der Bundestag *Konrad Adenauer* (CDU) zum ersten Bundeskanzler. Mit dessen Vereidigung und der Bildung der ersten Bundesregierung aus Mitgliedern der CDU/CSU, der FDP und der Deutschen Partei am 20. 9. 1949 erlangte die Bundesrepublik Deutschland ihre Handlungsfähigkeit, freilich begrenzt durch die Befugnisse der Militärgouverneure, deren Kompetenzen durch das *Besatzungsstatut* der drei alliierten Mächte vom 12. 5. 1949 eingeschränkt wurden.[28]

---

[26] Ziff. 4 des Genehmigungsschreibens (VOBlBrZ 1949, 416) – auch abgedruckt bei: *E. R. Huber* (o. Fußn. 1), S. 217.

[27] Abgedruckt bei: *E. R. Huber* (o. Fußn. 1), S. 277ff.

[28] Text bei: *E. R. Huber* (o. Fußn. 1), S. 576ff.

Teil B. Grundstrukturen und Entwicklungslinien der Verfassung der Bundesrepublik Deutschland

Einleitung

§ 4. Das Grundgesetz als rechtliche Grundordnung der Bundesrepublik und die Haupttendenzen der Verfassungsentwicklung

Literatur: W. Kägi, Die Verfassung als rechtliche Grundordnung des Staates, 1945, S. 39ff., 59ff.; *K. Hesse,* Grundzüge des Verfassungsrechts der Bundesrepublik, 18. Aufl. (1991), S. 3ff. (Rdnrn. 1ff.); *ders.,* Das Grundgesetz in der Entwicklung der Bundesrepublik Deutschland ... in: HdBVerfR, 1983, S. 3ff.; *J. Isensee,* Staat und Verfassung, in: HdBStR Bd. I, 1987, S. 591ff.; *K. Stern,* Staatsrecht der Bundesrepublik Bd. I, 2. Aufl. (1984), S. 69ff.; *D. Grimm,* Art. Verfassung, in: StL Bd. 5, 7. Aufl. (1989), S. 633ff.; *P. Badura,* Staatsrecht, 1986, S. 6ff.; *ders.,* Art. Verfassung, in: Ev. StL, 3. Aufl. (1987), Sp. 3737ff.; *R. Wahl,* Der Vorrang der Verfassung, in: Der Staat Bd. 20 (1981), 485ff.; *E. W. Böckenförde,* Entstehung und Wandel des Rechtsstaatsbegriffs, in: Festschrift für A. Arndt, 1969, S. 53ff.; *ders.,* Die Bedeutung der Unterscheidung von Staat und Gesellschaft im demokratischen Sozialstaat der Gegenwart, in: Sammelband des Verfassers: Staat, Gesellschaft, Freiheit, 1976, S. 185ff.; *B.-O. Bryde,* Verfassungsentwicklung, 1982; *E. Denninger,* Verfassung und Gesetz, in: KritV 1986, 291ff.

Das Bonner Grundgesetz vom 23. 5. 1949 ist ungeachtet seines – in der Präambel und in Art. 146 formulierten – provisorischen Charakters von Anfang an eine *vollwertige Verfassung:* Es ist kein bloßes transitorisches Organisationsstatut, sondern enthält insbesondere in den Grundrechten und den Strukturprinzipien der Demokratie, des sozialen Rechtsstaats und des Bundesstaates *materiale Elemente,* die der staatsrechtlichen Ordnung über die Übergangszeit hinaus Inhalt und Ziel geben und ihr die fortdauernde spezifische Legitimität verleihen sollen. Angesichts des miterlebten Niedergangs der Weimarer Republik und des Machtmißbrauchs sowie der politischen Willkür des nationalsozialistischen Regimes konnten die Schöpfer des Grundgesetzes den Neubeginn staatlicher Ordnung in Deutschland nur deshalb wagen, weil sie an die in der Tradition europäischer Rechtskultur stehende deutsche Verfassungsentwicklung des 19. und beginnenden 20. Jahrhunderts anknüpfen konnten und zugleich besondere Vorkehrungen gegen jedwede Pervertierung dieser Ordnung trafen. Es sind vor allem zwei über die Weimarer Reichsverfassung hinausweisende Momente, die der Verfassung der Bundesrepublik eine in Deutschland *neuartige Qualität* verleihen: Die Verankerung des Vorrangs der Verfassung und die Einrichtung einer umfassenden Verfassungsgerichtsbarkeit. Durch beide erfährt das Grundgesetz eine besondere *rechtliche* Ausrichtung und Verfestigung, die alle früheren deutschen Verfassungen noch nicht kannten.

Wohl wurde in der Zeit der Weimarer Republik im wissenschaftlichen Schrifttum die Frage der Bindung des Gesetzgebers an die Verfassung lebhaft diskutiert,[1] weil eine eindeutige verfassungsrechtliche Bestimmung fehlte. Doch erst das Grundgesetz postuliert in Art. 1 III und 20 III den *Vorrang der Verfassung* vor allen anderen Normebenen und Normgebern. Diese nicht hoch genug einzuschätzende Neuerung bedeutet in erster Linie den *Nachrang* des Gesetzes und des Gesetzgebers[2] und damit den Schutz der Verfassungssubstanz vor Zugriffen des einfachen Gesetzgebers, insbesondere auch vor stillschweigenden Verfassungsdurchbrechungen. Die Verfassung kann nur in den Grenzen des Art. 79 III GG und nur in dem in diesem Artikel geregelten Verfahren geändert werden (Art. 79 I, II GG).

Zum anderen wächst dem Grundgesetz durch die Entfaltung einer *umfassenden Verfassungsgerichtsbarkeit* eine neue Qualität zu. Der Rechtscharakter der Verfassung wird gesteigert, dessen Bedeutung vorwiegend im Rechtlichen und Gerichtsförmigen verankert und zentriert wird:

> „Das Denken über die Verfassung muß in Rechnung stellen, daß alle Aussagen über die Bedeutung der Verfassung und über ihren Gehalt Aussagen über einen rechtlichen Maßstab in einer besonders sensiblen Gerichtsbarkeit sind“.[3]

Man kann deshalb mit besonderer Berechtigung das Grundgesetz als die *rechtliche* Grundordnung der Bundesrepublik bezeichnen.[4] Als solche ist es in erster Linie *Rahmenordnung*, die materiale Gehalte und organisatorische Grundregeln festlegt, an denen sich Gesetzgebung, Verwaltung und Rechtsprechung sowie die gesellschaftlichen Kräfte auszurichten haben. Es setzt den Rahmen, innerhalb dessen staatlichem und gesellschaftlichem Wirken eine Vielzahl von Gestaltungsspielräumen offen stehen soll.

Die parteienstaatliche parlamentarische Demokratie, der soziale Rechtsstaat und der Bundesstaat sind die grundlegenden Strukturprinzi-

---

[1] Vgl. dazu im Überblick: *K. Kröger,* Der Wandel des Grundrechtsverständnisses in der Weimarer Republik, in: Geschichtliche Rechtswissenschaft ... Freundesgabe für Alfred Söllner (Giessener rechtswissenschaftliche Abhandlungen Bd. 6), 1990, S. 299 ff. (304 ff.).

[2] Vorzüglich: *R. Wahl,* Der Vorrang der Verfassung, in: Der Staat Bd. 20 (1981), 485 ff. (487); zur heutigen Problematik der Rolle des Gesetzgebers: *ders.*, Der Vorrang der Verfassung und die Selbständigkeit des Gesetzesrechts, in: NVwZ 1984, 401 ff.

[3] *R. Wahl,* Der Staat Bd. 20 (o. Fußn. 2), 486 mit weiterführenden Überlegungen auf den folgenden Seiten.

[4] Grundlegend für dieses Verständnis: *W. Kägi,* Die Verfassung als rechtliche Grundordnung des Staates, 1945, S. 39 ff., 59 ff.; speziell für das Verfassungsrecht der Bundesrepublik vor allem: *K. Hesse,* Grundzüge des Verfassungsrechts der Bundesrepublik, 18. Aufl. (1991), S. 10 ff. (Rdnrn. 17 ff.).

pien dieser Rahmenordnung, welche die Rechtsgestalt der Bundesrepublik Deutschland prägen. Aus ihrem Zusammenwirken soll die Gestalt des *freiheitlichen Verfassungsstaates* erwachsen als Voraussetzung und Bedingung eines menschenwürdigen Daseins.

Mit Hilfe des *demokratischen* Prinzips soll die Bildung der staatlichen Einheit und des maßgebenden staatlichen Willens bewirkt werden. Durch dieses Prinzip werden die Aktivbürger zum Staatsvolk körperschaftlich organisiert und zum letztmaßgeblichen Träger der Staatsgewalt erhoben.[5] Die in Wahlen und Abstimmungen stattfindenden Grundentscheidungen verschaffen Parlament und Regierung die zu ihrem Handeln notwendige Legitimität.

Das *Staatsvolk* ist indessen nicht mit der *Gesellschaft* der Bundesrepublik identisch, obwohl beide weithin aus denselben Menschen gebildet werden. Die Gesellschaft als solche ist nicht handlungs- und entscheidungsfähig:

> „Sie bildet keinen Verband, über den sich ein gemeinsamer Wille bilden könnte. Als Raum der Grundrechtsausübung ist die Gesellschaft gerade der Ort des Unbestimmbaren, der schicksalhaften oder selbstgewählten Ungleichheit, in dem individuelle und kollektiv gebündelte Autonomie nebeneinander bestehen".[6]

Das *rechtsstaatliche* Prinzip soll das Primat des Rechts im freiheitlichen Verfassungsstaat sichern. In verfassungsrechtlich vorgezeichneten Verfahren soll Recht hoheitlich gesetzt und vollzogen und damit zugleich die Staatsmacht selbst an das Recht gebunden werden – zur Ermöglichung und Gewährleistung gesellschaftlicher Freiheit und rechtlich geordneter Lebensverhältnisse im Gemeinwesen. Durch die Verbindung des Rechtsstaats- mit dem *Sozialstaatsprinzip* wird dem Staat die zusätzliche Aufgabe zuteil „die *sozialen* Voraussetzungen zur Verwirklichung der rechtsstaatlichen Freiheit für alle zu schaffen, das heißt insbesondere die soziale Ungleichheit abzubauen".[7]

Die Prinzipien der parlamentarischen Demokratie und des sozialen Rechtsstaats werden ergänzt durch das *Bundesstaatsprinzip*, durch das die staatlichen Befugnisse auf zwei Staatsebenen verteilt werden: auf den Gesamtstaat und auf die mit voller Staatsqualität ausgestatteten Gliedstaaten. Dezentrale autonome staatliche Entscheidungseinheiten sollen bürgernahes Handeln bewirken und politische Freiheit verstärken:

> „... Die Chance des Experiments im kleinen Bereich, des Wettbewerbs unter den Ländern und die mit der Mehrzahl politischer Entscheidungszentren verbundene geringere Krisenempfindlichkeit ... (zeigen), daß die Bundesstaatlichkeit des Grundgesetzes auch unter den Voraussetzungen der Gegenwart Wirkungen entfaltet, die auf

---

[5] Vgl. dazu vor allem: *J. Isensee*, Staat und Verfassung, in: HdBStR Bd. I, 1987, S. 591 ff. (655 f.).

[6] *J. Isensee* (o. Fußn. 5), S. 655.

[7] *E. W. Böckenförde*, Entstehung und Wandel des Rechtsstaatsbegriffs, in: Festschrift für A. Arndt, 1969, S. 53 ff. (69) – Hervorhebungen im Originaltext.

andere Weise kaum erzielt werden könnten. Auf gegenseitige Ergänzung und Zusammenwirken angelegt, bewirkt die föderative Gestaltung, daß das staatliche Leben weit mehr auf Verständigung und Kooperation beruht als auf Befehl und Zwang. Darin erscheint in veränderter Form das föderative Prinzip freier Einung als ein Grundelement *politischer Freiheit* ...".[8]

Die Nachzeichnung der Grundlinien der Verfassungsentwicklung der Bundesrepublik hat sich vor allem auf die Verfassung als Ganzes sowie auf die soeben erwähnten Grundprinzipien der Rahmenordnung zu konzentrieren, die in den folgenden Paragraphen zunächst in ihrer *grundlegenden* Gestalt näher darzustellen sind (I. Kapitel).

Die *Gesamtentwicklung* ist gekennzeichnet durch den Übergang von der zunächst provisorischen zur dauerhaften Staatsordnung und durch die Verschmelzung der beiden deutschen Teilstaaten durch den Beitritt der Deutschen Demokratischen Republik zur Bundesrepublik am 3. 10. 1990 (II. Kapitel).

Die Rahmenordnung der Verfassung bildet zwar einen festen Kern, der aber durch Gewichtsverlagerungen und Akzentuierungen von Teilmomenten begrenzt wandlungsfähig ist. So hat sich die *demokratische Ordnung* in den vergangenen vierzig Jahren stärker den gesellschaftlichen Kräften geöffnet, was zu Veränderungen im demokratischen Willensbildungsprozeß geführt hat (III. Kapitel). Die gesteigerte Bedeutung der Grundrechte und der wachsende Einfluß der „dritten Gewalt", insbesondere des *Bundesverfassungsgerichts*, haben den *Rechtsstaat* ausgeweitet und verfestigt. Das Recht selbst ist in den vergangenen Jahrzehnten mehr als zuvor dem Wandel des Zeitgeistes ausgesetzt gewesen. Und die Ausfächerung der sozialen Sicherung der Individuen hat das sozialstaatliche Fundament des Rechtsstaates weiter verstärkt (IV. Kapitel). Das *bundesstaatliche Gefüge* hat sich durch die unitarischen Entwicklungstendenzen und durch die Hinwendung zum „kooperativen Bundesstaat" strukturell gewandelt. Von großer Tragweite sind die Auswirkungen der europäischen Integration auf den Bundesstaat (V. Kapitel).

Für diese erste *verfassungsgeschichtliche* Orientierung wird keine Vollständigkeit beansprucht. Die folgende Darstellung hat mehr exemplarischen Charakter und soll den Blick für die Entwicklungstendenzen der gegenwärtigen Verfassungsordnung schärfen, um dadurch einen besseren Zugang zu den aktuellen Verfassungsfragen zu gewinnen.

---

[8] *K. Hesse* (o. Fußn. 4), S. 95f. (Rdnr. 233) – Hervorhebung im Originaltext.

I. Kapitel: Die Grundstrukturen des Grundgesetzes

§ 5. Die parteienstaatliche parlamentarische Demokratie

Literatur: K. Hesse, Grundzüge des Verfassungsrechts der Bundesrepublik, 18. Aufl. (1991), S. 54ff. (Rdnrn. 127ff.); *E. W. Böckenförde,* Demokratie als Verfassungsprinzip, in: HdBStR Bd. I, 1987, S. 887ff.; *P. Badura,* Die parlamentarische Demokratie, ebenda, S. 953ff.; *W. v. Simson – M. Kriele,* Das demokratische Prinzip im Grundgesetz, in: VVDStRL H. 29 (1971), 3ff., 46ff.; *K. Stern,* Staatsrecht der Bundesrepublik Bd. I, 2. Aufl. (1984), S. 587ff.; *T. Maunz – R. Zippelius,* Deutsches Staatsrecht, 28. Aufl. (1991), S. 65ff.; *E. Scharpf,* Demokratietheorie zwischen Utopie und Anpassung, 1970.

M. Kriele, Befreiung und politische Aufklärung, 1980; *W. Schmitt Glaeser,* Die grundrechtliche Freiheit des Bürgers zur Mitwirkung an der Willensbildung, in: HdBStR Bd. II, 1987, S. 49ff.; *P. Kunig,* Parteien, ebenda S. 103ff.; *M. Kloepfer,* Öffentliche Meinung, Massenmedien, ebenda S. 171ff.; *J. H. Kaiser,* Verbände, ebenda S. 149ff.; *E. W. Böckenförde,* Die politische Funktion wirtschaftlich-sozialer Verbände und Interessenträger in der sozialstaatlichen Demokratie, in: Der Staat Bd. 15 (1976), 457ff.; *D. Grimm,* Verbände, in: HdBVerfR, 1983, S. 373ff.; *U. Scheuner,* Der Staat und die intermediären Kräfte, in: Zeitschrift für evangelische Ethik Bd. 1 (1957), 30ff.; *K. Hesse,* Die verfassungsrechtliche Stellung der politischen Parteien im modernen Staat, in: VVDStRL H. 17 (1959), 11ff.; *H. Trautmann,* Innerparteiliche Demokratie im Parteienstaat, 1975, insb. S. 40ff.; *W. Henke,* Das Recht der politischen Parteien, 2. Aufl. (1972); *U. Scheuner,* Das Mehrheitsprinzip in der Demokratie, 1973; *W. Heun,* Das Mehrheitsprinzip in der Demokratie, 1983.

T. Oppermann – H. Meyer, Das parlamentarische Regierungssystem des Grundgesetzes, in: VVDStRL H. 33 (1975), 7ff.; 69ff.; *E. Friesenhahn – K. J. Partsch,* Parlament und Regierung im modernen Staat, in: VVDStRL H. 16 (1958), 9ff.; 74ff.; *G. Loewenberg,* Parlamentarismus im politischen System der Bundesrepublik Deutschland, 1969; *U. Scheuner,* Verantwortung und Kontrolle in der demokratischen Verfassungsordnung, in: Festschrift für G. Müller, 1970, S. 379ff.; *H. P. Schneider,* Das parlamentarische System, in: HdBVerfR, 1983, S. 239ff.; *H. Steiger,* Organisatorische Grundlagen des parlamentarischen Regierungssystems, 1973; *K. Kröger,* Die Ministerverantwortlichkeit in der Verfassungsordnung der Bundesrepublik Deutschland, 1972.

Das Demokratieprinzip des Grundgesetzes stützt sich auf die *liberaldemokratische* Verfassungstradition, die – dem Ideal der politisch-moralischen Aufklärung folgend – das Individuum als geistiges Wesen und Träger eines eigenen Willens in den Mittelpunkt aller menschlichen Ordnung stellt.[1] Es findet seinen Niederschlag in der durch rechtsstaatliche Elemente angereicherten *freiheitlichen demokratischen Grundordnung* (Art. 10 II, 11 II, 18, 21 II, 87 a IV und 91 I GG).

---

[1] Siehe dazu vor allem: *M. Kriele,* Befreiung und politische Aufklärung, 1980, S. 42ff.

Die freiheitliche demokratische Grundordnung hat das *Bundesverfassungsgericht* als Ordnung charakterisiert, „die unter Ausschluß jeglicher Gewalt- und Willkürherrschaft eine rechtsstaatliche Herrschaftsordnung auf der Grundlage der Selbstbestimmung des Volkes nach dem Willen der jeweiligen Mehrheit und der Freiheit und Gleichheit darstellt. Zu den grundlegenden Prinzipien dieser Ordnung sind mindestens zu rechnen: die Achtung vor den im Grundgesetz konkretisierten Menschenrechten, vor allem vor dem Recht der Persönlichkeit auf Leben und freie Entfaltung, die Volkssouveränität, die Gewaltenteilung, die Verantwortlichkeit der Regierung, die Gesetzmäßigkeit der Verwaltung, die Unabhängigkeit der Gerichte, das Mehrparteienprinzip und die Chancengleichheit für alle politischen Parteien mit dem Recht auf verfassungsmäßige Bildung und Ausübung einer Opposition".[2]

Ausgangspunkt und Legitimationsgrundlage des Demokratieprinzips ist der Grundsatz der *Volkssouveränität*. Das Grundgesetz nimmt die überkommene Formel: „Alle Staatsgewalt geht vom Volke aus" wieder auf (Art. 20 II 1), schränkt aber die *Ausübung* der Staatsgewalt in charakteristischer Weise ein: „Sie (die Staatsgewalt) wird vom Volke in Wahlen und Abstimmungen und durch besondere Organe der Gesetzgebung, der vollziehenden Gewalt und der Rechtsprechung ausgeübt" (Art. 20 II 2). Darin liegt eine klare *Absage* an die radikaldemokratische Vorstellung einer *Identität von Regierenden und Regierten* – eine Vorstellung, deren Realisierung stets Gefahr läuft, in totale Herrschaft auszuarten.[3] Dem Grundgesetz geht es nicht darum, einen abstrakten, letztlich fiktiven einheitlichen Volkswillen zu verwirklichen, sondern darum, aus den vielfältigen unterschiedlichen, oft gegensätzlichen Meinungen, Interessen und Bestrebungen innerhalb des Volkes die für alle verbindlichen Willensentscheidungen herbeizuführen, die Grundlage der politischen Einheit und des Wirkens staatlicher Gewalt sein sollen.[4]

Alle das Staatsvolk bildenden Bürger haben die gleiche Freiheit und die gleiche Chance, sich im organisierten Zusammenwirken mit anderen im Rahmen verfassungsrechtlich geregelter Verfahren an diesem *offenen politischen Willensbildungsprozeß* zu beteiligen und, soweit sie sich durchzusetzen vermögen, an den Entscheidungen in Parlament und Regierung mitzuwirken.

Die demokratische Ordnung des Grundgesetzes huldigt keiner Utopie der Herrschaftsfreiheit, sondern geht von der *Notwendigkeit der Herrschaft* von Menschen über Menschen im modernen Flächenstaat aus und gestaltet diese Herrschaft nach den Regeln der *parteienstaatlichen parlamentarischen Demokratie*.

„Willensbildung des Volkes und staatliche Willensbildung sind auf vielfältige Weise miteinander verschränkt. In einer Demokratie muß sich diese Willensbildung aber vom Volk zu den Staatsorganen, nicht umgekehrt von den Staatsorganen zum Volk hin vollziehen. Die Staatsorgane werden durch den Prozeß der politischen Willensbildung

---

2 *BVerfGE* 2, 1 (12f.).

3 Mit eindrucksvollen Beispielen: *M. Kriele* (o. Fußn. 1), S. 15ff., 72ff., 108ff., 143ff.

4 Besonders eindringlich: *K. Hesse*, Grundzüge des Verfassungsrechts der Bundesrepublik, 18. Aufl. (1991), S. 55ff. (Rdnrn. 130ff.).

des Volkes, der in die Wahlen einmündet, erst hervorgebracht (Art. 20 II GG). Das bedeutet, daß es den Staatsorganen grundsätzlich verwehrt ist, sich in bezug auf den Prozeß der Meinungs- und Willensbildung des Volkes zu betätigen, daß dieser Prozeß also grundsätzlich ‚staatsfrei' bleiben muß ...".[5]

Zentrale Aufgabe der politischen Willensbildung durch das Volk ist die *Wahl des Parlaments* (Art. 20 II 2 GG), die nach den Grundsätzen des Art. 38 I 1 GG allgemein, unmittelbar, frei, gleich und geheim zu sein hat. Die Volkswahl vermittelt dem Bundestag demokratische Legitimität und macht ihn zum wichtigsten Repräsentationsorgan der Bundesrepublik. Von nur begrenzter Bedeutung sind nach dem Grundgesetz *„Abstimmungen"* durch das Volk (Art. 20 II 2 GG); sie sind – in Gestalt des Volksbegehrens und des Volksentscheids – auf die Fälle der Neugliederung des Bundesgebiets beschränkt (Art. 29, 118 GG).

Ein weites, nicht zu unterschätzendes Feld politischer Willensbildung öffnet sich den Volksangehörigen über die *Grundrechte* der Meinungsfreiheit (Art. 5 GG), der Versammlungs- (Art. 8 GG) und der Vereinigungsfreiheit (Art. 9 GG).[6] Die institutionalisierte politische Willensbildung von Parlament und Regierung ist in vielfältiger Weise von den Willensvorstellungen und Meinungsrichtungen innerhalb des Volkes abhängig, aus deren Neben- und Gegeneinander sich in einem freien und offenen Prozeß die *öffentliche Meinung* bildet und fortentwickelt,[7] die Richtschnur und Schranke jeder staatlichen Willensbildung ist. Die freie öffentliche Meinung erweist sich als Kernstück der modernen Demokratie.[8]

Von nicht geringerer Bedeutung ist das Wirken der organisierten *politisch-sozialen Verbände,* die im Mit- und Gegeneinander die Interessen ihrer Mitglieder und ihrer Klientel zur Geltung bringen. Es ist der Raum der „Vorformung des politischen Willens", der dem Bereich staatlicher Entscheidung in Parlament und Regierung vorgelagert ist:

> „Er formiert die verschiedenen politischen Kräfte überhaupt erst zu aktionsfähigen Kräften, er vermittelt zwischen dem politischen Zentrum der Entscheidung und dem Volk, indem er Meinung bildet und beeinflußt, andererseits aber die Stimmung der Wähler und Bürger beobachtet, spiegelt und kundgibt .....".[9]

Ohne die Zwischenschaltung der „intermediären Kräfte" ist der heutige Prozeß demokratischer Willensbildung kaum denkbar, weil es der Filterung, Zusammenfassung und des Ausgleichs der Interessen und Be-

---

[5] *BVerfGE* 20, 56 (99).

[6] Siehe im Näheren dazu: *W. Schmitt Glaeser,* Die grundrechtliche Freiheit des Bürgers zur Mitwirkung an der Willensbildung, in: HdBStR Bd. II, 1987, S. 49ff. (51ff. Rdnrn. 3ff.).

[7] Vgl. im einzelnen: *M. Kloepfer,* Öffentliche Meinung, Massenmedien, in: HdBStR Bd. II, 1987, S. 171ff. (177ff. Rdnrn. 11ff.).

[8] Siehe dazu: *BVerfGE* 27, 71 (81f.).

[9] *U. Scheuner,* Der Staat und die intermediären Kräfte, in: Zeitschrift für evangelische Ethik Bd. I (1957), 30ff. (34).

strebungen innerhalb der Bevölkerung bedarf, um konsensfähige Entscheidungen zu ermöglichen.

Welche Rolle spielen dabei die *politischen Parteien?* Das Grundgesetz spricht in Art. 21 I 1 nur allgemein von ihrer „Mitwirkung" bei der politischen Willensbildung des Volkes, die sich bei genauerer Betrachtung auf *drei Ebenen* vollzieht:[10] Auf der ersten suchen die Parteien, die aktive Teilnahme der Bürger am politischen Leben zu fördern, um eine möglichst starke Einflußnahme auf die politische Willensbildung zu erreichen und Publizität zu gewinnen. Auf der zweiten Ebene wirken sie wie die Verbände und die sonstigen Interessenvertretungen bei der Vorformung des politischen Willens mit:

> „Sie sammeln die auf die politische Macht und ihre Ausübung gerichteten Meinungen, Interessen und Bestrebungen, gleichen sie in sich aus, formen sie zu Alternativen, unter denen die Bürger auswählen können ...".[11]

Zugleich bemühen sich die Parteien, geeignete Bürger für die Mitarbeit zu gewinnen und sie zur Übernahme von Führungsaufgaben heranzubilden. Auf der dritten Ebene geht es um die Teilhabe der Parteien an der *institutionalisierten Staatlichkeit:* um die Aufstellung von Kandidaten für die Bundestags- und die Landtagswahlen, um die Bildung von Fraktionen in den Parlamenten durch die gewählten Kandidaten, um die Geltendmachung politischer Ziele im Prozeß der staatlichen Willensbildung. Soweit die Parteien über die Mehrheit in den Volksvertretungen verfügen, obliegt es ihnen, die *Regierung* zu bilden, sie zu stützen und die Verbindung zwischen dem Volk und den politischen Führungsorganen des Staates herzustellen. Soweit sie in der Minderheit sind, haben sie als *Opposition* das Wirken der Regierung und der sie stützenden Parteien kritisch zu verfolgen, es zu kontrollieren und für alternative politische Zielsetzungen einzutreten. Darin liegt die Voraussetzung für das Funktionieren eines *Systems alternierender Regierungen,* um das es der Demokratie der Gegenwart zu tun ist:

> „Die Möglichkeit eines Wechsels der politischen Führungsgruppen wirkt einheitsbildend, weil die Minderheit nicht dauernd von der Herrschaft ausgeschlossen wird und weil sie in dem Bestreben, zur Mehrheit zu werden, möglichst viele partikulare Interessen in sich ausgleichen muß. Zugleich bewirkt dieses Nebeneinander ein gewisses Gleichgewicht der politischen Kräfte mit der Folge, daß die Gefahr eines Machtmißbrauchs vermindert wird. Die Gewährleistung gleicher Chancen erweist sich damit auch als wirksame *Sicherung der Freiheit des politischen Prozesses und der individuellen Freiheit* .....".[12]

Wenn auch auf allen Stufen der politischen Willensbildung stets eine Verständigung und Einigung zwischen den Beteiligten anzustreben ist, so

---

[10] Siehe dazu insbesondere: *H. Trautmann,* Innerparteiliche Demokratie im Parteienstaat, 1975, S. 40ff.

[11] *BVerfGE* 52, 63 (82).

[12] *K. Hesse* (o. Fußn. 4), 66 (Rdnr. 157) – Hervorhebung im Originaltext.

erfordert die Praxis, da vielfach Interessengegensätze nicht aufhebbar sind, einen weiteren Modus der Entscheidungsfindung. Er beruht auf dem *Mehrheitsprinzip.* Wenn keine Einigung erzielt werden kann, soll die Entscheidung maßgebend sein, die von der *Mehrzahl* der Beteiligten gewünscht wird. Der Mehrheitswille bietet die Gewähr, daß er dem größeren Teil der Partikularinteressen gerecht wird. Dieser Entscheidungsmodus ist der Minderheit nur insoweit zumutbar, als die Möglichkeit alternierender Mehrheitsverhältnisse besteht. Die Chance der Minderheit von heute, morgen zur Mehrheit zu werden, ist daher ein Wesenselement der Demokratie.

Dem Schutz der Minderheiten dient das Erfordernis *qualifizierter Mehrheiten* für bestimmte gravierende Entscheidungen, die dem Zugriff knapper Majoritäten entzogen sein sollen. Aus diesem Grunde – aber auch wegen der erhöhten Bestandsgarantie – kann das Grundgesetz nur mit der Zustimmung von zwei Dritteln der Mitglieder des Bundestages und von zwei Dritteln der Stimmen des Bundesrates geändert werden (Art. 79 II). Eine Änderung der in Art. 79 III bezeichneten Grundstrukturen des Grundgesetzes ist überhaupt nicht zulässig.

In der *parlamentarischen* Demokratie liegt der Schwerpunkt der institutionalisierten Willensbildung bei dem durch die Volkswahl legitimierten *Parlament.* Es ist das zentrale politische Entscheidungsorgan, dem nach dem Grundgesetz die Aufgaben der Gesetzgebung und der parlamentarischen Kontrolle der Regierung übertragen sind. Eine allumfassende Entscheidungsbefugnis besitzt es nicht. Die *Regierung* verfügt als staatsleitendes Organ über einen „Kernbereich exekutivischer Eigenverantwortlichkeit",[13] den sie prinzipiell unabhängig von der Volksvertretung gestalten kann. Sie ist jedoch – nach dem *parlamentarischen Prinzip* des demokratischen Verfassungsstaates – in ihrem Bestand und ihrer Wirksamkeit vom Parlament abhängig, d.h. sie bedarf dessen Vertrauens.

Die *Ausgestaltung* des parlamentarischen Prinzips ist vom Parlamentarischen Rat, wie bereits oben dargelegt,[14] abweichend von den Bestimmungen der Weimarer Reichsverfassung geregelt worden: Die maßgebende Entscheidung der Regierungsbildung, die Wahl des *Bundeskanzlers,* trifft nunmehr das Parlament (Art. 63 GG). Der Kanzler ist dem Bundestag in vollem Umfang verantwortlich und von dessen Vertrauen abhängig. Das Parlament kann ihm das Vertrauen dadurch entziehen, daß es mit der Mehrheit seiner Mitglieder einen Nachfolger wählt und den Bundespräsidenten ersucht, den Bundeskanzler zu entlassen (Art. 67 GG). Die *Bundesminister* werden auf Vorschlag des Kanzlers vom Bundespräsidenten ernannt und entlassen (Art. 64 I GG). Sie haben zwar dem Bundestag über die ihnen übertragenen Ressortangelegenheiten Rede und

---

13 *BVerfGE* 68, 1 (87).

14 Siehe die Ausführungen oben S. 24f.

Antwort zu stehen – das Parlament kann jederzeit ihre Anwesenheit verlangen (Art. 43 I GG) –, sie können aber nicht durch Mißtrauensvotum gestürzt werden (Art. 67, 65 GG).

In der *parteienstaatlich* geprägten parlamentarischen Demokratie hat das institutionelle Gegenüber von Parlament und Regierung an Bedeutung verloren. Die Frontlinien der Auseinandersetzung verlaufen nunmehr quer durch das Parlament: Der Mehrheit im Parlament und der von ihr gestützten Regierung steht die sich in der Minderheit befindende Opposition gegenüber, der die Hauptlast der parlamentarischen Kontrolle zufällt. Die Einsetzung von parlamentarischen Untersuchungsausschüssen (Art. 44 I GG) dient vor allem den Zwecken der Opposition, während die parlamentarische Mehrheit in der Regel geneigt ist, sich schützend vor die Regierung zu stellen, an deren staatsleitenden Entscheidungen und politischen Zielvorgaben sie teilhat.

§ 6. Der soziale Rechtsstaat

Literatur: K. Hesse, Grundzüge des Verfassungsrechts der Bundesrepublik, 18. Aufl. (1991), S. 77ff. (Rdnrn. 183ff.); 195ff. (Rdnrn. 476ff.); *ders.,* Der Rechtsstaat im Verfassungsgefüge des Grundgesetzes, in: Festgabe f. R. Smend, 1962, S. 71ff.; *E. Schmidt-Aßmann,* Der Rechtsstaat, in: HdBStR Bd. I, 1987, S. 987ff.; *H. F. Zacher,* Das soziale Staatsziel, ebenda, S. 1045ff.; *E. Forsthoff* (Hg.), Rechtsstaatlichkeit und Sozialstaatlichkeit, 1968; *E. Benda,* Der soziale Rechtsstaat, in: HdBVerfR, 1983, S. 477ff.; *K. Stern,* Staatsrecht der Bundesrepublik Bd. I, 2. Aufl. (1984), S. 764ff., 877ff.; *T. Maunz – R. Zippelius,* Deutsches Staatsrecht, 28. Aufl. (1991), S. 84ff., 97ff.; *E. W. Böckenförde,* Entstehung und Wandel des Rechtsstaatsbegriffs, in: Festschrift f. A. Arndt, 1969, S. 53ff.; *P. Kunig,* Das Rechtsstaatsprinzip, 1986; *H. H. Klein,* Vom sozialistischen Machtstaat zum demokratischen Rechtsstaat, in: JZ 1990, 53ff.

P. Häberle, Die Menschenwürde als Grundlage der staatlichen Gemeinschaft, in: HdBStR Bd. I, 1987, S. 815ff.; *D. Merten,* Rechtsstaat und Gewaltmonopol, 1975; *J. Isensee,* Das Grundrecht auf Sicherheit, 1983; *K. Kröger,* Die vernachlässigte Friedenspflicht des Bürgers, in: JuS 1984, 172ff.; *R. Bäumlin,* Der schweizerische Rechtsstaatsgedanke, in: Zeitschrift des Bernischen Juristenvereins Bd. 101 (1965), 94ff.; *R. Wahl,* Der Vorrang der Verfassung, in: Der Staat Bd. 20 (1981), 485ff.; *ders.,* Der Vorrang der Verfassung und die Selbständigkeit des Gesetzesrechts, in: NVwZ 1984, 401ff.; *E. W. Böckenförde,* Gesetz und gesetzgebende Gewalt, 2. Aufl. (1981), 375ff.; *F. Ossenbühl,* Vorrang und Vorbehalt des Gesetzes, in: HdBStR Bd. III, 1988, S. 316ff.; *B. Busch,* Das Verhältnis des Art. 80 I 2 GG zum Gesetzes- und Parlamentsvorbehalt, 1992, S. 19ff.; *U. Scheuner,* Zur Systematik und Auslegung der Grundrechte, 1965, jetzt in dem Sammelband der Schriften des Verfassers: Staatstheorie und Staatsrecht, 1978, S. 709ff.; *ders.,* Die Funktion der Grundrechte im Sozialstaat, 1971, ebenda, S. 737ff.; *C. Schmitt,* Freiheitsrechte und institutionelle Garantien der Reichsverfassung, 1931, jetzt in den Verfassungsrechtlichen Aufsätzen des Verfassers, 2. Aufl. (1985), S. 140ff.; *K. A. Schachtschneider,* Das Sozialprinzip. Zu seiner Stellung im Verfassungssystem des Grundgesetzes, 1974; *U. Scheuner,* Die Funktion des Gesetzes im Sozialstaat, in: Festschrift für H. Huber, 1981, S. 127ff.; *H. Ridder,* Die soziale Ordnung des Grundgesetzes, 1975, S. 35ff.; *H. Krüger,* Rechtsstaat-Sozialstaat-Staat, 1975.

Mit seiner Entscheidung für den sozialen Rechtsstaat knüpft das Grundgesetz an die deutsche Verfassungstradition an,[1] die durch das nationalsozialistische Regime mißachtet und pervertiert worden war, und bekennt sich zu einer Ordnung, welche das staatliche und das gesellschaftliche Leben nach den *Maßstäben* und mit den *Mitteln des Rechts* gestaltet.[2] Der Rechtsstaat soll nicht nur staatliche Macht eingrenzen, sondern auch eine menschenwürdige gerechte soziale Ordnung gewährleisten.

Die leidvollen Erfahrungen in der Zeit der Weimarer Republik und während des nationalsozialistischen Regimes haben den Blick der Mitglieder des Parlamentarischen Rates für die notwendige Fortbildung des überkommenen Rechtsstaates geschärft: Der heutige Rechtsstaat darf sich nicht in rein formalen Gewährleistungen erschöpfen, er muß auch *materialer Rechtsstaat* sein; und er darf es nicht bei den liberalen Errungenschaften bewenden lassen, er muß auch *sozialer Rechtsstaat sein.*[3]

Das in Art. 20 und 28 GG garantierte Rechtsstaatsprinzip umfaßt drei *Kernaussagen:* Erstens das Bekenntnis zur Würde des Menschen und zu dessen Grundrechten (Art. 1 I, II GG), zweitens das Gewaltenteilungsprinzip (Art. 20 II 1 GG), das der Konstituierung der Staatsfunktionen und der gegenseitigen Kontrolle der Staatsorgane dient, und drittens die Bindung des Gesetzgebers an die verfassungsmäßige Ordnung sowie der Verwaltung und der Justiz an Gesetz und Recht (Art. 20 III GG). Hinzu tritt eine Reihe von materiellen und von organisatorischen rechtsstaatlichen Einzelausprägungen, die – über das Grundgesetz verstreut – sich an verschiedenen Stellen finden.

Die meisten der rechtsstaatlichen Regelungen des Grundgesetzes bedürfen der Konkretisierung und Aktualisierung durch den *Gesetzgeber.* Erst die konkreten Ver- und Gebote prägen die reale Gestalt des heutigen Rechtsstaates. Doch sie machen den Rückgriff auf das Rechtsstaatsprinzip selbst nicht entbehrlich.[4] Dieses bleibt nicht nur die unverrückbare Zielvorgabe des Gesetzgebers, sondern entfaltet auch unmittelbare Wirkungen, wo gesetzliche Konkretisierungen fehlen.[5]

Ein glaubhafter Neubeginn rechtsstaatlicher Ordnung in der Bundesrepublik hatte die *Würde des Menschen* in den Mittelpunkt zu stellen, deren Unantastbarkeit vom Staat zu achten und zu schützen ist (Art. 1 I GG):

---

[1] Vgl. *K. Kröger,* Einführung in die jüngere deutsche Verfassungsgeschichte, 1988.

[2] Siehe vor allem: *K. Hesse,* Der Rechtsstaat im Verfassungsgefüge des Grundgesetzes, in: Festgabe für R. Smend, 1962, S. 71 ff.; *ders.,* Grundzüge des Verfassungsrechts der Bundesrepublik, 18. Aufl. (1991), S. 77 ff. (Rdnrn. 183 ff.); *E. Schmidt-Aßmann,* Der Rechtsstaat, in: HdBStR Bd. I, 1987, S. 987 ff.

[3] Vgl. dazu: *E. W. Böckenförde,* Entstehung und Wandel des Rechtsstaatsbegriffs, in: Festschrift für A. Arndt, 1969, S. 53 ff., der allerdings die beiden Begriffspaare mehr antithetisch begreift.

[4] So aber: *P. Kunig,* Das Rechtsstaatsprinzip, 1986, S. 89 ff., 457 ff.

[5] Zutreffend: *E. Schmidt-Aßmann* (o. Fußn. 2), S. 991 Rdnr. 8.

„Sie soll den Menschen davor schützen, daß er durch den Staat oder durch seine Mitbürger als bloßes Objekt, das unter vollständiger Verfügung eines anderen Menschen steht, als Nummer eines Kollektivs, als Rädchen im Räderwerk behandelt und daß ihm damit jede eigene geistig-moralische oder gar physische Existenz genommen wird".[6]

Das Grundgesetz bleibt indes nicht bei dieser negativen Bestimmung stehen. In der Verbindung des Schutzes der Menschenwürde mit dem Bekenntnis „zu unverletzlichen und unveräußerlichen Menschenrechten als Grundlage der menschlichen Gemeinschaft, des Friedens und der Gerechtigkeit in der Welt" (Art. 1 II GG) liegt die *positive Orientierung* des Art. 1 GG, der oberstes Prinzip des Grundgesetzes ist.[7] Als Person von unverfügbarem Eigenwert soll sich der Mensch frei entfalten können sowohl in seiner privaten Sphäre als auch im Zusammenleben mit anderen in den verschiedensten Lebensbereichen. Die Menschenwürde umschließt daher nicht nur den Anspruch des Individuums auf Selbstbestimmung und damit auf Selbstverantwortung, sondern auch auf verantwortliche Mitgestaltung des menschlichen Zusammenlebens auf den unterschiedlichsten Ebenen. Auf diesem Hintergrund gewinnt der staatliche Auftrag zur Achtung und zum Schutz der Menschenwürde seine spezifische Bedeutung: Er konstitutiert, prägt und legitimiert den heutigen Verfassungsstaat, der als höchste Entscheidungs- und Wirkungseinheit den optimalen Grad an Rechtsfrieden und Freiheit gewährleisten soll. Dazu ist er vermöge seines Monopols zur Rechtsetzung und zum legalen physischen Zwang imstande.[8] Und hier liegen die Wurzeln der Friedenspflicht, die der Rechtsstaat von seinen Bürgern verlangt.[9]

Die zweite Kernaussage des Rechtsstaatsprinzips, das *Gewaltenteilungsprinzip*, ist in Art. 20 II 2 GG – wenn auch unvollkommen – verankert. Hier ist nur von der Gliederung staatlicher Funktionen und der Trennung der ihnen zugeordneten Organe die Rede. Dieser Formulierung liegt die herkömmliche Vorstellung einer ursprünglichen einheitlichen Staatsgewalt zugrunde, die nachträglich durch Aufteilung und Trennung zergliedert werden müsse, um Machtmißbrauch zu verhindern und individuelle Freiheit zu sichern. Sie wird jedoch dem heutigen Verfassungsstaat nicht gerecht, dessen Staatsgewalt nicht als real vorhanden vorausgesetzt werden darf, sondern in stetem menschlichem Zusammenwirken immer wieder neu geschaffen und bewahrt werden muß. Daraus

[6] *C. Starck*, in: *v. Mangoldt-Klein*, Komm. zum Grundgesetz, Bd. I, 3. Aufl. (1985), Art. 1 I Rdnr. 13.

[7] Vgl. im Näheren: *K. Hesse*, Grundzüge des Verfassungsrechts (o. Fußn. 2), S. 51 f. (Rdnr. 116); *P. Häberle*, Die Menschenwürde als Grundlage der staatlichen Gemeinschaft, in: HdBStR Bd. I, 1987, S. 815 ff. (849 ff.).

[8] Siehe dazu: *D. Merten*, Rechtsstaat und Gewaltmonopol, 1975; *J. Isensee*, Das Grundrecht auf Sicherheit, 1983.

[9] Neben den in der vorigen Anmerkung erwähnten Darstellungen: *K. Kröger*, Die vernachlässigte Friedenspflicht des Bürgers, in: JuS 1984, 172 ff. (173).

ergibt sich für die Gegenwart eine andere Sicht der *Funktion der Gewaltenteilung:*

„Gegenstand der Gewaltenteilung ist vielmehr positiv eine Ordnung menschlichen Zusammenwirkens, die die einzelnen Gewalten konstituiert, ihre Kompetenzen bestimmt und begrenzt, ihre Zusammenarbeit regelt und auf diese Weise zur Einheit – begrenzter – staatlicher Gewalt hinführen soll. Diese Aufgabe erfordert nicht nur eine Hemmung und Balancierung der realen Machtfaktoren, sondern sie ist auch und vor allem eine Frage sachgemäßer Bestimmung und Zuordnung der staatlichen Funktionen, der Organe, denen die Wahrnehmung dieser Funktionen anvertraut wird, sowie der realen Kräfte, die sich in diesen Organen verkörpern. Es ist diese Zuordnung, die das Grundthema der Gewaltenteilung in der verfassungsmäßigen Ordnung des Grundgesetzes bezeichnet“.[10]

Die von dem modernen Staat wahrzunehmenden *Grundfunktionen* der Gesetzgebung, der Verwaltung und der Rechtsprechung werden durch das Gewaltenteilungsprinzip gewährleistet – nicht im Sinne einer strikten und in sich abgeschlossenen Aufgabentrennung, die keine Abweichung duldet, wohl aber in einer schwerpunktmäßigen Bündelung von typischen Arten der staatlichen Aufgabenwahrnehmung. Mit dieser Konstituierung der Aufgabenbereiche des Staates geht deren Übertragung an je bestimmte funktionsgerechte Organe einher.

„Wenn Funktion und Organstruktur sachlich aneinander gebunden sind, so bedeutet dies ein prinzipielles *Verbot der Wahrnehmung oder Zuweisung von Funktionen, die der Struktur* des Organs und der von ihm wahrzunehmenden Grundfunktion *nicht entsprechen.* Darüber hinaus schließt das Verbot der Wahrnehmung oder Zuweisung solcher Funktionen die Beteiligung des Mitglieds eines Organs an den Funktionen eines anderen Organs aus, wenn diese Funktionen sachlich nicht miteinander vereinbar sind“.[11]

Durch diese im einzelnen im Grundgesetz geregelte Übertragung der verschiedenen Funktionen auf je bestimmte Organe werden in ihrem Kernbestand unentziehbare Kompetenzbereiche geschaffen. Diese bilden die Grundlage der unaufhebbaren *Unterscheidung und Trennung* staatlicher Gewalten. Dabei darf nicht übersehen werden, daß eine Reihe von Mitwirkungs- oder Kontrollbefugnissen auch dem *Zusammenwirken* dieser Gewalten dienen soll im Interesse einer Machthemmung und Machtkontrolle. Man wird das Gewaltenteilungsprinzip, das sich nur schwer abstrakt umschreiben läßt, in seiner *praktischen* Bedeutung allerdings kaum überschätzen können.

Art. 20 III GG normiert die dritte Kernaussage: In seinem ersten Halbsatz wird der *Vorrang der Verfassung* vor allen anderen Normebenen bekräftigt.[12] Die Verfassung ist die oberste Richtschnur für alles staatliche

---

[10] *K. Hesse,* Grundzüge des Verfassungsrechts (o. Fußn. 2), S. 197 (Rdnr. 482); auch zum Folgenden: ebenda, S. 198ff. (Rdnrn. 484ff.).

[11] *K. Hesse,* ebenda, S. 199f. (Rdnr. 489) – Hervorhebung im Originaltext.

[12] Siehe dazu den Nachweis oben S. 33 Fußn. 2.

Handeln, das sich nicht mit ihr in Widerspruch setzen darf. In erster Linie bedeutet der Vorrang der Verfassung den *Nachrang des Gesetzes.* Die Maßgeblichkeit und Durchsetzbarkeit der Verfassung gegenüber den Gesetzen (und dem Gesetzgeber) wird durch die *Verfassungsgerichtsbarkeit* gewährleistet. Das Grundgesetz als Rahmenordnung der Bundesrepublik Deutschland erfährt seine Verbindlichkeit durch die Auslegung seiner Normen durch das mit umfassenden Entscheidungsbefugnissen ausgestattete *Bundesverfassungsgericht.* Der Rechtscharakter der Verfassung wird dadurch erheblich gesteigert.

Nach dem zweiten Halbsatz des Art. 20 III GG sind die vollziehende Gewalt und die Rechtsprechung an „Gesetz und Recht" gebunden. Damit ist der *Vorrang des Gesetzes* vor den Akten der Exekutive und der Judikative normiert. Er setzt den *Vorbehalt des Gesetzes* – das heißt den Vorbehalt, alle grundlegenden („wesentlichen") staatlichen Akte[13] durch *gesetzliche* Regelungen zu entscheiden[14] – voraus, weil sonst offen bliebe, wie weit die Gesetzesbindung der vollziehenden und der rechtsprechenden Gewalt reichen soll. Mit der Formel *„Gesetz und Recht"* will das Grundgesetz – eingedenk der zahllosen Fälle nationalsozialistischen Mißbrauchs der Legalität – sicherstellen, daß ein legal zustande gekommenes Gesetz nur zu binden vermag, wenn es mit den Grundvorstellungen des Rechts, den Legitimitätsvorstellungen unserer Zeit in Einklang steht. Eine Entgegensetzung von Legalität und Legitimität darf es heute nicht mehr geben, denn *beide* konstituieren den Rechtsstaat des Grundgesetzes: In rechtlich geordneten Verfahren soll ein material gerechter Rechtszustand hergestellt und bewahrt werden.

Das im zweiten Halbsatz des Art. 20 III GG übernommene traditionelle Prinzip der *Gesetzmäßigkeit der ausführenden Staatstätigkeit* bedingt, daß die Bundesregierung, ein Bundesminister oder die Landesregierungen nur im begrenzten Rahmen zum *Erlaß von Rechtsverordnungen* befugt sind: Nach Art. 80 I GG bedarf es hierzu einer *gesetzlichen* Ermächtigung, die Inhalt, Zweck und Ausmaß dieser Befugnis ausdrücklich bestimmt.

Auf dem Hintergrund dieser drei Kernaussagen sind die *materiellen und organisatorischen Einzelausprägungen* des Rechtsstaates zu verstehen. In engem Zusammenhang mit dem Schutz der Menschenwürde steht die Gewährleistung der *Freiheit* in den verschiedensten Bereichen individuellen und sozialen Lebens. Es geht dabei nicht nur um die Freiheit von staatlichen Eingriffen auf den Gebieten privater Lebensführung, sondern

---

[13] Zu der vom *BVerfG* entwickelten „Wesentlichkeitstheorie" vor allem: *BVerfGE* 47, 46 (78f.); 49, 89 (126f.). Aus dem Schrifttum: *B. Busch,* Das Verhältnis des Art. 80 I 2 GG zum Gesetzes- und Parlamentsvorbehalt, 1992, S. 19ff.

[14] Siehe vor allem: *E. W. Böckenförde,* Gesetz und gesetzgebende Gewalt, 2. Aufl. (1981), S. 375ff.; *F. Ossenbühl,* Vorrang und Vorbehalt des Gesetzes, in: HdBStR Bd. III, 1988, S. 316ff.

auch um die Freiheit zu eigenverantwortlichem Handeln und zum Mitgestalten auf den verschiedensten Ebenen gesellschaftlichen und staatlichen Lebens (Art. 2, 4, 5, 8, 9, 10, 11, 12, 13 GG).

Die Garantie der Freiheit ist verschwistert mit der Gewährleistung der *Rechtsgleichheit* (Art. 3 GG): Jeder hat den gleichen Anspruch auf die Respektierung seiner Freiheit und auf Schutz seiner ihm durch die Rechtsordnung zuerkannten Rechte. Andererseits hat der Staat Lasten und Pflichten gleich zu verteilen und allgemein gleiche Tatbestände gleich zu behandeln.

Freiheit und Rechtsgleichheit bilden zusammen mit der *Eigentums- und Erbrechtsgarantie* (Art. 14 GG) die klassische Trias des neuzeitlichen Rechtsstaates. Die Gewährleistung der bestehenden und der erworbenen vermögenswerten Rechte der Einzelnen als *Einrichtung* der Rechtsordnung (Institutsgarantie)[15] umschließt auch subjektive Rechte des Eigentümers auf Schutz seines Eigentums.

Weitere Elemente des Rechtsstaates sind die *Rechtsschutzgarantien*. Neben den besonderen Verfahrensarten verfassungsgerichtlicher Kontrolle (Art. 93 GG) gewährleistet das Grundgesetz einen umfassenden gerichtlichen Rechtsschutz für jeden, der sich durch die öffentliche Gewalt in seinen Rechten verletzt fühlt (Art. 19 IV). Die Eigenständigkeit der Gerichtsbarkeit wird durch die Unabhängigkeit und die besonders gesicherte Rechtsstellung der Richter (Art. 97, 98 GG) garantiert. Hinzu treten das Verbot von Ausnahmegerichten (Art. 101 I 1 GG) und das Recht auf den gesetzlichen Richter (Art. 101 I 2 GG).

Jeder Bürger hat vor Gericht Anspruch auf rechtliches Gehör (Art. 103 I GG). Der Angeklagte wird davor geschützt, wegen derselben Tat auf Grund der allgemeinen Strafgesetze mehrmals bestraft zu werden (Art. 103 III GG). Ferner kann eine Tat nur geahndet werden, wenn die Strafbarkeit gesetzlich bestimmt war, bevor die Tat begangen wurde (Art. 103 II GG). Bei Freiheitsentziehungen oder -beschränkungen sind die in Art. 104 GG enthaltenen Rechtsgarantien einzuhalten.

Zu den rechtsstaatlichen Einzelgewährleistungen gehören auch die Regelungen über die *Verantwortlichkeit des Staates* für die Handlungen seiner Organe. Dem 19. Jahrhundert entlehnt ist die bedeutungslose Anklage gegen den Bundespräsidenten vor dem *Bundesverfassungsgericht* wegen vorsätzlicher Verletzung des Grundgesetzes oder eines einfachen Bundesgesetzes (Art. 61 GG). Die Ministerverantwortlichkeit hat sich in den Vorschriften der Art. 65 und 67 GG erhalten. Das Schwergewicht der Verantwortlichkeit liegt heute auf der Haftung des Staates für Amtspflichtverletzungen seiner Bediensteten (Art. 34 GG).

---

[15] *C. Schmitt,* Freiheitsrechte und institutionelle Garantien der Reichsverfassung, 1931, jetzt in den Verfassungsrechtlichen Aufsätzen des Verfassers, 2. Aufl. (1985), S. 140ff. (149ff.).

Das Grundgesetz verzichtet auf *soziale* Grundrechte, die im Grundrechtsteil der Weimarer Reichsverfassung enthalten waren, und bekennt sich zum Leitprinzip des *sozialen Rechtsstaates.* Es öffnet sich damit den Gegebenheiten der modernen wirtschaftlichen und sozialen Entwicklung, die seit dem Ende des Zweiten Weltkriegs unabweislicher denn je sind, und normiert eine Fülle neuer Staatsaufgaben: „Der Staat des Grundgesetzes ist planender, lenkender, leistender, verteilender, individuelles wie soziales Leben erst ermöglichender Staat".[16] Er dringt tief in Bereiche ein, die vormals gesellschaftlicher Selbstgestaltung überlassen waren, und verstärkt die Abhängigkeit des Einzelnen von staatlichen Entscheidungen und Leistungen.

Allerdings steht das soziale Staatsziel nicht im Gegensatz zu den rechtsstaatlichen Postulaten; es ist auch diesen nicht untergeordnet.[17] Vielmehr sind Sozialstaatlichkeit und Rechtsstaatlichkeit im Grundgesetz gleichrangig:

> „Der soziale Rechtsstaat ist ein Sozialstaat, der sich in den Verfahren, Formen und Grenzen des Rechtsstaates verwirklicht, und ein Rechtsstaat, der offen ist dafür, vom sozialen Zweck erfüllt und in Dienst genommen zu werden".[18]

Die Konkretisierung und die Verwirklichung des sozialen Rechtsstaates obliegen in erster Linie dem Gesetzgeber und, von ihm angeleitet oder ermächtigt, der staatlichen Verwaltung. Dabei geht es nicht allein um die soziale Sicherung menschenwürdiger Existenz, sondern auch darum, der immer wieder neu entstehenden gesellschaftlichen Ungleichheit im freiheitlichen Gemeinwesen entgegenzuwirken, um ein größtmögliches Maß *realer* Freiheit für alle Bürger herzustellen und zu bewahren.[19] Die Grundwerte der Rechts- und Sozialstaatlichkeit sind demnach dieselben: Menschenwürde, Freiheit und Gleichheit.

Nach Art. 79 III GG sind die in Art. 1 und 20 GG niedergelegten Grundsätze jeder Verfassungsänderung entzogen und genießen daher einen *erhöhten Bestandsschutz.* Das gilt nicht nur für die ausdrücklich bezeichneten Einzelausprägungen des Rechtsstaatsprinzips, wie die Menschenwürde und die Verpflichtung des Staates, sie zu achten und zu schützen, das Gewaltenteilungsprinzip, den Vorrang der Verfassung, die Bindung der vollziehenden Gewalt und der Rechtsprechung an Gesetz und Recht sowie für die über Art. 1 III GG gewährleistete Freiheitlichkeit und Rechtsgleichheit, sondern zugleich auch für die Prinzipien des

---

[16] *K. Hesse,* Grundzüge des Verfassungsrechts (o. Fußn. 2), 87 (Rdnr. 212).

[17] So vor allem die Auffassung *E. Forsthoffs,* Begriff und Wesen des sozialen Rechtsstaats, in: VVDStRL Bd. 12 (1954), 8ff. – wieder abgedruckt in dem vom Verfasser herausgegebenen Sammelband: Rechtsstaatlichkeit und Sozialstaatlichkeit, 1968, S. 165ff.

[18] *H. F. Zacher,* Das soziale Staatsziel, in: HdBStR Bd. I, 1987, S. 1045ff. (1102 mit Nachw. in Anm. 385).

[19] Siehe vor allem: *E. W. Böckenförde* (o. Fußn. 3), S. 67, 69.

Rechts- und des Sozialstaates selbst, die ebenfalls zu den in Art. 20 GG niedergelegten Grundsätzen gehören.[20]

§ 7. Das Modell des Bundesstaates

Literatur: K. Hesse, Grundzüge des Verfassungsrechts der Bundesrepublik, 18. Aufl. (1991), S. 89ff. (Rdnrn. 216ff.); *O. Kimminich*, Der Bundesstaat, in: HdBStR Bd. I, 1987, S. 1113ff.; *K. Stern*, Staatsrecht der Bundesrepublik Bd. I, 2. Aufl. (1984), S. 644ff.; *T. Maunz-R. Zippelius*, Deutsches Staatsrecht, 28. Aufl. (1991), S. 101ff.; *H. J. Vogel*, Die bundesstaatliche Ordnung des Grundgesetzes, in: HdBVerfR, 1983, S. 809ff.; *R. Herzog*, Stellung des Bundesrats im demokratischen Bundesstaat, in: HdBStR Bd. II, 1987, S. 467ff.; *W. Hampel*, Der demokratische Bundesstaat, 1969; *A. Köttgen*, Der soziale Bundesstaat, in: Festgabe für H. Muthesius, 1960, S. 19ff.; *E. W. Böckenförde*, Sozialer Bundesstaat und parlamentarische Demokratie, in: Festschrift für F. Schäfer, 1980, S. 182ff.; *J. Harbich*, Der Bundesstaat und seine Unantastbarkeit, 1965; *U. Scheuner*, Struktur und Aufgabe des Bundesstaates in der Gegenwart, in: DöV 1962, 641ff.; *P. Lerche*, Föderalismus als nationales Ordnungsprinzip, in: VVDStRL H. 21 (1964), 83ff.; *W. Schmidt*, Das Verhältnis von Bund und Ländern im demokratischen Bundesstaat des Grundgesetzes, in: AöR Bd. 87 (1962), 253ff.

D. Posser, Der Bundesrat und seine Bedeutung, in: HdBVerfR, 1983, S. 899ff.; *G. Ziller*, Der Bundesrat, 7. Aufl. (1984); *H. Laufer*, Das föderative System der Bundesrepublik Deutschland, 5. Aufl. (1985); *R. Herzog*, Aufgaben des Bundesrates, in: HdBStR Bd. II, 1987, S. 489ff.; *H. H. Klein*, Der Bundesrat der Bundesrepublik Deutschland, in: AöR Bd. 108 (1983), 329ff.; *D. Wilke-B. Schulte* (Hg.), Der Bundesrat, 1990; *G. Limberger*, Die Kompetenzen des Bundesrates und ihre Inanspruchnahme, 1982.

H. v. Mangoldt, Vom heutigen Standort der Bundesaufsicht, 1966; *M. Bullinger*, Der Anwendungsbereich der Bundesaufsicht, in: AöR Bd. 83 (1958), 279ff.; *J. A. Frowein*, Die selbständige Bundesaufsicht nach dem Grundgesetz, 1961; *H. Schäfer*, Bundesaufsicht und Bundeszwang, in: AöR Bd. 78 (1952/53), 1ff.; *E. R. Huber*, Bundesexekution und Bundesintervention, in: AöR Bd. 79 (1953/54), 1ff.; *G. Barbey*, Bundesrecht bricht Landesrecht, in: DöV 1960, 566ff.; *E. W. Böckenförde-R. Grawert*, Kollisionsfälle und Geltungsprobleme im Verhältnis von Bundesrecht und Landesverfassung, in: DöV 1971, 119ff.; *W. März*, Bundesrecht bricht Landesrecht, 1989.

Das dritte Strukturprinzip des Grundgesetzes, das *Bundesstaatsprinzip*, fußt zwar auf einer langen, bis in die Zeiten des Heiligen Römischen Reiches Deutscher Nation zurückreichenden Tradition,[1] gründet sich in der Gegenwart aber nicht mehr auf eine reale Differenziertheit historisch gewachsener Gliedstaaten, denn von den jetzigen Ländern besitzen nur noch Bayern, Sachsen und die beiden Hansestädte Hamburg und Bremen eine geschichtlich überkommene Individualität. Die zentrale Aufgabe des „demokratischen und sozialen Bundesstaates" des Grundgesetzes (Art. 20 I) liegt heute in der *Ergänzung und Verstärkung* der beiden anderen Strukturprinzipien: *der Demokratie und des sozialen Rechtsstaats*.[2]

---

[20] In gleichem Sinne: *E. Schmidt-Aßmann* (o. Fußn. 2), S. 1036 mit Nachw. in Anm. 276.

[1] Vgl. dazu *D. Willoweit*, Deutsche Verfassungsgeschichte, 1990, S. 160ff.

[2] Siehe – auch zum Folgenden – insbesondere: *K. Hesse*, Grundzüge des Verfassungsrechts der Bundesrepublik, 18. Aufl. (1991), S. 93ff. (Rdnrn. 223ff.); vgl. ferner:

Der bundesstaatliche Aufbau ermöglicht einen doppelgleisigen politischen Willensbildungsprozeß, nämlich auf Bundes- und auf Länderebene. Er verbreitert und verstärkt damit die *demokratische Ordnung* des Grundgesetzes. Die Verlagerung von staatlichen Entscheidungen auf den überschaubareren Bereich eines Landes fördert zudem die Anteilnahme und Mitwirkung der Bürger, lockert die innere Ordnung der Parteien auf und gibt regional begrenzten politischen Gruppierungen aussichtsreiche Wirkungsmöglichkeiten.

Die bundesstaatliche Gliederung weitet ferner auf zweifache Weise die Gewaltenteilung aus und verstärkt insoweit die *Ordnung des sozialen Rechtsstaates:* Zum einen wird die herkömmliche Gewaltenteilung – die *horizontale Gewaltenteilung* – dadurch ergänzt, daß die richtungweisenden Entscheidungen der Bundesregierung und des Bundestages durch den aus Vertretern der Länderregierungen gebildeten Bundesrat (Art. 51 I GG) kontrolliert werden.

„Durch die Einrichtung des Bundesrates bringt der Bundesstaat neben den politischen Elementen der demokratischen Ordnung das *administrative Element* im Prozeß der Willensbildung des Bundes zur Geltung, ohne das im planenden, lenkenden und verteilenden Staat der Gegenwart eine sachgemäße Willensbildung nicht mehr möglich ist. Die Einrichtung des Bundesrates schafft weiterhin eine Zuordnung innerhalb der vollziehenden Gewalt, indem sie die mehr durch das Grundsätzliche und Richtunggebende bestimmte Aufgabe der Bundesexekutive mit der mehr auf die sachgemäße Ausgestaltung und das Konkrete gerichteten Aufgabe der Länderexekutive verknüpft, ein Zusammenhang, der in der oft hervorgehobenen Aufgabe des Bundesrates, die Verwaltungserfahrung der Länder für die Bundesgesetzgebung fruchtbar zu machen, Ausdruck findet ...“.[3]

Zum anderen wird die horizontale Gewaltentrennung von Gesetzgebungs-, Verwaltungs- und Rechtsprechungszuständigkeiten durch die bundesstaatliche Ordnung noch einmal geteilt zwischen solchen des Bundes und solchen der Länder *(vertikale Gewaltenteilung).* Auf diese Weise wird nicht nur die oben beschriebene Funktion des Gewaltenteilungsprinzips[4] verstärkt, sondern es werden auch durch Verknüpfungen der Bundes- und der Länderebene zusätzliche gewaltenteilende Wirkungen erzielt, wie durch die für den Landesgesetzgeber bindende Rahmengesetzgebung des Bundes (Art. 75 GG) oder die Ausführung von Bundesgesetzen durch die Länder als eigene Angelegenheit (Art. 84 GG).

Das *bundesstaatliche Modell* des Grundgesetzes geht von der *Homogenitätsklausel* des Art. 28 I GG aus, nach der die verfassungsmäßige Ordnung in den Ländern den Grundsätzen des republikanischen, demokratischen und sozialen Rechtsstaates im Sinne des Grundgesetzes entsprechen muß. Die Gewähr dieses Mindestmaßes an Übereinstimmung in den

---

O. Kimminich, Der Bundesstaat, in: HdBStR Bd. I, 1987, S. 1113ff. (1139ff. Rdnrn. 43ff.).

[3] *K. Hesse* (o. Fußn. 2), 95 Rdnr. 232.

[4] Zur heutigen Funktion der Gewaltenteilung siehe oben S. 43f.

Verfassungsstrukturen ist die Voraussetzung für ein gedeihliches Miteinander von Bund und Ländern. Durch sie wird zwar die eigenstaatliche Ordnung der Länder beschränkt, zugleich aber deren Verfassungshoheit grundsätzlich anerkannt. Das Bundesverfassungsgericht hat zu Recht festgestellt, daß die Verfassungsräume des Bundes und der Länder einander prinzipiell selbständig gegenüberstehen.[5]

Im Mittelpunkt der bundesstaatlichen Ordnung steht die *Kompetenzverteilung zwischen Bund und Ländern.* Nach der allgemeinen Regelung des Art. 30 GG ist die Ausübung der staatlichen Befugnisse und die Erfüllung der staatlichen Aufgaben Sache der Länder, soweit das Grundgesetz keine andere Regelung trifft oder zuläßt. Diese Grundsatzregelung wird für die Gesetzgebung in den Art. 70ff. GG, für die vollziehende Gewalt in den Art. 83ff. GG und für die Rechtsprechung in den Art. 92ff. GG konkretisiert. Besondere Vorschriften gelten für das im zehnten Abschnitt des Grundgesetzes geregelte Finanzwesen (jetzt: Art. 104aff. GG).[6] Bei näherer Betrachtung ergibt sich, daß dem Bund im wesentlichen die Gesetzgebungskompetenz, den Ländern überwiegend die Zuständigkeit für Verwaltung und Rechtsprechung obliegt.

Auf dem Gebiet der *Gesetzgebung* sieht das Grundgesetz in seiner ursprünglichen Form Materien der ausschließlichen, der konkurrierenden und der Rahmengesetzgebung des Bundes vor: Gegenstände der *ausschließlichen Bundesgesetzgebung* sind in Art. 73 und 105 I GG aufgezählt. Ihnen gleichgestellt sind die Fälle, in denen das Grundgesetz den Bundesgesetzgeber ermächtigt, „das Nähere zu regeln" (z.B. Art. 4 III 2, 21 III, 26 II 2, 38 III, 98 I, 134 IV GG) oder bestimmte verfahrensrechtliche (z.B. Art. 84 I, 85 I GG) oder organisationsrechtliche Regelungen (z.B. Art. 87 III GG) zu erlassen.

Im Bereich der *konkurrierenden Gesetzgebung* (Art. 74, 105 II GG) haben der Bund und die Länder das Recht der Gesetzgebung, wobei dem Bund der Vorrang eingeräumt wird. „Soweit ein Bedürfnis nach bundesgesetzlicher Regelung besteht" (Art. 72 II GG), hat der Bund auf diesem Gebiet das Gesetzgebungsrecht. In diesem Falle erlischt die Gesetzgebungskompetenz der Länder; vorher beschlossene Ländergesetze treten außer Kraft. Unter den gleichen Voraussetzungen des Art. 72 GG hat der Bund das Recht zum Erlaß von *Rahmenvorschriften* (Art. 75, 98 III 2 GG). Der Bundesgesetzgeber ist dabei – anders als bei der konkurrierenden Gesetzgebung – auf Regelungen beschränkt, welche die Länder ausfüllen können und müssen.

Für die nicht im Grundgesetz geregelten Materien steht den *Ländern* das ausschließliche Gesetzgebungsrecht zu (Art. 70 GG). Der Kreis der

---

[5] *BVerfGE* 4, 178 (189); 6, 376 (382); 22, 267 (270); 36, 342 (361), und in einer Reihe späterer Entscheidungen.

[6] Siehe dazu die Ausführungen unten S. 148ff.

den Gliedstaaten verbliebenen Kompetenzen ist jedoch stark eingegrenzt. Er umfaßt im wesentlichen die Organisation des staatlichen Bereichs der Länder, das Polizeirecht, das Kommunalwesen sowie den kulturellen Bereich.

Auf dem Gebiet der *vollziehenden Gewalt* werden im Regelfall die *Länder* tätig: Sie führen die Bundesgesetze als *eigene* Angelegenheit aus, soweit das Grundgesetz nichts anderes bestimmt oder zuläßt (Art. 83 GG). In begrenztem Umfang sind daneben drei andere Formen der Gesetzesausführung vorgesehen: die Wahrnehmung der Verwaltungsaufgaben durch die Länder im Auftrag des Bundes (Art. 85 GG), durch bundeseigene Behörden oder durch rechtlich selbständige Körperschaften und Anstalten des öffentlichen Rechts (Art. 86 GG).

Die Einwirkungsmöglichkeiten des Bundes auf die Ausführung der Bundesgesetze durch *landeseigene Verwaltung* (Art. 83 GG) sind stark beschränkt: Die Aufsicht der Bundesregierung ist in diesem Falle allein auf die Kontrolle der Rechtmäßigkeit der Gesetzesdurchführung begrenzt (Art. 84 III 1 GG). Nur durch bundesgesetzliche Ermächtigung, die der Zustimmung des Bundesrates bedarf, kann der Bundesregierung die Befugnis zu Einzelweisungen erteilt werden, die an die obersten Landesbehörden zu richten sind (Art. 84 V GG).

In den durch das Grundgesetz vorgesehenen Fällen der *Bundesauftragsverwaltung* durch die Länder erstreckt sich die Bundesaufsicht sowohl auf die Gesetzmäßigkeit als auch auf die Zweckmäßigkeit der Ausführung der Bundesgesetze (Art. 85 IV GG). Die Landesbehörden unterstehen den Weisungen der zuständigen obersten Bundesbehörden, die freilich auch hier grundsätzlich an die obersten Landesbehörden zu richten sind (Art. 85 III GG).

Die Verwaltung durch *bundeseigene Behörden* (unmittelbare Bundesverwaltung) sowie durch rechtlich selbständige *Körperschaften und Anstalten des öffentlichen Rechts* (mittelbare Bundesverwaltung) ist auf die im Grundgesetz aufgezählten Fälle beschränkt. Grundsätzlich sind für die Bundesverwaltung nur zentrale Einrichtungen vorgesehen; ein eigener Verwaltungsunterbau ist dem Bund lediglich nach Maßgabe des Art. 87 GG gestattet. Für die Bundesverwaltung erläßt die Bundesregierung die allgemeinen Verwaltungsvorschriften und regelt die Einrichtung der Behörden (Art. 86 GG).

Auch die *Rechtsprechung* ist nach dem Grundgesetz schwerpunktmäßig Sache der Länder (Art. 92 GG). Als Gerichte des Bundes fungieren neben dem *Bundesverfassungsgericht* (Art. 94 GG) und den obersten Gerichtshöfen des Bundes (Art. 95 GG) spezielle in Art. 96 GG genannte Bundesgerichte.

Wie in den meisten Bundesstaaten wird auch in dem des Grundgesetzes den Gliedstaaten die Einflußnahme auf den Gesamtstaat durch ein besonderes Organ eingeräumt: den *Bundesrat*. Er setzt sich aus Mitgliedern der

Regierungen der Länder zusammen, die sie bestellen und abberufen (Art. 51 I 1 GG). Wegen seiner Aufgaben bei der Gesetzgebung und der Verwaltung des *Bundes* (Art. 50 GG) ist er ein Bundesorgan und keine Einrichtung der Länder.

Der Kreis der *Mitwirkungsbefugnisse* des Bundesrates ist weit gespannt: Dieser ist an jedem Gesetzgebungsverfahren beteiligt (Art. 76–78 GG), auch an der Feststellung des Haushaltsplans (Art. 110 II 1 GG) und der Ermächtigung zur Kreditbeschaffung (Art. 115 I GG). Soweit im Grundgesetz besondere Zustimmungsvorbehalte normiert sind, kommt ein Bundesgesetz nur zustande, wenn der Bundesrat förmlich zustimmt. Verfassungsänderungen bedürfen der Billigung von zwei Dritteln der Stimmen des Bundesrates (Art. 79 II GG). An dem Erlaß bestimmter Rechtsverordnungen der Bundesregierung oder eines Bundesministers ist der Bundesrat ebenfalls beteiligt (Art. 80 II GG). Die erforderlichen Verwaltungsvorschriften im Rahmen der Ausführung von Bundesgesetzen kann die Bundesregierung nur mit Zustimmung des Bundesrates erlassen (Art. 84 II, 85 II, 108 VII GG).

Nach Art. 53 S. 3 GG hat die Bundesregierung den Bundesrat über die Führung der Geschäfte auf dem laufenden zu halten. Und nach Art. 114 I GG hat der Bundesminister der Finanzen auch dem Bundesrat über alle Einnahmen und Ausgaben sowie über das Vermögen und die Schulden des Bundes zur Entlastung der Bundesregierung Rechnung zu legen. Der Bundesrat wirkt an der Bundesaufsicht über die Länder im Blick auf die Ausführung der Bundesgesetze (Art. 84 III und IV GG) und am Verfahren des Bundeszwanges (Art. 37 I GG) mit; er kann verlangen, die Anordnung der Bundesintervention jederzeit aufzuheben (Art. 91 II 2 GG).

Die Mitglieder des *Bundesverfassungsgerichts* werden je zur Hälfte vom Bundestag und vom Bundesrat gewählt (Art. 94 I 2 GG); die vom Bundesrat zu berufenden Richter werden mit zwei Dritteln der Stimmen des Bundesrates gewählt (§ 7 BVerfGG).

Auf der anderen Seite stehen dem *Gesamtstaat* bestimmte *Einwirkungs- und Vorrangrechte* gegenüber den Gliedstaaten zu, um ein befriedetes Zusammenleben im Bundesstaat zu ermöglichen.

Nach dem Bundesstaatsmodell des Grundgesetzes ist die *Bundesaufsicht* über die Länder stark eingegrenzt. Sie ist auf die Fälle beschränkt, in denen die Länder bei der Ausführung von Bundesgesetzen gegen die Rechtmäßigkeit, und, soweit es sich um eine Angelegenheit der Auftragsverwaltung handelt, auch gegen die Zweckmäßigkeit verstoßen (Art. 84 III, IV; 85 IV; 108 III GG). Maßstab und Mittel der Aufsicht sind abschließend im Grundgesetz geregelt.

Zwar hat der Bund zu gewährleisten, daß die verfassungsmäßige Ordnung in den Gliedstaaten den Grundsätzen des Art. 28 I GG entspricht, ihm steht aber kein besonderes Durchsetzungsmittel zur Verfügung. Bei

Verstößen hat er lediglich die Möglichkeit, das *Bundesverfassungsgericht* anzurufen (Art. 93 I Nr. 2 oder 3 GG).

Wenn ein Land die ihm nach dem Grundgesetz oder einem anderen Bundesgesetz obliegenden Bundespflichten nicht erfüllt, kann die Bundesregierung mit Zustimmung des Bundesrates die notwendigen Maßnahmen treffen, um das Land im Wege des *Bundeszwanges* zur Erfüllung seiner Pflichten anzuhalten (Art. 37 I GG). Das äußerste Mittel des Bundeszwanges kann nicht nur dann angewandt werden, wenn Maßnahmen der Bundesaufsicht nach Art. 84 und 85 GG erfolglos geblieben sind, sondern auch in anderen Fällen, in denen ein Land seinen Bundespflichten nicht genügt.[7]

Und schließlich steht dem Bund das *Recht zur Intervention* gegenüber einem Land zu, wenn und insoweit dieses nicht bereit oder in der Lage ist, drohende Gefahren für den Bestand oder die freiheitliche demokratische Grundordnung des Bundes oder eines Landes abzuwehren (Art. 91 II GG). Den Gefahren ist vor allem mit vereinten polizeilichen Mitteln zu begegnen.

Ein besonderes *Vorrangrecht* des Bundes gegenüber den Ländern normiert Art. 31 GG: *Bundesrecht bricht Landesrecht.* Das *Bundesverfassungsgericht* hat diesen Artikel als Grundsatznorm der bundesstaatlichen Ordnung des Grundgesetzes bezeichnet.[8] Art. 31 GG ist als spezielle Kollisionsnorm anzusehen: Eine verfassungsgemäß erlassene Regelung des Bundes hebt inhaltsgleiche landesrechtliche Normen auf und verwehrt es dem Landesgesetzgeber, künftig in derselben Sache tätig zu werden.

---

[7] Zu den Instrumenten des Bundeszwangs vgl.: *K. Stern,* Staatsrecht der Bundesrepublik, Bd. I, 2. Aufl. (1984), S. 716f.

[8] *BVerfGE* 36, 342 (362, 365).

II. Kapitel. Vom Provisorium zur dauerhaften Staatsordnung

§ 8. Die Überleitung zur neuen Verfassungsordnung

Literatur: M. Kirn, Verfassungsumsturz oder Rechtskontinuität, 1972; *M. Stolleis,* Rechtsordnung und Justizpolitik 1945–1949, in: Festschrift für H. Coing, 1982, S. 383ff.; *H. Hofmann,* Die Entwicklung des Grundgesetzes nach 1949, in: HdBStR Bd. I, 1987, S. 259ff.; *E. Deuerlein,* Deutschland nach dem Zweiten Weltkrieg 1945–1955, 1964; *U. Wengst,* Staatsaufbau und Regierungspraxis 1948–1953, 1984; *K. Düwell,* Entstehung und Entwicklung der Bundesrepublik Deutschland (1945–1961), 1981; *A. Köttgen,* Der Einfluß des Bundes auf die deutsche Verwaltung und die Organisation der bundeseigenen Verwaltung, in: JöR NF Bd. 3 (1954), 67ff.; *B. Wunder,* Geschichte der Bürokratie in Deutschland, 1986, S. 149ff.; *R. Naumann-H. Spanner,* Die Berufsbeamten und die Staatskrisen, in: VVDStRL H. 13 (1955), 88ff., 119ff.; *Institut für Staatslehre und Politik Mainz* (Hg.), Der Kampf um den Südweststaat, 1952; *H. Krüger-K.H. Neumayer-H. Schneider,* Baden-Württemberg oder Baden und Württemberg?, 1960.

Wenn auch die ursprünglichen Aussagen des Grundgesetzes über Deutschland und seine Rechtslage nicht eindeutig waren,[1] so bestand doch von vornherein kein Zweifel, daß die *Kontinuität einheitlicher deutscher Staatlichkeit* gewahrt werden sollte. Das Grundgesetz wandte daher dem Übergang von der bisherigen zur neu konstituierten Ordnung sein besonderes Augenmerk zu. Von zentraler Bedeutung war der Art. 123 I GG, nach dem das Recht aus der Zeit vor dem ersten Zusammentritt des Deutschen Bundestages fortgilt, soweit es dem Grundgesetz nicht widerspricht.

„Art. 123 Abs. 1 GG erfaßte alle existierenden Rechtsvorschriften ohne Rücksicht auf ihre Qualität, ihren Rang, ihre geschichtliche Herkunft wie die Art ihres Zustandekommens und sprach lediglich den inhaltlich mit dem Grundgesetz unvereinbaren Normen künftig die Geltung ab. Indem das Grundgesetz ganz formal auf die Positivität des alten Rechts abhob und die Fortgeltung nach den neu gesetzten Maßstäben bestimmte, entzog es der naturrechtlichen Diskussion um die Legitimität der Rechtsquellen des NS-Regimes und ihres fortdauernden Geltungsanspruchs weithin den Boden ...".[2]

Auf diese Weise wurde der Großteil der bestehenden Rechtsnormen von der neuen Verfassungsordnung uno actu übernommen. Als *Bundesrecht* gilt fortab das bisherige Recht fort, das Gegenstände der ausschließ-

---

[1] Vgl. die Präambel des Grundgesetzes in ihrer ursprünglichen Fassung, den Art. 23 aF GG sowie die Regelungen der Art. 16, 116 und 146 aF GG – siehe dazu näher unten S. 72ff. Zur *heutigen* Rechtslage Deutschlands siehe die Ausführungen unten S. 79ff.

[2] *H. Hofmann,* Die Entwicklung des Grundgesetzes nach 1949, in: HdBStR Bd. I, 1987, S. 259ff. (260 Rdnr. 1).

lichen Gesetzgebung des Bundes betrifft (Art. 124 GG) sowie Gegenstände der konkurrierenden Gesetzgebung des Bundes nach Maßgabe des Art. 125 GG. Auch bei den Gesetzgebungszuständigkeiten vollzog sich ein nahtloser Übergang: Vom Zusammentritt des Ersten Deutschen Bundestages am 7. 9. 1949 an wurden Gesetze nur noch von den im Grundgesetz *anerkannten* gesetzgebenden Gewalten beschlossen (Art. 122 I), während bis zu diesem Zeitpunkt die bis dahin zuständigen Gesetzgebungsorgane noch Rechtsnormen erlassen konnten (Art. 123 I in Verbindung mit Art. 122 I GG).

Allerdings konnten diese Regelungen des selbstsicheren Parlamentarischen Rates nicht darüber hinwegtäuschen, daß gemäß Ziffer 7 des *Besatzungsstatuts* vom 12. 5. 1949 das Grundgesetz das von der Besatzungsmacht geschaffene Recht gerade nicht erfaßte. Das bedeutete, daß das dem Grundgesetz widersprechende Besatzungsrecht nicht unmittelbar außer Kraft getreten war, sondern ausdrücklich aufgehoben werden mußte.[3] Von den Bestimmungen des Grundgesetzes blieben die Rechtsvorschriften zur „Befreiung des deutschen Volkes vom Nationalsozialismus und Militarismus" unberührt (Art. 139).[4]

Eine besondere Übergangsregelung wurde für die Grundrechte der *Gleichberechtigung der Geschlechter* (Art. 3 II GG) und der Freizügigkeit (Art. 11 GG) geschaffen: Um ein gleichmäßiges Wirksamwerden der Gleichberechtigung zu ermöglichen, wurde – entgegen Art. 1 III GG – eine *gesetzliche* Anpassung der entgegenstehenden Bestimmungen des Staatsangehörigkeits-, des Familien- und des Arbeitsrechts für erforderlich gehalten (Art. 117 I GG). Bis spätestens zum 31. 3. 1953 sollten die bisherigen – verfassungswidrigen – Normen bestehen bleiben. Die gesetzlichen Neuregelungen im Ehe- und Familienrecht erfolgten indes mit erheblicher Verspätung.[5] – Die Regelung des Art. 117 II GG, durch die die besatzungsrechtlichen Einschränkungen der *Freizügigkeit* wegen bestehender Raumnot weiterhin in Kraft blieben, wurde bald gegenstandslos, weil das Gesetz Nr. 19 der Alliierten Hohen Kommissare vom 15. 6. 1950[6] die bisherigen Zuzugsverbote aufhob.

Komplizierter war die Überleitung der nach dem Kriege aufgebauten *Verwaltung und Gerichtsbarkeit.* Art. 130 I GG unterstellte die Verwaltungsorgane und sonstigen der öffentlichen Verwaltung oder Rechtspflege dienenden Einrichtungen, die nicht auf Landesrecht oder Staatsverträgen zwischen den Ländern beruhten, der Bundesregierung. Diese hatte

[3] Siehe dazu: *BVerfGE* 15, 337 (348f.); 36, 146 (169f.).

[4] Zur verfassungsrechtlichen Problematik des Art. 139 GG vgl. *H. Hofmann* (o. Fußn. 2), S. 263f. (Rdnr. 5).

[5] Vgl. das Gleichberechtigungsgesetz auf dem Gebiete des bürgerlichen Rechts vom 18. 6. 1957 (BGBl I, 609) und das Erste Gesetz zur Reform des Ehe- und Familienrechts vom 14. 6. 1976 (BGBl I, 1421).

[6] Amtsblatt Nr. 24 vom 24. 6. 1950.

mit Zustimmung des Bundesrates zu entscheiden, ob die Institutionen aufgelöst, abgewickelt oder auf den Bund überführt werden sollten. Schrittweise hat die Regierung – im Zuge des Aufbaus der Bundesverwaltung[7] – diese Aufgabe bis zum Jahre 1954 erledigt.

Aufgelöst wurden gemäß Art. 122 II GG die *gesetzgebenden* oder bei der Gesetzgebung beratend mitwirkenden *Körperschaften*, deren Zuständigkeit mit dem Zusammentritt des Deutschen Bundestages endete: vor allem der *Frankfurter Wirtschaftsrat* des Vereinigten Wirtschaftsgebiets (Bizone) sowie der *Frankfurter Länderrat*, der die Funktion einer zweiten Gesetzgebungskammer hatte.[8]

Von großer Bedeutung waren die *vermögensrechtlichen Regelungen:* Der Bund trat nicht nur in die Rechte und Pflichten der Verwaltung des Vereinigten Wirtschaftsgebietes ein (Art. 133 GG), sondern übernahm auch das Vermögen des Reiches grundsätzlich als *Bundesvermögen* (Art. 134 I GG), überließ indes die näheren Einzelheiten der Bundesgesetzgebung. Beginnend mit dem Gesetz zur vorläufigen Regelung der Rechtsverhältnisse des Reichsvermögens und der preußischen Beteiligungen vom 21. 7. 1951 (BGBl I, 467) bis hin zum Gesetz zur Abgeltung von Reparations-, Restitutions-, Zerstörungs- und Rückerstattungsschäden vom 12. 2. 1969 (BGBl I, 105) spannte sich ein Netz detaillierter Vermögensregelungen. Von besonderer Tragweite war das Allgemeine Kriegsfolgengesetz vom 5. 11. 1957 (BGBl I, 1747), das aus der Vermögensübernahme oder der Funktionsnachfolge abgeleitete Ansprüche gegen den Bund und andere öffentliche Rechtsträger ebenso ausschloß wie Ansprüche gegen Länder, Gemeinden und Gemeindeverbände wegen sogenannter reichsbezogener Verbindlichkeiten. Um alle verfassungsrechtlichen Bedenken gegen diese Regelung auszuräumen, hatte sich der Gesetzgeber zuvor eine spezielle Ermächtigung für dieses Gesetz in dem neu eingefügten Art. 135a GG geschaffen.[9] Diese umstrittene Lösung hat das *Bundesverfassungsgericht* als hinreichende verfassungsrechtliche Grundlage für das Allgemeine Kriegsfolgengesetz anerkannt.[10]

Zu regeln war ferner der Vermögensübergang in den Gebieten, deren *Landeszugehörigkeit* sich nach dem Kriege geändert hatte: Nach Art. 135 I GG ging das Vermögen mit der Änderung der Landeszugehörigkeit eines Gebietes grundsätzlich auf das Land über, dem es jetzt angehört. Entsprechend verfuhr das Grundgesetz mit dem Vermögen nicht mehr existierender Länder – wie *Preußen* – und nicht mehr bestehender anderer Körperschaften und Anstalten des öffentlichen Rechts (Art. 135 II

[7] Vgl. dazu vor allem: *A. Köttgen*, Der Einfluß des Bundes auf die deutsche Verwaltung und die Organisation der bundeseigenen Verwaltung, in: JöR NF Bd. 3 (1954), 67ff.

[8] Vgl. dazu die Ausführungen oben S. 16f.

[9] Vgl. das Neunte Grundgesetzänderungsgesetz vom 22. 10. 1957 (BGBl I, 1745).

[10] *BVerfGE* 15, 126 (142ff.), und später: *E* 23, 153 (166); 24, 203 (214).

und III). Soweit ein überwiegendes Interesse des Bundes oder das besondere Interesse eines Gebietes es erforderte, konnte durch Bundesgesetz eine abweichende Regelung getroffen werden (Art. 135 IV und V). Beispiele dafür bieten das Gesetz zur Errichtung einer *Stiftung „Preußischer Kulturbesitz"* vom 25. 7. 1957 (BGBl I, 841) und das Rechtsträger-Abwicklungsgesetz vom 6. 9. 1965 (BGBl I, 1065).

Bedingt durch die weithin willkürlich gezogenen Besatzungszonen waren nach dem Kriege – mit Ausnahme von Bayern, Bremen und Hamburg – Einzelstaaten mit eher zufälligen Grenzen entstanden. Daher erschien dem Parlamentarischen Rat eine *Neugliederung des Bundesgebietes* „unter Berücksichtigung der landsmannschaftlichen Verbundenheit, der geschichtlichen und kulturellen Zusammenhänge, der wirtschaftlichen Zweckmäßigkeit und des sozialen Gefüges" geboten, um zu gewährleisten, daß die Länder nach Größe und Leistungsfähigkeit die ihnen obliegenden Aufgaben wirksam erfüllen können (Art. 29 I 1 GG). Abweichend von dem allgemeinen Neugliederungsverfahren des Art. 29 sah das Grundgesetz in Art. 118 eine besondere Regelung für den *südwestdeutschen Raum* vor: Durch Vereinbarung der Länder Baden, Württemberg-Baden und Württemberg-Hohenzollern sollte eine Neugliederung im Südwesten in die Wege geleitet werden. Falls eine vertragliche Lösung nicht zustande käme, sollte ein Bundesgesetz die Neugliederung regeln und dabei eine Volksbefragung vorsehen.

Da sich die südwestdeutschen Länder nicht einigen konnten, beschloß der Bundestag am 4. 5. 1951 zwei Neugliederungsgesetze (BGBl I, 283 und 284): Im ersten verlängerte er in zwei der betroffenen Länder die Wahlperioden der Landtage,[11] im zweiten verfügte er die Vereinigung der drei Länder zu einem einheitlichen Staat *„Baden-Württemberg"*.[12] Bei der im Dezember 1951 durchgeführten Volksbefragung votierte in drei der vier Abstimmungsbezirke die Mehrheit für das neue Bundesland. Addiert man hingegen die Stimmen aller Badener (aus den Ländern Baden und Württemberg-Baden), so ergab sich eine Mehrheit dieses Bevölkerungsteils für die Wiederherstellung des alten Landes Baden. Das *Bundesverfassungsgericht* hat in seinem zweiten Südweststaat-Urteil die Volksbefragung nicht als wirkliche Volksabstimmung angesehen[13] und den Weg zu dem späteren erfolgreichen Volksbegehren auf Wiederherstellung des alten Landes Baden geebnet. Der Bundesgesetzgeber blieb indes jahrelang untätig; erst durch das verfassungsändernde Gesetz vom 19. 8. 1969 (BGBl I, 1241) wurde der Art. 29 GG neugefaßt und durch einfaches Bundesgesetz vom 26. 2. 1970 (BGBl I, 201) ein Volksentscheid

---

[11] Das *BVerfG* hat dieses Gesetz wegen Verletzung demokratischer und bundesstaatlicher Prinzipien für nichtig erklärt: *BVerfGE* 1, 14 (20, 32ff.).

[12] Das zweite Gesetz wurde hingegen vom *BVerfG* bestätigt: *BVerfGE* 1, 14 (20f., 40ff.).

[13] *BVerfGE* 5, 34 (48).

im Gebietsteil Baden des Landes Baden-Württemberg angeordnet, der bis zum 30. 6. 1970 stattfinden sollte. Die Befürworter einer Wiederherstellung des alten Landes Baden konnten sich indes im Volksentscheid nicht mehr durchsetzen.

Ein delikates Problem übertrug Art. 131 GG dem Bundesgesetzgeber mit dem Auftrag, die *Rechtsverhältnisse von Personen* einschließlich der Flüchtlinge und Vertriebenen zu regeln, die am 8. 5. 1945 im *öffentlichen Dienst* standen, aus anderen als beamten- oder tarifrechtlichen Gründen ausgeschieden waren und bisher nicht oder nicht ihrer früheren Stellung entsprechend verwendet wurden. Das am 11. 5. 1951 erlassene, mehrfach geänderte Bundesgesetz (BGBl I, 307) ist vor allem deshalb bemerkenswert, weil es dem Wiederaufbau der Staatsorganisation den Vorrang vor der Erfüllung der herkömmlichen beamten- und dienstrechtlichen Ansprüche der betroffenen Personen einräumte[14] und damit vom Grundsatz der Kontinuität deutscher Staatlichkeit abwich. Das *Bundesverfassungsgericht* hat diese gesetzliche Grundentscheidung damit gerechtfertigt, daß mit der bedingungslosen Kapitulation und dem Staatsbankrott am 8. 5. 1945 alle öffentlichen Dienst- und Beamtenverhältnisse erloschen wären und der Bundesrepublik daher das Recht zu einer Neuregelung nicht abgesprochen werden könnte.[15]

In engem Zusammenhang mit der Regelung des Art. 131 GG stand die des Art. 132 GG, der es ermöglichte, Beamte, Richter und unkündbare Angestellte binnen sechs Monaten nach dem ersten Zusammentritt des Deutschen Bundestages in den Ruhe- oder Wartestand oder in ein Amt mit geringerem Diensteinkommen zu versetzen, wenn ihnen die persönliche oder fachliche Eignung für ihr Amt fehlte. Die das Nähere bestimmende Rechtsverordnung der Bundesregierung wurde erst am 17. 2. 1950 (BGBl 34) erlassen. Nennenswerte praktische Bedeutung hat diese Regelung indes nicht erlangt; die Zahl der angeordneten Entlassungen war verhältnismäßig klein.

§ 9. Die Westintegration und das Ende der Besatzungsherrschaft

Quellen: E. R. Huber (Hg.), Quellen zum Staatsrecht der Neuzeit, Bd. II, 1951; *I. v. Münch* (Hg.), Dokumente des geteilten Deutschlands Bd. I, 1968; *E. Thurich* (Hg.), Die Teilung Deutschlands. Dokumente zur deutschen Frage, 1982; *D. Schröder* (Hg.), Das geltende Besatzungsrecht, 1990; *H. G. Lehmann*, Chronik der Bundesrepublik Deutschland 1945/49 bis heute, 3. Aufl. (1989).

Literatur: K. D. Bracher-T. Eschenburg, u.a. (Hg.), Geschichte der Bundesrepublik Deutschland, 6 Bde., 1981 ff.; *H. Buchheim*, Deutschlandpolitik 1949–1972, 1985; *K. Düwell*, Entstehung und Entwicklung der Bundesrepublik Deutschland (1945–1961),

---

[14] Vgl. dazu statt anderer Nachweise: *M. Kirn*, Verfassungsumsturz oder Rechtskontinuität, 1972, S. 115 ff., 155 ff.; *H. Hofmann* (o. Fußn. 2), S. 270 Rdnr. 13 mit weiteren Literaturangaben.

[15] Siehe: *BVerfGE* 3, 58 (121); 3, 187 (197); 3, 288 (340); 6, 132 (150), und öfter.

1981; *H. K. Rupp*, Politische Geschichte der Bundesrepublik Deutschland, 2. Aufl. (1982); *D. Thränhardt*, Geschichte der Bundesrepublik Deutschland, 1986; *R. Morsey*, Die Bundesrepublik Deutschland. Entstehung und Entwicklung bis 1969, 1987; *E. Deuerlein*, Deutschland nach dem Zweiten Weltkrieg 1945–1955, 1965; *H. Hofmann*, Die Entwicklung des Grundgesetzes nach 1949, in: HdBStR Bd. I, 1987, S. 259ff.; *D. Blumenwitz*, Die Überwindung der deutschen Teilung und die Vier Mächte, 1990; *W. Grewe*, Ein Besatzungsstatut für Deutschland, 1948; *ders.*, Deutsche Außenpolitik der Nachkriegszeit, 1960; *A. Baring*, Außenpolitik in Adenauers Kanzlerdemokratie, 1969; *L. Dischler* (Hg.), Das Saarland 1956–1957. Die Rückgliederung, 1957.

W. Martens, Grundgesetz und Wehrverfassung 1961; *K. Ipsen*, Rechtsgrundlagen und Institutionalisierung der atlantisch-westeuropäischen Verteidigung, 1967; *T. Maunz-R. Zippelius*, Deutsches Staatsrecht, 28. Aufl. (1991), S. 392ff., 403ff.; *G. C. v. Unruh-H. Quaritsch*, Führung und Organisation der Streitkräfte im demokratisch-parlamentarischen Staat, in: VVDStRL H. 26 (1968), 157ff., 207ff.; *M. Erhardt*, Die Befehls- und Kommandogewalt, 1969; *P. Lerche*, Verfassungsfragen der Bundeswehrverwaltung, in: Festschrift für G. Dürig, 1990, S. 401ff.; *H. Oberreuter*, Notstand und Demokratie, 1978; *K. Hesse*, Grundzüge des Verfassungsrechts der Bundesrepublik, 18. Aufl. (1991), S. 284ff. (Rdnrn. 719ff.); *ders.*, Grundfragen einer verfassungsmäßigen Normierung des Ausnahmezustands, in: JZ 1960, 105ff.; *E. W. Böckenförde*, Ausnahmerecht und demokratischer Rechtsstaat, in: Festschrift für M. Hirsch, 1981, S. 259ff.; *ders.*, Der verdrängte Ausnahmezustand, in: NJW 1978, 1881ff.; *J. Isensee*, Das legalisierte Widerstandsrecht, 1969; *H. Schneider*, Widerstand im Rechtsstaat, 1969; *K. Kröger*, Widerstandsrecht und demokratische Verfassung, 1971.

Mit dem Grundgesetz vom 23. 5. 1949 knüpfte die Bundesrepublik Deutschland nicht nur an die in der Tradition der europäischen Rechtskultur stehende deutsche Verfassungsentwicklung vor 1933 an, sondern reihte sich auch in den Kreis der liberal-demokratischen Staaten der westlichen Hemisphäre wieder ein, wenn sie auch in ihrer Eigenständigkeit durch das Besatzungsrecht behindert blieb. Diese *„verfassungspolitische Westintegration“*,[1] die bereits mit den sich neu konstituierenden Ländern nach 1945 begonnen hatte, wurde zum Grundpfeiler der weiteren Entwicklung der Bundesrepublik. Unter Bundeskanzler *Konrad Adenauer* wurde sie zur *außenpolitischen* Westintegration ausgeweitet mit dem doppelten Ziel, die besatzungsrechtlichen Beschränkungen abzubauen und die junge demokratische Republik zu festigen.

Diese Politik war nach Westen hin erstaunlich erfolgreich, aber nicht völlig, „insofern *Adenauer* und seine Equipe ehrlichen Herzens die Wiedergewinnung der deutschen Souveränität nur erstrebten, um sie in einer europäischen aufgehen zu lassen; insofern er auf die ‚Vereinigten Staaten von Europa‘ abzielte und dabei, mindestens eine Zeitlang, die gewaltige Mehrheit der Deutschen hinter sich hatte. Das Gefühl, daß sie ihr nationales Heim verloren hätten, die Sehnsucht, es durch ein umfassenderes, das europäische, zu ersetzen, ist in den späten vierziger, den frühen fünfziger Jahren in Deutschland stark gewesen. Diese Sehnsucht wurde nicht, oder doch nur andeutungsweise erfüllt. Statt dessen gab es andere, teilweise altmodischere Befriedigungen ...“.[2]

Die politische Westorientierung verhieß den Deutschen eine Zukunftserwartung, die zugleich zur Triebkraft eines unverhofft schnellen Wie-

[1] *R. Morsey*, Die Bundesrepublik Deutschland. Entstehung und Entwicklung bis 1969, 1987, S. 23.

[2] *G. Mann*, Deutsche Geschichte des 19. und 20. Jahrhunderts, Ausgabe 1969, S. 996.

deraufbaus und raschen Wirtschaftswachstums wurde. Die innenpolitisch labile Situation in den Gründerjahren der Bundesrepublik konsolidierte sich in erstaunlich kurzer Zeit: Es gelang schrittweise, den 7,9 Millionen Heimatvertriebenen und den etwa 2 Millionen Flüchtlingen aus dem östlichen Teil Deutschlands zu einer neuen Existenz zu verhelfen, die soziale Not der Kriegshinterbliebenen, Kriegsbeschädigten und Kriegsgefangenen zu lindern und die hohe Arbeitslosigkeit abzubauen. Die ökonomische Erfolgsbilanz trug erheblich dazu bei, daß die liberaldemokratische Verfassungsordnung von breiten Kreisen der Bevölkerung gebilligt und getragen wurde.

Außenpolitisch gelang es Bundeskanzler *Adenauer* in nur wenigen Jahren, die Bundesrepublik in die europäische Entwicklung einzubeziehen, sie in das westliche Verteidigungsbündnis zu integrieren und die Besatzungsherrschaft schrittweise abzubauen. Diese erfolgreiche Außenpolitik begünstigte die innenpolitische Festigung der liberal-demokratischen Verfassungsordnung außerordentlich. Sie sollte auch auf weite Sicht dem Ziel dienen, die Wiedervereinigung in Frieden und Freiheit zu ermöglichen.

Welches waren die *Etappen dieser Außenpolitik*? Schon wenige Wochen nach Bildung der ersten Bundesregierung trat die Bundesrepublik als gleichberechtigtes Mitglied dem *Europäischen Wirtschaftsrat* (OEEC) bei, dessen Aufgabe vor allem darin bestand, im Rahmen der Marshallplan-Hilfe ein gemeinsames europäisches Wiederaufbauprogramm zu entwickeln und durchzuführen.

Nachdem am 21. 9. 1949 das *Besatzungsstatut* der Siegermächte in Kraft gesetzt worden war, durch das die Aufsichts- und Eingriffsrechte der westlichen Alliierten eingegrenzt wurden,[3] gelang es Bundeskanzler *Adenauer* schon bald, durch geschickte Verhandlungen erste Erfolge seiner Politik zu erringen. Durch das *Petersberger Abkommen* mit den Alliierten Hohen Kommissaren vom 22. 11. 1949[4] konnte er einen begrenzten *außenpolitischen Handlungsspielraum* für die Bundesregierung gewinnen. Die Bundesrepublik wurde ermächtigt, konsularische und Handelsbeziehungen zu auswärtigen Ländern aufzunehmen und sich internationalen Organisationen anzuschließen. Ferner wurden die Demontagen von Industrieanlagen erheblich verringert. Im Gegenzug mußte die Bundesregierung der *Internationalen Ruhrbehörde* beitreten, welche die Kohle-, Koks- und Stahlproduktion des Ruhrgebiets kontrollieren sollte.[5]

---

[3] Siehe dazu den Nachweis oben S. 31 Fußn. 28.

[4] Abgedruckt bei: *E. R. Huber*, Quellen zum Staatsrecht der Neuzeit Bd. II, 1951, S. 611 ff., und bei *I. v. Münch*, Dokumente des geteilten Deutschlands Bd. I, 1968, S. 226 ff.

[5] Vgl. dazu das Abkommen über die Errichtung einer Internationalen Ruhrbehörde vom 22. 4. 1949, abgedruckt bei: *E. R. Huber* (o. Fußn. 4), S. 594 ff.

Mit Gesetz vom 8. 7. 1950 (BGBl 263) beschloß der Deutsche Bundestag den Beitritt der Bundesrepublik zum *Europarat* als assoziiertes Mitglied ohne Sitz im Ministerrat; im September desselben Jahres wurde die Bundesrepublik Mitglied der *Europäischen Zahlungsunion* (BGBl 1951 II, 31). Ein dauerhafter politischer Erfolg war indes nur zu erzielen, wenn es gelang, eine Aussöhnung mit Frankreich herbeizuführen. Sie wurde durch den sensationellen Vorschlag des französischen Außenministers *Robert Schuman* begünstigt, zwischen Frankreich, der Bundesrepublik, Italien und den Benelux-Staaten einen gemeinsamen Markt für Kohle und Stahl zu schaffen. Dieser wirtschaftliche Verbund war zugleich als Vorstufe zu einer politischen Einigung Westeuropas gedacht. Am 18. 4. 1951 konnte der Vertrag über die Bildung der *Europäischen Gemeinschaft für Kohle und Stahl* (Montanunion) unterzeichnet werden, der am 23. 9. 1952 in Kraft trat (BGBl II, 447). Mit der Montanunion wurde das für die Bundesrepublik so nachteilige Ruhrstatut aufgehoben und eine entscheidende Wende in den deutsch-französischen Beziehungen eingeleitet.

Die Verschärfung der internationalen Lage durch den Ausbruch des Korea-Krieges am 25. 6. 1950 nahm Bundeskanzler *Adenauer* zum Anlaß, im Alleingang – trotz ablehnender Haltung breiter westdeutscher Bevölkerungsschichten – den Alliierten einen deutschen Verteidigungsbeitrag anzubieten. Er versprach sich davon einen schnelleren Abbau der besatzungsrechtlichen Befugnisse der Drei Westmächte und eine Verstärkung der Westintegration. Am 6. 3. 1951 wurde das *Besatzungsstatut revidiert:* Die Alliierte Hohe Kommission verzichtete auf die Kontrolle der Bundes- und der Ländergesetzgebung, erweiterte die Befugnisse der Bundesregierung in den auswärtigen Angelegenheiten und übertrug der Bundesrepublik die Devisenhoheit. Mit den Westmächten konnten *diplomatische Beziehungen* – zunächst durch Generalkonsulate – aufgenommen werden. Am 2. 5. 1951 erhielt die Bundesrepublik den Status eines Vollmitglieds des Europarates, am 9. 7. 1951 beendeten Frankreich und Großbritannien den Kriegszustand mit Deutschland.[6] Es folgte der Beitritt zum *Allgemeinen Zoll- und Handelsabkommen* – GATT – (BGBl 1951 II, 173) und zum *Internationalen Währungsfonds* (BGBl 1952 II, 637).

Die im Herbst 1950 einsetzenden Erörterungen über einen deutschen Verteidigungsbeitrag gestalteten sich indessen schwierig und führten erst am 27. 5. 1952 zum Vertrag der sechs Mitgliedsländer der Montanunion über die Gründung einer *Europäischen Verteidigungsgemeinschaft* (EVG), an der die Bundesrepublik als gleichberechtigter Partner teilneh-

[6] Siehe die Dokumente zur Beendigung des Kriegszustands bei: *I. v. Münch* (o. Fußn. 4), S. 57ff. Die *Vereinigten Staaten* schlossen sich diesem Schritt am 19./24. 10. 1951 an (ebenda, S. 59f.).

men sollte. Am Tage zuvor wurden der gleichzeitig ausgehandelte Vertrag über die Beziehungen zwischen der Bundesrepublik und den Drei Mächten (*„Generalvertrag“*)[7] und die Begleitverträge (Truppenvertrag, Finanzvertrag, Überleitungsvertrag) unterzeichnet mit dem Ziel, das Besatzungsregime zu beenden und der Bundesrepublik die Souveränität zu gewähren. Das Vertragswerk scheiterte jedoch 1954 am Widerstand der französischen Nationalversammlung, der sich vor allem gegen den EVG-Vertrag richtete.

Dieser Rückschlag wurde indessen rasch durch die Beschlüsse der *Londoner Neunmächte-Konferenz* im Herbst 1954 überwunden, an der neben den sechs Mitgliedsstaaten der Montanunion Großbritannien, die Vereinigten Staaten und Kanada teilnahmen. Diese Beschlüsse wurden in den vier *Pariser Verträgen* konkretisiert: Der Generalvertrag vom 26. 5. 1952 – jetzt auch *„Deutschland-Vertrag“* genannt – erhielt eine neue Fassung (BGBl 1955 II, 305). Das Besatzungsstatut wurde aufgehoben,[8] und der Bundesrepublik eine durch die Vorbehaltsrechte der Westmächte im Blick auf Berlin und Deutschland als Ganzes begrenzte Souveränität eingeräumt (Art. 1 und 2 des Deutschland-Vertrages). In Art. 7 dieses Vertrages wurden die Ziele der gemeinsamen Politik der Vertragspartner umschrieben:

> „Die Unterzeichnerstaaten sind darüber einig, daß ein wesentliches Ziel ihrer gemeinsamen Politik eine zwischen Deutschland und seinen ehemaligen Gegnern frei vereinbarte friedensvertragliche Regelung für ganz Deutschland ist, welche die Grundlage für einen dauerhaften Frieden bilden soll. Sie sind weiterhin darüber einig, daß die endgültige Festlegung der Grenzen Deutschlands bis zu dieser Regelung aufgeschoben werden muß.
>
> Bis zum Abschluß der friedensvertraglichen Regelung werden die Unterzeichnerstaaten zusammenwirken, um mit friedlichen Mitteln ihr gemeinsames Ziel zu verwirklichen: Ein wiedervereinigtes Deutschland, das eine freiheitlich-demokratische Verfassung, ähnlich wie die Bundesrepublik, besitzt und das in die europäische Gemeinschaft integriert ist ...“

Auch die oben erwähnten Begleitverträge zum Generalvertrag wurden neu gefaßt. Die bisherigen westlichen Besatzungsmächte wurden nunmehr Schutzmächte, die für die Bundesrepublik eine Sicherheitsgarantie abgaben. Ihre Truppen blieben aufgrund der Regelungen des Truppenvertrages (BGBl 1955 II, 253) weiterhin in der Bundesrepublik.

Die Neun Mächte der Londoner Konferenz änderten und erweiterten – zweitens – den *Brüsseler Vertrag* vom 17. 3. 1948, der ursprünglich gegen Deutschland gerichtet war, und gründeten die *Westeuropäische Union* (WEU). Italien und die Bundesrepublik wurden eingeladen, dieser Union

---

[7] Abgedruckt bei: *I. v. Münch* (o. Fußn. 4), S. 229ff.; siehe daselbst auch den Text des Überleitungsvertrages (S. 235ff.) und des Truppenvertrages (S. 271ff.).

[8] Siehe die Proklamation der Alliierten Hohen Kommission über die Aufhebung des Besatzungsstatuts und die Auflösung der Alliierten Hohen Kommission vom 5. 5. 1955 bei: *I. v. Münch* (o. Fußn. 4), S. 249f.

beizutreten. Drittens einigten sich die 14 Staaten der *Nordatlantik-Pakt-Organisation* (NATO) mit der Bundesrepublik, gemeinsam die Wiedervereinigung Deutschlands mit friedlichen Mitteln zu erstreben. Die NATO-Länder erkannten die Bundesregierung als einzige rechtmäßige deutsche Regierung an und luden die Bundesrepublik ein, der NATO als gleichberechtigter Partner beizutreten.

Diese drei der Pariser Verträge traten am 5. 5. 1955 in Kraft (BGBl II, 628). Am 7. 5. wurde die Bundesrepublik Mitglied der Westeuropäischen Union (BGBl II, 256), zwei Tage später auch Mitglied der NATO (BGBl II, 256).

Zu den abgeschlossenen Verträgen gehörte als vierter das heftig umstrittene Abkommen zwischen Frankreich und der Bundesrepublik über das *Saarstatut* (BGBl 1955, II, 295), über das die Saarländer in einer Volksabstimmung entscheiden sollten. Da ihre überwältigende Mehrheit dieses Statut ablehnte, konnte es nicht in Kraft treten. Frankreich und die Bundesrepublik einigten sich daraufhin in dem *Luxemburger Vertrag* vom 27. 10. 1956 (BGBl II, 1589), daß das Saargebiet zum 1. 1. 1957 der Bundesrepublik beitreten sollte; allerdings war für die wirtschaftliche Eingliederung eine bis 1959 währende Übergangsperiode vorgesehen.[9] Ein schwieriges, die deutsch-französischen Nachkriegsbeziehungen belastendes Problem war damit endgültig aus der Welt geschafft. Mit dem *Vertrag über die deutsch-französische Zusammenarbeit* vom 22. 1. 1963[10] wurde der Grundstock für eine dauerhafte Neuordnung des Verhältnisses zwischen Frankreich und der Bundesrepublik gelegt.

Seine Abrundung fand der Prozeß der Westintegration in dem Vertrag zur Gründung der *Europäischen Wirtschaftsgemeinschaft* (EWG) vom 25. 3. 1957 (BGBl II, 766) und dem Vertrag zur *Nutzung der Atomenergie für friedliche Zwecke* (Euratom) vom selben Tage (BGBl II, 1014). Beide Verträge traten am 1. 1. 1958 in Kraft (BGBl II, 1).

Die außenpolitische Westorientierung der Bundesrepublik bedingte eine Reihe von *Änderungen und Ergänzungen des Grundgesetzes.* Zur Übertragung von Hoheitsrechten auf zwischenstaatliche Einrichtungen bedurfte es allerdings gemäß Art. 24 GG keiner Verfassungsänderung; hier genügte für den Souveränitätsverzicht ein einfaches Gesetz, obwohl dadurch Kompetenzen des Grundgesetzes verlagert wurden.[11]

Der innenpolitische Streit, ob die Bundesrepublik auch ohne Verfassungsänderung bereits die *Wehrhoheit* besäße, wurde durch das vierte Gesetz zur Änderung des Grundgesetzes vom 26. 3. 1954 (BGBl I, 45) erledigt: Dem Bund wurde die ausschließliche Gesetzgebungszuständig-

---

[9] Siehe dazu das Eingliederungsgesetz vom 23. 12. 1956 (BGBl I, 1011) sowie das Gesetz zur Einführung von Bundesrecht im Saarland vom 30. 6. 1959 (BGBl I, 313, 644).

[10] Abgedruckt bei: *I. v. Münch* (o. Fußn. 4), S. 277ff.

[11] Siehe dazu: *BVerfGE* 58, 1 (36); 59, 63 (89ff.).

keit für Angelegenheiten der Verteidigung übertragen (Art. 73 Ziff. 1 GG). Höchst bedenklich war hingegen die gleichzeitig eingefügte Sonderregelung des Art. 79 I 2 GG, nach der bei völkerrechtlichen Verträgen zur „Klarstellung, daß die Bestimmungen des Grundgesetzes dem Abschluß und dem Inkraftsetzen der Verträge nicht entgegenstehen, eine Ergänzung des Wortlauts des Grundgesetzes genügt, die sich auf diese Klarstellung beschränkt".

„Art. 79 Abs. 1 Satz 2 GG ist entweder überflüssig oder verfassungswidrig. In keinem Fall kann er verfassungswidrige Verträge zu verfassungsmäßigen machen. Denn wenn die Verträge dem Grundgesetz nicht entgegenstehen, ist eine Klarstellung ihrer Verfassungsmäßigkeit nicht nötig. Wenn es zweifelhaft ist, ob sie dem Grundgesetz entgegenstehen, kann der Gesetzgeber sich die Verfassungsmäßigkeit der Vertragsgesetze nicht selbst bestätigen und auf diese Weise das Bundesverfassungsgericht binden, dem die autoritative Entscheidung dieser Frage nach der Kompetenzordnung des Grundgesetzes allein obliegt; da mit einem solchen Akt das Prinzip der Gewaltenteilung verletzt wird, ist dies auch nicht mit den Mitteln der Verfassungsänderung möglich (Art. 79 Abs. 3 GG) ...".[12]

Aufgrund der Sonderregelung des Art. 79 I 2 GG wurde zugunsten der im Mai 1952 abgeschlossenen Verträge in Art. 142a GG eine solche „Klarstellung" aufgenommen, die dann später – lange nach dem Scheitern des EVG-Vertrages – wieder gestrichen wurde.[13]

Die verfassungsrechtliche *Ausgestaltung der Wehrordnung* erfolgte durch die Grundgesetz-Novellen vom 19. 3. 1956 (BGBl I, 111) und vom 24. 6. 1968 (BGBl I, 709). Außer zur Verteidigung dürfen die nach Art. 87a GG aufgestellten Streitkräfte nur eingesetzt werden, soweit das Grundgesetz dies ausdrücklich zuläßt. Eine solche Zulassung ist dem Art. 24 II GG zu entnehmen, nach dem der Bund sich zur Wahrung des Friedens einem System gegenseitiger kollektiver Sicherheit einordnen kann. Die Bundesrepublik hat von dieser Ermächtigung durch ihren Beitritt zur Westeuropäischen Union, zur NATO und zu den Vereinten Nationen Gebrauch gemacht. Zur Abwehr von Angriffen gegen einen der Mitgliedsstaaten dieser Organisationen kann die Bundeswehr nach Maßgabe der vertraglichen Regelungen eingesetzt werden.

In der Bundesrepublik besteht aufgrund des Wehrpflichtgesetzes vom 21. 7. 1956 (BGBl I, 651) die *allgemeine Wehrpflicht* für Männer. Durch den im Juni 1968 neu eingefügten Art. 12a I GG ist diese Verpflichtung auch verfassungsrechtlich fundiert worden. Wer aus Gewissensgründen den Kriegsdienst mit der Waffe verweigert (Art. 4 III GG), kann zu einem *Ersatzdienst* verpflichtet werden, dessen Dauer nach Art. 12a III GG die des Wehrdienstes nicht übersteigen darf.[14] In Art. 17a GG sind

---

[12] *K. Hesse*, Grundzüge des Verfassungsrechts der Bundesrepublik, 18. Aufl. (1991), S. 275 (Rdnr. 699).

[13] Durch das 17. Gesetz zur Ergänzung und Änderung des Grundgesetzes vom 24. 6. 1968 (BGBl I, 709).

[14] Zur Tragweite dieser Regelung siehe die beiden divergierenden Entscheidungen des *BVerfGs: BVerfGE* 69, 1 (20ff.), und 69, 57 (66f.).

die besonderen *Beschränkungsmöglichkeiten der Grundrechte* der Wehr- und Ersatzdienstleistenden aufgezählt. Im übrigen wird zum Schutz der Grundrechte der Soldaten ein *Wehrbeauftragter* berufen (Art. 45b GG), der zugleich Hilfsorgan des Bundestages bei der Ausübung der parlamentarischen Kontrolle der Streitkräfte ist.[15] Die Wählbarkeitsbeschränkungen für die Angehörigen des öffentlichen Dienstes sind aufgrund des geänderten Art. 137 I GG auch auf Berufssoldaten und freiwillig dienende Soldaten auf Zeit ausgedehnt worden.

Neue Wege ist das Grundgesetz bei der Regelung der *organisationsrechtlichen Bestimmungen* der Wehrverfassung gegangen. Der traditionelle militärische Oberbefehl, der noch für die Weimarer Reichsverfassung kennzeichnend war, ist als *einheitliche* Befugnis nicht mehr in das Grundgesetz aufgenommen worden. Die *Befehls- und Kommandogewalt* über die Streitkräfte (Art. 65a GG) als die höchste militärische Weisungsbefugnis obliegt in Friedenszeiten dem Bundesverteidigungsminister; sie geht im Verteidigungsfall auf den Bundeskanzler über (Art. 115b GG), während das Recht zur Ernennung und Entlassung der Offiziere und Unteroffiziere grundsätzlich vom Bundespräsidenten ausgeübt wird (Art. 60 I GG).

Besonderes Gewicht hat das Grundgesetz auf die Festigung der *parlamentarischen Kontrolle des Wehrwesens* gelegt. Die zahlenmäßige Stärke der Streitkräfte und die Grundzüge ihrer Organisation müssen sich aus dem vom Bundestag zu beschließenden Haushaltsplan ergeben (Art. 87a I GG). Eine Ausdehnung der Bundeswehr ohne Billigung des Parlaments darf es daher nicht geben. Die fortlaufende Kontrolle der Bundeswehr obliegt in erster Linie dem *Bundestagsausschuß für Verteidigung*, der auch die Rechte eines Untersuchungsausschusses hat (Art. 45a II GG). Als Hilfsorgan des Parlaments bei der Ausübung der parlamentarischen Kontrolle der Streitkräfte fungiert der schon erwähnte Wehrbeauftragte des Bundestages (Art. 45b GG).

Neu eingefügt in das Grundgesetz wurden Bestimmungen über die *Bundeswehrverwaltung* (Art. 87b GG). Während Aufgaben des Personalwesens und der unmittelbaren Deckung des Sachbedarfs der Streitkräfte von bundeseigener Verwaltung mit eigenem Unterbau erledigt werden, können die übrigen Verteidigungsgesetze einschließlich der Gesetze über das Wehrersatzwesen und den Schutz der Zivilbevölkerung auch von den Ländern im Auftrag des Bundes ausgeführt werden (Art. 87b II, 85 GG).

Der neu aufgenommene Art. 96a GG, der später durch das verfassungsändernde Gesetz vom 18. 6. 1968 (BGBl I, 657) zum neuen Art. 96 GG umbenannt wurde, regelt die *Gerichtsbarkeit in Wehrsachen.* Der

---

[15] Vgl. im Näheren das Gesetz über den Wehrbeauftragten des Deutschen Bundestages vom 26. 6. 1957 (BGBl I, 652).

Bund kann eigene Bundesgerichte zur Entscheidung in Disziplinar- und Beschwerdeverfahren errichten. Aufgrund dieser Ermächtigung sind Truppendienstgerichte sowie beim Bundesverwaltungsgericht Wehrdienstsenate gebildet worden.[16] Auch können nach Art. 96 II nF GG Wehrstrafgerichte als Bundesgerichte für die Streitkräfte geschaffen werden; jedoch darf diese besondere Strafgerichtsbarkeit grundsätzlich nur im Verteidigungsfalle ausgeübt werden.[17]

Gestützt auf die Ermächtigungen der Wehrverfassungsnovelle vom März 1956 ist ein Kranz von *gesetzlichen Vollzugsregelungen* erlassen worden, deren wichtigste das Gesetz über die Rechtsstellung der Soldaten (BGBl 1956 I, 114), die Wehrbeschwerdeordnung (BGBl 1956 I, 1066), die Wehrdisziplinarordnung (BGBl 1957 I, 189) und das Wehrstrafgesetz (BGBl 1957 I, 298) sind. Flankierend traten weitere Gesetze hinzu, durch die im Notstandsfalle Sachleistungen oder hoheitliche Inanspruchnahmen gefordert werden können: vor allem das Bundesleistungsgesetz (BGBl 1956 I, 815), das Landbeschaffungsgesetz (BGBl 1957 I, 134), das Schutzbereichsgesetz (BGBl 1956 I, 899) sowie eine Reihe von Sicherstellungs- und Zivilschutzgesetzen.

Die bisher umfangreichste, gravierendste und zugleich umstrittenste Änderung und Ergänzung erfuhr das Grundgesetz durch die *Notstandsregelungen* vom 24. 6. 1968 (BGBl I, 709), durch welche die in Art. 5 II des Deutschland-Vertrages niedergelegten besonderen Vorbehaltsrechte der Drei Westmächte abgelöst wurden. Wörtlich heißt es in diesem Artikel:

„Die von den Drei Mächten bisher innegehabten oder ausgeübten Rechte in bezug auf den Schutz der Sicherheit von in der Bundesrepublik stationierten Streitkräften, die zeitweilig von den Drei Mächten beibehalten werden, erlöschen, sobald die zuständigen deutschen Behörden entsprechende Vollmachten durch die deutsche Gesetzgebung erhalten haben und dadurch instand gesetzt sind, wirksame Maßnahmen zum Schutz der Sicherheit dieser Streitkräfte zu treffen, einschließlich der Fähigkeit, einer ernstlichen Störung der öffentlichen Sicherheit und Ordnung zu begegnen ...“

Nachdem mehrere Anläufe zur Schaffung der erforderlichen Notstandsregelungen in den sechziger Jahren gescheitert waren, verständigte sich die Große Koalition unter Bundeskanzler *Kurt Georg Kiesinger* auf einen Kompromiß über die notwendigen vorbeugenden Schutzmaßnahmen und ein Höchstmaß an verfassungsrechtlicher Sicherung vor Machtmißbrauch. Auf diese Weise konnte eine der größten innenpolitischen Krisen in der Bundesrepublik entschärft werden. Am 18. 6. 1968 erklärten die westlichen Alliierten ihre in Art. 5 II des Deutschland-Vertrages formulierten Vorbehaltsrechte für erloschen (BGBl I, 714).

Die in das Grundgesetz eingefügte Notstandsverfassung geht von der traditionellen Unterscheidung von äußeren und inneren Notständen aus

[16] Vgl. §§ 63, 73 der Wehrdisziplinarordnung vom 15. 3. 1957 (BGBl I, 189) i. d. F. des Gesetzes vom 4. 9. 1972 (BGBl I, 1665).

[17] Siehe im Näheren unten S. 144.

und sucht diese mit einem Bündel rechtlicher Bestimmungen zu bewältigen:[18]

Am umfassendsten ist Vorsorge für den äußeren Notstand, den *Verteidigungsfall*, getroffen worden (Art. 115a ff. GG). Dieser liegt vor, wenn das Bundesgebiet mit Waffengewalt angegriffen wird oder wenn ein solcher Angriff unmittelbar droht. Grundsätzlich hat der Bundestag mit der Mehrheit von zwei Dritteln der abgegebenen Stimmen, mindestens mit der Mehrheit seiner Mitglieder, bei Zustimmung des Bundesrates den Verteidigungsfall festzustellen (Art. 115a I GG). Ist der Bundestag nicht imstande, diese Feststellung zu treffen, hat an seiner Stelle der *Gemeinsame Ausschuß* zu entscheiden (Art. 115a II GG), der zu zwei Dritteln aus Abgeordneten des Bundestages und zu einem Drittel aus Mitgliedern des Bundesrates besteht (Art. 53a GG).

Mit der Verkündung des Verteidigungsfalles geht die Befehls- und Kommandogewalt über die Streitkräfte auf den Bundeskanzler über (Art. 115b GG). *Aufgabe der Streitkräfte* ist es nicht nur, den in das Bundesgebiet eindringenden fremden Truppen entgegenzutreten, sondern sie haben auch die Befugnis, zivile Objekte zu schützen und Aufgaben der Verkehrsregelung wahrzunehmen (Art. 87a III GG). Der Bundesgrenzschutz kann im Verteidigungsfall im gesamten Bundesgebiet eingesetzt werden, soweit es die Verhältnisse erfordern (Art. 115f I Ziff. 1 GG).

Ferner kann im Verteidigungsfall die bundesstaatliche *Kompetenzordnung* zugunsten des Bundes verändert (Art. 115c I und III, Art. 115f I Nr. 2 GG) und das Gesetzgebungsverfahren beschleunigt und vereinfacht werden (Art. 115d II und III GG). Bestimmte *Grundrechte* können über das in der Normallage zulässige Maß hinaus eingeschränkt werden: Art. 9 III, 10 II, 11 II, 12a III–VI, 17a II GG und kraft der Ermächtigung des Art. 115c II GG auch die Art. 14 III und 104 II und III GG. Die weiteren für den Verteidigungsfall vorgesehenen Einzelregelungen können hier auf sich beruhen.

Vom Verteidigungsfall zu unterscheiden – ihm aber rechtssystematisch zugeordnet – ist der *Spannungsfall* (Art. 80a GG), der lediglich vage umschrieben, aber nicht definiert ist. Er setzt eine Situation erhöhter internationaler Spannungen voraus, die Vorbereitungen auf einen etwaigen Verteidigungsfall notwendig macht. Der Spannungsfall ist vom Bundestag mit einer Mehrheit von zwei Dritteln der abgegebenen Stimmen festzustellen (Art. 80a I GG). Diese Feststellung läßt die Anwendung des Notstandsrechts zu, im besonderen der Regelungen über Dienstverpflichtungen nach Art. 12a V GG sowie über Einschränkungen bei der Ausübung eines Berufs oder der Aufgabe eines Arbeitsplatzes (Art.

[18] Vgl. statt vieler Einzelbelege den Überblick bei: *K. Hesse* (o. Fußn. 12), S. 284ff. (Rdnrn. 719ff.).

12a VI GG), ferner der Bestimmungen über den Einsatz der Streitkräfte zum zivilen Objektschutz und zur Verkehrsregelung (Art. 87a III GG). Statt der ausdrücklichen Feststellung des Spannungsfalles kann der Bundestag der Anwendung von Notstandsregelungen besonders zustimmen; in den Fällen des Art. 12a V und VI GG bedarf es dazu einer Zweidrittel-Mehrheit.

Eine Besonderheit stellt die *Bündnisklausel* des Art. 80a III dar:[19] Ohne Feststellung des Spannungsfalles durch den Bundestag kann grundsätzlich Notstandsrecht nach Maßgabe eines Beschlusses angewendet werden, der von einem internationalen Organ im Rahmen eines Bündnisvertrages mit Zustimmung der Bundesregierung gefaßt worden ist. Davon ausgenommen sind hingegen die Maßnahmen nach Art. 12a V und VI sowie 87a III GG, weil für deren Anwendung die Feststellung des Spannungsfalles bzw. des Verteidigungsfalles vorgeschrieben ist.

Wesentlich knapper ist der *innere Notstand* geregelt. Er kann entweder durch Naturkatastrophen und besonders schwere Unglücksfälle ausgelöst werden oder durch drohende Gefahren für den Bestand oder die freiheitliche demokratische Grundordnung des Bundes oder eines Landes. Einer besonderen Feststellung des inneren Notstands bedarf es nach dem Grundgesetz nicht. Im ersten Fall können die Länder Polizeikräfte anderer Länder sowie Kräfte und Einrichtungen anderer Verwaltungen, des Bundesgrenzschutzes und der Streitkräfte anfordern (Art. 35 II und III GG). Im zweiten Fall gilt Entsprechendes (Art. 91 I GG), allerdings mit der Maßgabe, daß die Heranziehung der *Streitkräfte* nur zulässig ist, wenn ein Land zur Bekämpfung der Gefahr nicht bereit oder nicht in der Lage ist und die der Bundesregierung unterstellten Polizeikräfte und die Einheiten des Bundesgrenzschutzes zur Abwehr dieser Gefahr nicht ausreichen (Art. 91 II in Verbindung mit Art. 87a IV GG). Der Einsatz der Bundeswehr ist begrenzt auf den Schutz ziviler Objekte und die Bekämpfung organisierter und militärisch bewaffneter Aufständischer; er ist auf Verlangen des Bundestages oder des Bundesrates einzustellen.

Flankiert wurden die verfassungsrechtlichen Notstandsregelungen durch eine Reihe von einfachen Gesetzen, insbesondere durch das Katastrophenschutzgesetz (BGBl 1968 I, 776), das Arbeitssicherstellungsgesetz (BGBl 1968 I, 787) und das Zivilschutzgesetz (BGBl 1976 I, 2109). Neu gefaßt wurden die nach der Wehrverfassungsnovelle vom März 1956 erlassenen Sicherstellungsgesetze.[20]

Als verlegene Zugabe für die verschärft in Pflicht genommenen Bürger und als taktisches Zugeständnis an die Gegner der Notstandsverfassung

---

[19] Zur Problematik dieser Regelung siehe: *K. Ipsen*, Die Bündnisklausel der Notstandsverfassung (Art. 80a III GG), in: AöR Bd. 94 (1969), 554ff.

[20] Das Wirtschaftssicherstellungsgesetz vom 3. 10. 1968 (BGBl I, 1069), das Ernährungssicherstellungsgesetz vom 4. 10. 1968 (BGBl I, 1075) und das Verkehrssicherstellungsgesetz vom 8. 10. 1968 (BGBl I, 1082).

wurde das *Widerstandsrecht* des Art. 20 IV als letztes Mittel zur Verteidigung der freiheitlichen demokratischen Grundordnung zusammen mit den Notstandsregelungen in das Grundgesetz aufgenommen:

„Gegen jeden, der es unternimmt, diese Ordnung (scilicet: die freiheitliche demokratische Grundordnung des Grundgesetzes) zu beseitigen, haben alle Deutschen das Recht zum Widerstand, wenn andere Abhilfe nicht möglich ist."

Ein solches Staatsnothilferecht, dessen Tatbestandsmerkmale dehnbar und höchst unbestimmt sind, ist im Ernstfall kein Mittel zur Rettung der freiheitlichen Demokratie, da die virtuelle Widerstandslage in der Gegenwart nur eintreten kann, wenn der Generalkonsens über die Verfassungsgrundlagen des Zusammenlebens in der Bevölkerung mehr und mehr verloren geht. In einer solchen Lage würde ein gewaltsames Vorgehen von Bürgern gegen Bürger unvermeidlich zu einem Instrument noch größerer Bedrohung der demokratischen Ordnung – gleichsam zum Steigbügel für den Ritt in den Bürgerkrieg, der keine Umkehr mehr kennt: Wer auf dem Tiger reitet, kann nicht absteigen.[21]

Die Notstandsnovelle von 1968 hat schließlich eine sehr umstrittene Einschränkungsmöglichkeit des Brief-, Post- und Fernmeldegeheimnisses in Art. 10 II 2 GG vorgesehen:

„Dient die Beschränkung dem Schutze der freiheitlichen demokratischen Grundordnung oder des Bestandes oder der Sicherung des Bundes oder eines Landes, so kann das Gesetz bestimmen, daß sie dem Betroffenen nicht mitgeteilt wird und daß an die Stelle des Rechtsweges die Nachprüfung durch von der Volksvertretung bestellte Organe und Hilfsorgane tritt".[22]

Aufgrund dieser Ermächtigung wurde das Gesetz zur Beschränkung des Brief-, Post- und Fernmeldegeheimnisses vom 13. 8. 1968 (BGBl I, 949) erlassen.[23]

Die gegen derartige Beschränkungen des Grundrechts des Art. 10 GG erhobenen Bedenken sind umso schwerwiegender, als die vorgesehenen Eingriffe nicht nur im Notstandsfall, sondern auch in der verfassungsrechtlichen Normallage möglich sind.[24]

Die Ablösung der besonderen Vorbehaltsrechte des Art. 5 II des Deutschland-Vertrages durch die Notstandsverfassung hat zwar der Bundesrepublik einen weiteren Zugewinn an Handlungsfreiheit eingebracht, aber die Rechte und die Verantwortlichkeit der Drei Mächte in bezug auf Berlin und Deutschland als Ganzes blieben bis zur Wiedervereinigung weiter bestehen.[25]

---

[21] Vgl. dazu: *K. Kröger*, Widerstandsrecht und demokratische Verfassung, 1971, S. 20ff.

[22] Vgl. auch den in Art. 19 IV GG durch die Notstandsnovelle angefügten Satz 2.

[23] Das *BVerfG* hat diese Verfassungsänderung und das dazu ergangene Gesetz im ganzen für verfassungsmäßig erklärt: *BVerfGE* 30, 1 (24ff.).

[24] Vgl. statt vieler: *B. Schlink*, Das Abhör-Urteil des Bundesverfassungsgerichts, in: Der Staat Bd. 14 (1973), 85ff., und jüngstens: *H. Hofmann*, Die Entwicklung des Grundgesetzes nach 1949, in: HdBStR Bd. I, 1987, S. 259ff. (301 Rdnr. 56).

[25] Siehe dazu die Ausführungen unten S. 71, 80f.

§ 10. Die „neue Ostpolitik" und die einstweilige Stabilisierung des status quo in der deutschen Frage

Quellen: I. v. Münch (Hg.), Dokumente des geteilten Deutschlands, Bd. II, 1974; *E. Thurich* (Hg.), Die Teilung Deutschlands. Dokumente zur deutschen Frage, 1982; *H. G. Lehmann,* Chronik der Bundesrepublik Deutschland 1945/49 bis heute, 3. Aufl. (1989); *D. Rauschning* (Hg.), Rechtsstellung Deutschlands. Völkerrechtliche Verträge und andere rechtsgestaltende Akte, 2. Aufl. (1989); *E. Cislar – J. Hampel – F. C. Zeitler* (Hg.), Der Streit um den Grundvertrag, 1973.

Literatur: K. D. Bracher – T. Eschenburg, u. a. (Hg.), Geschichte der Bundesrepublik Deutschland, 6 Bde, 1981 ff., vor allem: Bd. 5 I und II: Republik im Wandel, 1987; *A. Grosser,* Geschichte Deutschlands seit 1945, 2. Aufl. (1984); *H. K. Rupp,* Politische Geschichte der Bundesrepublik Deutschland, 2. Aufl. (1982); *D. Thränhardt,* Geschichte der Bundesrepublik Deutschland, 1986; *H. Buchheim,* Deutschlandpolitik 1949–1972, 1985; *K. Hildebrand,* Von Erhard zur Großen Koalition (1963–1969), 1984.

U. Scheuner, Das Grundgesetz in der Entwicklung zweier Jahrzehnte, in: AöR Bd. 95 (1970), 353 ff.; *O. Kimminich,* Deutsche Verfassungsgeschichte, 2. Aufl. (1987), S. 638 ff.; *K. Doehring – W. Kewenig – G. Ress,* Staats- und völkerrechtliche Aspekte der Deutschland- und Ostpolitik, 1971; *R. Bernhardt,* Deutschland nach 30 Jahren Grundgesetz, in: VVDStRL H. 38 (1980), 7 ff.; *ders.,* Die deutsche Teilung und der Status Gesamtdeutschlands, in: HdBStR Bd. I, 1987, S. 321 ff.; *G. Ress,* Die Rechtslage Deutschlands nach dem Grundlagenvertrag vom 21. 12. 1972, 1978; *G. Zieger* (Hg.), Fünf Jahre Grundvertragsurteil des Bundesverfassungsgerichts, 1979; *R. Dolzer,* Die rechtliche Ordnung des Verhältnisses der Bundesrepublik Deutschland zur Deutschen Demokratischen Republik, in: HdBStR Bd. I, 1987, S. 547 ff.; *D. Mahncke,* Berlin im geteilten Deutschland, 1973; *E. R. Zivier,* Der Rechtsstatus des Landes Berlin, 3. Aufl. (1977); *J. A. Frowein,* Die Rechtslage Deutschlands und der Status Berlins, in: HdBVerfR, 1983, S. 29 ff.

In den sechziger Jahren wurde immer deutlicher, daß mit der Politik der Westintegration und der westeuropäisch-atlantischen Allianz eine Überwindung der Spaltung Deutschlands allein nicht zu erreichen war. Den Versuchen der beiden von Bundeskanzler *Ludwig Erhard* geführten Regierungen (1963–1965; 1965–1966) als auch der Großen Koalition unter Bundeskanzler *Kurt Georg Kiesinger* (Dezember 1966 bis Oktober 1969), die Beziehungen zu den östlichen Nachbarstaaten auf den Gebieten des politischen, wirtschaftlichen und kulturellen Lebens zu verbessern, blieb ein nachhaltiger Erfolg versagt. Eine Wende brachte erst die *„neue Ostpolitik"* der ersten Regierung der sozialliberalen Koalition unter Bundeskanzler *Willy Brandt.* Sie war die „folgerichtige Fortsetzung und Komplementierung der bisherigen Westpolitik".[1]

Grundlegend für die neue ostpolitische Orientierung war der am 12. 8. 1970 in Moskau unterzeichnete Vertrag zwischen der Bundesrepublik und der Sowjetunion, der *„Moskauer Vertrag"*. [2] Die Vertragschließen-

[1] *H. Hofmann,* Die Entwicklung des Grundgesetzes nach 1949, in: HdBStR Bd. I, 1987, S. 259 ff. (287 Rdnr. 34) mit weiteren Nachweisen.

[2] BGBl 1972 II, 353 – auch abgedruckt bei: *D. Rauschning* (Hg.), Rechtsstellung Deutschlands, 2. Aufl. (1989), S. 121 f.

den bekannten sich zum Frieden (Art. 1) und zum völkerrechtlichen Gewaltverbot (Art. 2); ferner einigten sie sich in Art. 3 über territoriale Grundsatzfragen:

„Sie verpflichten sich, die territoriale Integrität aller Staaten in Europa in ihren heutigen Grenzen uneingeschränkt zu achten;
sie erklären, daß sie keine Gebietsansprüche gegen irgend jemand haben und solche in Zukunft auch nicht erheben werden;
sie betrachten heute und künftig die Grenzen aller Staaten in Europa als unverletzlich, wie sie am Tage der Unterzeichnung dieses Vertrages verlaufen, einschließlich der Oder-Neiße-Linie, die die Westgrenze der Volksrepublik Polen bildet, und der Grenze zwischen der Bundesrepublik Deutschland und der Deutschen Demokratischen Republik".

Dieses Abkommen konnte erst geschlossen werden, nachdem die Drei Westmächte in gleichlautenden Noten vom 11. 8. 1970 bestätigt hatten, daß durch die beabsichtigte Vereinbarung die Rechte und Verantwortlichkeiten der Drei Mächte in bezug auf Deutschland als Ganzes nicht berührt waren.[3]

Die Unverletzlichkeit der Ostgrenzen wurde auch in dem am 7. 12. 1970 mit der Volksrepublik Polen abgeschlossenen *„Warschauer Vertrag"* (BGBl 1972 II, 361) sowie in dem *Grundlagenvertrag mit der Deutschen Demokratischen Republik* (DDR) vom 21. 12. 1972 (BGBl 1973 II, 423) und dem *„Prager Vertrag"* mit der Tschechoslowakei aus dem Jahre 1973 (BGBl 1974 II, 990) betont.

Mit diesen Ostverträgen wurde eine Reihe schwieriger völkerrechtlicher Probleme aufgeworfen,[4] insbesondere die *Frage des Verhältnisses dieser Vereinbarungen zum Deutschland-Vertrag* von 1955.[5] In Art. 4 des Moskauer und in Art. IV des Warschauer Vertrages fand sich der gleichlautende Passus, daß der jeweilige Vertrag nicht die von den Vertragspartnern früher abgeschlossenen Verträge und Vereinbarungen berührt. Damit war aus der Sicht der Bundesrepublik zum Ausdruck gebracht, daß weder das im Deutschland-Vertrag festgeschriebene Ziel der Wiedervereinigung aufgegeben noch die endgültige Grenzziehung für ein wiedervereinigtes Deutschland vorweggenommen werden sollte. [6] In dem an die Regierung der Sowjetunion gerichteten *Brief zur deutschen Einheit* vom 12. 8. 1970 ist diese Auffassung ebenso unmißverständlich dargelegt worden wie in der Entschließung des Deutschen Bundestages vom 17. 5. 1972 anläßlich der Ratifizierungs-Debatte.[7]

---

[3] Abgedruckt bei: *D. Rauschning* (o. Fußn. 2), S. 124f.
[4] Statt weiterer Nachweise: *O. Kimminich*, Der Moskauer Vertrag – Eine völkerrechtliche Analyse, 2 Bde, 1972 und 1973.
[5] Siehe dazu die Ausführungen oben S. 62.
[6] Stellvertretend für viele: *R. Bernhardt*, Die deutsche Teilung und der Status Gesamtdeutschlands, in: HdBStR Bd. I, 1987, S. 321ff. (333 Rdnr. 22).
[7] Beide Dokumente sind wiedergegeben bei: *D. Rauschning* (o. Fußn. 2), S. 123 und 139f.

Noch diffiziler waren die durch den *Grundlagenvertrag* zwischen der Bundesrepublik und der DDR aufgeworfenen Probleme. Sie ergaben sich aus den grundverschiedenen Rechtsauffassungen beider Vertragspartner. Eine Regelung der gegenseitigen Beziehungen war nur möglich durch bewußte Ausklammerung der prinzipiellen Rechtspositionen und eine Beschränkung auf unumgängliche Fragen, bei denen sich Formelkompromisse erzielen ließen.

In Art. 1 des Grundlagenvertrages erklärten beide Vertragsparteien, daß sie „normale gutnachbarliche Beziehungen zueinander auf der Grundlage der Gleichberechtigung" entwickeln werden. Sie verpflichteten sich zur Anwendung der Prinzipien der Charta der Vereinten Nationen im gegenseitigen Verkehr, insbesondere zum Verbot der Gewaltanwendung, zur gegenseitigen Achtung der territorialen Integrität (Art. 3), zur gegenseitigen Respektierung der „Unabhängigkeit und Selbständigkeit jedes der beiden Staaten in seinen inneren und äußeren Angelegenheiten" (Art. 6). Art. 4 sah vor, daß „keiner der beiden Staaten den anderen international vertreten oder in seinem Namen handeln kann". Die Vertragsparteien tauschten gemäß Art. 8 „am Sitz der jeweiligen Regierung" „Ständige Vertreter" aus; der Vertreter der DDR war dem Bundeskanzleramt zugeordnet, nicht dem Auswärtigen Amt.

Die Bundesrepublik hatte mit dem Abschluß des Grundlagenvertrages zwar die Existenz der DDR als gleichberechtigten Staat hingenommen, aber durch ihre Regierung immer wieder betont, daß sie vom Fortbestand des Deutschen Reiches ausging und an dem Ziel der Wiedervereinigung festhielt. Sie hat ihren Standpunkt und ihre Politik nicht als vertragswidrig angesehen, zumal in der Präambel des Grundlagenvertrages der Vorbehalt der „unterschiedlichen Auffassungen der Bundesrepublik Deutschland und der Deutschen Demokratischen Republik zu grundsätzlichen Fragen, darunter zur nationalen Frage", ausdrücklich aufgenommen worden war.

Dessenungeachtet entbrannte in der Bundesrepublik ein lebhafter Streit, ob die neuen ostpolitischen Verträge, vor allem der Grundlagenvertrag, mit dem Grundgesetz vereinbar seien[8] und ob durch sie die Frage nach der *Rechtslage Deutschlands* neu gestellt sei.

Das *Bundesverfassungsgericht* hat in seinem Urteil vom 31. 7. 1973 den Grundlagenvertrag für verfassungsgemäß erklärt und die bisher vertretene *staatsrechtliche Fundierung* der Bundesrepublik Deutschland bekräftigt:[9]

---

[8] Vgl. die Dokumentation von *E. Cislar-J. Hampel-F. C. Zeitler* (Hg.), Der Streit um den Grundvertrag, 1973.

[9] *BVerfGE* 36, 1 (daselbst S. 15f. das folgende Zitat).

„Das Grundgesetz – nicht nur eine These der Völkerrechtslehre und der Staatsrechtslehre! – geht davon aus, daß das Deutsche Reich den Zusammenbruch 1945 überdauert hat und weder mit der Kapitulation noch durch Ausübung fremder Staatsgewalt in Deutschland durch die alliierten Okkupationsmächte noch später untergegangen ist; das ergibt sich aus der Präambel, aus Art. 16, Art. 23, Art. 116 und Art. 146 GG. Das entspricht auch der ständigen Rechtsprechung des *BVerfG*, an der der *Senat* festhält. Das Deutsche Reich existiert fort (*BVerfGE* 2, 266 [277]; 3, 288 [319f.]; 5, 85 [126]; 6, 309 [336, 363]), besitzt nach wie vor Rechtsfähigkeit, ist allerdings als Gesamtstaat mangels Organisation, insbesondere mangels institutionalisierter Organe selbst nicht handlungsfähig. Im Grundgesetz ist auch die Auffassung vom gesamtdeutschen Staatsvolk und von der gesamtdeutschen Staatsgewalt ‚verankert' (*BVerfGE* 2, 266 [277]). Verantwortung für ‚Deutschland als Ganzes' tragen – auch – die vier Mächte (*BVerfGE* 1, 351 [362f., 367]).

Mit der Errichtung der Bundesrepublik Deutschland wurde nicht ein neuer westdeutscher Staat gegründet, sondern ein Teil Deutschlands neu organisiert ... Die Bundesrepublik Deutschland ist also nicht ‚Rechtsnachfolger' des Deutschen Reiches, sondern als Staat identisch mit dem Staat ‚Deutsches Reich', – in bezug auf seine räumliche Ausdehnung allerdings ‚teilidentisch', so daß insoweit die Identität keine Ausschließlichkeit beansprucht. Die Bundesrepublik umfaßt also, was ihr Staatsvolk und ihr Staatsgebiet anlangt, nicht das ganze Deutschland, unbeschadet dessen, daß sie ein einheitliches Staatsvolk des Völkerrechtssubjektes ‚Deutschland' (Deutsches Reich), zu dem ihr eigenes Staatsgebiet als ebenfalls nicht abtrennbarer Teil gehört, anerkennt. Sie beschränkt staatsrechtlich ihre Hoheitsgewalt auf den ‚Geltungsbereich des Grundgesetzes' (*BVerfGE* 3, 288 [319f.]; 6, 309 [338, 363]), fühlt sich aber auch verantwortlich für das ganze Deutschland (vgl. die Präambel des Grundgesetzes). Derzeit besteht die Bundesrepublik aus den in Art. 23 GG genannten Ländern, einschließlich Berlin; der Status des Landes Berlin der Bundesrepublik Deutschland ist nur gemindert und belastet durch den sog. Vorbehalt der Gouverneure der Westmächte (*BVerfGE* 7, 1 [7ff.]; 19, 377 [388]; 20, 257 [266]). Die Deutsche Demokratische Republik gehört zu Deutschland und kann im Verhältnis zur Bundesrepublik Deutschland nicht als Ausland angesehen werden (*BVerfGE* 11, 150 [158]) ..."

Die Entscheidung des *Bundesverfassungsgerichts* verpflichtete die Staatsorgane der Bundesrepublik, am Fortbestehen des Deutschen Reiches und an dem Gebot der Wiedervereinigung festzuhalten. Freilich war die Bundesrepublik mit dem Grundlagenvertrag einen *völkerrechtlichen* Vertrag eingegangen, dessen Pflichten nicht mit dem Hinweis auf innerstaatliches Recht negiert werden konnten. Insoweit mußte sie nicht nur die Existenz der DDR hinnehmen, sondern auch den Fortbestand der einheitlichen deutschen Staatsangehörigkeit nunmehr auf den Geltungsbereich des Grundgesetzes beschränken.[10] Das Urteil des *Bundesverfassungsgerichts* zum Grundlagenvertrag begegnete indes nicht unerheblichen Bedenken:

„Wenn das Deutsche Reich keine Organisation, keine eigenen Organe hat, kann die Bundesrepublik kaum mit ihm identisch sein, denn an ihren Organen und an ihrer Organisation besteht ja kein Zweifel. Die relativierenden Bemerkungen über die Teilidentität helfen nicht weiter ... Wenn es nur die räumliche Ausdehnung ist, die zur Teilidentität – einem in sich widersprüchlichen Begriff – führt, müßten die Organe der Bundesrepublik doch wohl gesamtdeutsche Organe sein oder zumindest

---

[10] Statt weiterer Nachweise: *O. Kimminich*, Deutsche Verfassungsgeschichte, 2. Aufl. (1987), S. 663.

deren Funktionen wahrnehmen, so daß das Reich doch handlungsfähig ist, wenn auch in räumlicher Begrenzung ...".[11]

Eine realistischere Betrachtung gebot, eher von zwei bestehenden staatlichen Teilordnungen unter dem fortbestehenden „Reichsdach" zu sprechen, die jede für sich hoheitliche Befugnisse, eine eigene Organisation sowie eine begrenzte Völkerrechtssubjektivität besäßen, insgesamt aber noch unter dem gesamtdeutschen Vorbehalt der alliierten Siegermächte stünden.[12]

Besondere Aufmerksamkeit galt der *Rechtslage Berlins.* Durch das *Viermächte-Abkommen vom 3. 9. 1971,*[13] das Erleichterungen im Verkehr von und nach Berlin brachte, wurde der im Genehmigungsschreiben der westlichen Militärgouverneure zum Grundgesetz vom 12. 5. 1949 enthaltene Vorbehalt, daß Berlin nicht durch den Bund regiert wird,[14] bestätigt.

In Ziffer II B dieses Abkommens heißt es: Die Regierungen der Viermächte erklären, „daß die Bindungen zwischen den Westsektoren Berlins und der Bundesrepublik Deutschland aufrechterhalten und entwickelt werden, wobei sie berücksichtigen, daß diese Sektoren so wie bisher kein Bestandteil (konstitutiver Teil) der Bundesrepublik Deutschland sind und auch weiterhin nicht von ihr regiert werden".

Man wird sogar sagen müssen, daß der Handlungsspielraum der Organe der Bundesrepublik durch die in der Anlage II dieses Abkommens enthaltene Klarstellung eher weiter eingeschränkt wurde: Danach durften der Bundespräsident, die Bundesregierung, die Bundesversammlung, der Bundesrat sowie der Bundestag (einschließlich seiner Ausschüsse und Fraktionen) in den Westsektoren Berlins keine Verfassungs- oder Amtsakte vornehmen, die im Widerspruch zu den Regelungen des Abkommens standen.

Die neue Ostpolitik hat zweifelsohne die politische Stagnation im Verhältnis zu den östlichen Nachbarländern überwunden, ohne das Wiedervereinigungsgebot des Grundgesetzes zu schmälern. Doch der status quo der deutschen Teilung wurde durch die neue ostpolitische Orientierung eher stabilisiert als aufgelockert.

§ 11. Die Vereinigung der Deutschen Demokratischen Republik mit der Bundesrepublik und die heutige Rechtslage Deutschlands

Quellen: K. Stern – B. Schmidt-Bleibtreu (Hg.), Verträge und Rechtsakte zur Deutschen Einheit, Bd. 2: Einigungsvertrag und Wahlvertrag, 1990, und Bd. 3: Zwei-Plus-

---

[11] *R. Bernhardt* (o. Fußn. 6), S. 339 Rdnr. 32.

[12] Siehe besonders: *R. Bernhardt* (o. Fußn. 6), 339 Rdnr. 33.

[13] Abgedruckt bei: *I. v. Münch* (G.), Dokumente des geteilten Deutschlands Bd. II, 1974, S. 94ff.; auch bei *D. Rauschning* (o. Fußn. 2), S. 83ff.

[14] Vgl. dazu die Ausführungen oben S. 30.

Vier-Vertrag, 1991; *I. v. Münch* (Hg.), Dokumente der Wiedervereinigung Deutschlands, 1991.

Literatur: H. H. Klein, ... „die Einheit und Freiheit Deutschlands zu vollenden“, in: Festschrift für W. Geiger, 1989, S. 132ff.; *J. A. Frowein – J. Isensee – C. Tomuschat – A. Randelzhofer*, Deutschlands aktuelle Verfassungslage, in: VVDStRL H. 49 (1990), 7ff., 39ff., 70ff., 101ff.; *K. Hesse*, Grundzüge des Verfassungsrechts der Bundesrepublik, 18. Aufl. (1991), S. 36ff. Rdnrn. 95ff.; *B. Schlink*, Deutsch-deutsche Verfassungsentwicklungen im Jahre 1990, in: Der Staat Bd. 30 (1991), 163ff.; *R. Grawert*, Rechtseinheit in Deutschland, ebenda, S. 209ff.; *H. v. Mangoldt, u. a.*, (Wieder-)Vereinigungsprozeß in Deutschland, 1991; *H. Weis*, Verfassungsrechtliche Fragen im Zusammenhang mit der Herstellung der staatlichen Einheit Deutschlands, in: AöR Bd. 116 (1991), 1ff.; *J. Isensee*, Verfassungsrechtliche Wege zur deutschen Einheit, in: ZfParl 1990, 309ff.; *M. Kriele*, Art. 146 GG: Brücke zu einer neuen Verfassung, in: ZRP 1991, 1ff.; *E. Klein*, An der Schwelle zur Wiedervereinigung Deutschlands, in: NJW 1990, 1065ff.; *V. Busse*, Das vertragliche Werk der deutschen Einheit und die Änderungen von Verfassungsrecht, in: DöV 1991, 345ff.; *G. Roellecke*, Brauchen wir ein neues Grundgesetz?, in: NJW 1991, 2441ff.; *P. Kirchhof – E. Klein, u. a.*, Die Wiedervereinigung und damit zusammenhängende Rechtsprobleme, 1991; *C. Starck*, Deutschland auf dem Weg zur staatlichen Einheit, in: JZ 1990, 349ff.; *D. Rauschning*, Die Wiedervereinigung vor dem Hintergrund der Rechtslage Deutschlands, in: JuS 1991, 977ff.; *R. Bartlsperger*, Verfassung und verfassunggebende Gewalt im vereinten Deutschland, in: DVBl 1990, 1285ff.; *ders.*, Die Rechtslage Deutschlands, 1990; *M. Sachs*, Das Grundgestz im vereinten Deutschland – endgültige Verfassung oder Dauerprovisorium?, in: JuS 1991, 985ff.; *D. Murswiek*, Die verfassunggebende Gewalt nach dem Grundgesetz für die Bundesrepublik Deutschland, 1978, bes. S. 143ff., 151ff., 213ff.; *D. Grimm*, Das Grundgesetz – Eine Verfassung für das gesamte Deutschland?, in: KritV 1990, 148ff.; *P. Häberle*, Verfassungspolitik für die Freiheit und Einheit Deutschlands, in: JZ 1990, 358ff.

Die weltpolitischen Veränderungen, die Mitte der achtziger Jahre durch die Politik von Glasnost und Perestroika des Generalsekretärs der sowjetischen Kommunistischen Partei, *Gorbatschow*, ausgelöst worden waren, griffen im Jahre 1989 auf die DDR über: Im August und September erzwangen erst hunderte, dann tausende von Bewohnern der DDR ihre Ausreise in die Bundesrepublik. Regimekritische Gruppen äußerten immer unverhohlener ihre Unzufriedenheit mit dem sozialistischen Herrschaftssystem. Als am 7. 10. 1989 der vierzigste Jahrestag der Gründung der DDR noch mit altem Gepräge gefeiert wurde, formierten sich am gleichen Abend in Ost-Berlin die ersten spontanen gegen das Regime gerichteten Demonstrationen. Weitere schlossen sich in den folgenden Tagen an und breiteten sich auf andere Städte aus, vor allem auf Dresden und Leipzig. Der Zerfall der totalitären Herrschaft der Sozialistischen Einheitspartei (SED) war auch durch einen eiligen Führungswechsel nicht mehr aufzuhalten. Am 9. 11. 1989 wurden unter dem Druck der Massen die mauerbewehrten Grenzen zur Bundesrepublik geöffnet; Hunderttausende strömten hin- und herüber.

Im Strudel der sich überschlagenden Ereignisse einigten sich die SED, die bisherigen Blockparteien und die Oppositionsgruppen am „Runden Tisch“ unter dem Patronat der Evangelischen Kirche auf *freie Wahlen*, die zunächst am 6. 5. 1990 stattfinden sollten und später auf den 18. 3.

vorverlegt wurden. Aus diesen ersten freien Wahlen in der DDR ging die „Konservative Allianz“, gebildet aus der Christlich-Demokratischen Union, der Deutschen Sozialen Union und dem „Demokratischen Aufbruch“, mit 47,7% der abgegebenen Stimmen als Sieger hervor. Die erste *freie Regierung* unter dem CDU-Vorsitzenden der DDR, *Lothar de Maizière,* schaffte, gestützt auf die Beschlüsse der neu gewählten Volkskammer, die Voraussetzungen für den Beitritt der Deutschen Demokratischen Republik zur Bundesrepublik.

Die erste Etappe wurde durch den *Staatsvertrag* der Bundesrepublik und der DDR zur *Währungs-, Wirtschafts- und Sozialunion vom 18. 5. 1990* (BGBl II, 537) eingeleitet. Der Vertrag diente der Angleichung der Lebensverhältnisse der DDR an die der Bundesrepublik und bedurfte – da er die Wiedervereinigung Deutschlands noch nicht bewirkte – nicht der förmlichen Zustimmung der Alliierten. Ausgehend von dem Bekenntnis „zur freiheitlichen, demokratischen, föderativen, rechtsstaatlichen und sozialen Grundordnung“ (Art. 2 I des Vertrages) wurde zum 1. 7. 1990 die *Währungsunion* mit einem einheitlichen Währungsgebiet und mit der Deutschen Mark als gemeinsamer Währung errichtet (Art. 1 II). Sie setzte die *Wirtschaftsunion* als gemeinsame, auf der Sozialen Marktwirtschaft fußende Wirtschaftsordnung beider Vertragsparteien voraus (Art. 1 III). Die *Sozialunion* bildete mit der Währungs- und der Wirtschaftsunion eine Einheit.

„Sie wird insbesondere bestimmt durch eine der Sozialen Marktwirtschaft entsprechende Arbeitsrechtsordnung und ein auf den Prinzipien der Leistungsgerechtigkeit und des sozialen Ausgleichs beruhendes umfassendes System der sozialen Sicherung“ (Art. 1 IV).

Entgegenstehende Vorschriften der Verfassung der DDR über die Grundlagen ihrer bisherigen sozialistischen Gesellschafts- und Staatsordnung wurden fortab nicht mehr angewendet (Art. 2 II).

Die neugeschaffene Union besaß kein eigenständiges Organ, sondern kannte nur einen gemeinsamen Regierungsausschuß zur Erörterung von Fragen der Durchführung des Vertrages (Art. 8). Der Sache nach handelte es sich bei dem Unionsvertrag um das *Übertragen von Hoheitsgewalt der DDR* auf die Bundesrepublik mit der Folge, daß die DDR auf den Sachgebieten von Währung, Wirtschaft, Sozialwesen und in bestimmten Fragen des Finanzwesens die bundesdeutschen Rechtsvorschriften übernahm und sich künftig der Gesetzgebungshoheit der Bundesrepublik unterstellte.[1]

„Die Deutsche Bundesbank, das Bundesaufsichtsamt für das Kreditwesen und das Bundesaufsichtsamt für das Versicherungswesen üben die ihnen nach diesem Vertrag und nach diesen Rechtsvorschriften zustehenden Befugnisse im gesamten Geltungsbereich dieses Vertrages aus“ (Art. 3 S. 3).

---

[1] Statt weiterer Nachweise: *D. Rauschning,* Die Wiedervereinigung vor dem Hintergrund der Rechtslage Deutschlands, in: JuS 1991, 977ff. (981).

Am 23. 8. 1990 beschloß die Volkskammer der DDR den *Beitritt zur Bundesrepublik Deutschland* nach Art. 23 aF GG mit Wirkung zum 3. 10. 1990 (abgedruckt in: BGBl I, 2057). Der Zeitpunkt des Beitritts wurde bewußt aufgeschoben, um einerseits die völkerrechtlichen Vereinbarungen mit den vier Hauptsiegermächten abzuschließen und andererseits den Vertrag zwischen der Bundesrepublik und der DDR über die Herstellung der Einheit Deutschlands auszuhandeln. Am 31. 8. 1990 wurde der *„Einigungsvertrag"* (BGBl II, 889) und am 12. 9. 1990 der völkerrechtliche Vertrag über die abschließende Regelung in bezug auf Deutschland, der *„Zwei-plus-Vier-Vertrag"* (BGBl II, 1318), unterzeichnet.

Mit dem Wirksamwerden des Beitritts der DDR zur Bundesrepublik trat auch der Einigungsvertrag in Kraft. Die DDR als staatliches Rechtssubjekt ging zum gleichen Zeitpunkt unter. Die neugebildeten Länder *Brandenburg, Mecklenburg-Vorpommern, Sachsen, Sachsen-Anhalt und Thüringen*[2] wurden am 3. 10. 1990 Länder der Bundesrepublik. Gemäß Art. 1 II des Einigungsvertrages[3] bildeten die 23 Bezirke von Berlin das *Land Berlin.* „Hauptstadt Deutschlands ist Berlin" (Art. 2 I S. 1).

Art. 4 regelt die *beitrittsbedingten Änderungen des Grundgesetzes,* die mit dem Inkrafttreten des Einigungsvertrages rechtswirksam geworden sind.

Die von einigen Bundestagsabgeordneten mit einer angestrengten Organklage vorgetragene Auffassung, daß mit der Zustimmung zu dem die Wiedervereinigung vollziehenden Vertragsgesetz nicht zugleich die Verfassung geändert werden könnte, ist vom *Bundesverfassungsgericht* verworfen worden: Die Kompetenz der Bundesregierung, beitrittsbedingte Änderungen des Grundgesetzes in den Einigungsvertrag aufzunehmen, ergebe sich aus dem Wiedervereinigungsgebot des Grundgesetzes und dem Gestaltungsspielraum der Regierung für das Herbeiführen der Wiedervereinigung.[4]

Im einzelnen handelte es sich um folgende Grundgesetzänderungen: *Art. 23 GG* wurde aufgehoben (Art. 4 Ziff. 2), so daß eine weitere Ausdehnung des Geltungsbereichs des Grundgesetzes auf Gebiete des Deutschen Reiches in den Grenzen von 1937 von Verfassungs wegen nicht möglich ist. In *Art. 51 II GG* wurde die Stimmenzahl der Länder im Bundesrat neugeregelt (Art. 4 Ziff. 3).[5] Die Vorschrift des *Art. 135 a GG,* die eine Ermächtigung enthält, aus der Vermögensübernahme oder der Funktionsnachfolge des Reiches oder Preußens abgeleitete Ansprüche gegen den Bund und andere öffentliche Rechtsträger auszuschließen,[6] findet entsprechende Anwendung auf Verbindlichkeiten der DDR oder

---

[2] Gemäß § 1 des Ländereinführungsgesetzes der DDR vom 22. 7. 1990 (DDR-GBl I, 955), abgeändert durch Anlage II Kap. 2 Sachgebiet A Abschnitt 2 zum Einigungsvertrag.

[3] Die folgenden in Klammern gesetzten Nachweise ohne weitere Angabe beziehen sich auf den Einigungsvertrag.

[4] *BVerfGE* 82, 316 (320f.).

[5] Vgl. dazu die Ausführungen unten S. 140.

[6] Siehe dazu die Ausführungen oben S. 56.

ihrer Rechtsträger (Art. 4 Ziff. 4). Der neu in das Grundgesetz eingefügte *Art. 143* soll sicherstellen, daß vom Grundgesetz abweichendes Recht der bisherigen DDR für eine begrenzte Übergangszeit weiter anwendbar bleibt (Art. 4 Ziff. 5).

Von besonderer Brisanz ist der *neugefaßte Art. 146 GG:*

> „Dieses Grundgesetz, das nach Vollendung der Einheit und Freiheit Deutschlands für das gesamte deutsche Volk gilt, verliert seine Gültigkeit an dem Tage, an dem eine Verfassung in Kraft tritt, die von dem deutschen Volke in freier Entscheidung beschlossen worden ist."

Es hätte näher gelegen, zusammen mit dem Art. 23 aF GG, über den die Vereinigung der DDR mit der Bundesrepublik vollzogen wurde, auch den Art. 146 GG ersatzlos zu streichen. Darauf wurde aus politischer Opportunität indes verzichtet. Welchen Sinn hat der neugefaßte, in das Grundgesetz als legitimer Verfassung der Bundesrepublik inkorporierte Art. 146?

Es wäre widersinnig, in diesem Artikel einen Freibrief für eine mögliche Abschaffung der geltenden Verfassung mittels Volksentscheids zu sehen. Nachdem die neuen Länder verfassungsgemäß der Bundesrepublik beigetreten sind, ist der Weg für eine Neukonstituierung unter Berufung auf die „verfassunggebende Gewalt des Volkes" ausgeschlossen.[7] Keine gültige Verfassung kann ernsthaft ihre eigene Legitimität in Frage stellen.

Man wird dem Art. 146 GG in seiner Neufassung nur gerecht werden können, wenn man ihn im Zusammenhang mit der neuen Präambel des Grundgesetzes und dessen Regelungen über die Verfassungsänderung (Art. 79) begreift. In der Präambel wird die *Verfassungskontinuität* besonders herausgestellt, wenn es heißt: ... „hat sich das Deutsche Volk kraft seiner verfassunggebenden Gewalt dieses Grundgesetz gegeben" ... „Die Deutschen ... haben in freier Selbstbestimmung die Einheit und Freiheit Deutschlands vollendet. Damit gilt dieses Grundgesetz für das gesamte Deutsche Volk". Der neugefaßte Art. 146 GG soll keinen selbständigen und unmittelbaren Weg zur Verfassungs-Neukonstituierung unter Umgehung des Änderungsverfahrens nach Art. 79 GG eröffnen, sondern schafft lediglich – falls es zu den in Art. 5 des Einigungsvertrages empfohlenen Verfassungsänderungen kommt –, das *zusätzliche Erfordernis einer Volksabstimmung:*[8]

---

[7] Vgl. dazu vor allem: *R. Bartlsperger,* Verfassung und verfassunggebende Gewalt, in: DVBl 1990, 1285ff.; *J. Isensee,* Deutschlands aktuelle Verfassungslage: Staatseinheit und Verfassungskontinuität, in: VVDStRL 49 (1990), 39ff. – Nicht überzeugend hingegen: *B. Schlink,* Deutsch-Deutsche Verfassungsentwicklungen im Jahre 1990, in: Der Staat Bd. 30 (1991), 163ff., insb. 173ff.

[8] In diesem Sinne auch: *P. Badura,* Direkte Teilhabe oder mittelbare Demokratie, in: FAZ vom 13. 12. 1991, 8. – Zu den Unstimmigkeiten des neugefaßten Art. 146 GG zusammenfassend: *K. Hesse,* Grundzüge des Verfassungsrechts der Bundesrepublik, 18. Aufl. (1991), S. 40f. (Rdnr. 100).

„Die Regierungen der beiden Vertragsparteien empfehlen den gesetzgebenden Körperschaften des vereinten Deutschlands, sich innerhalb von zwei Jahren mit den im Zusammenhang mit der deutschen Einigung aufgeworfenen Fragen zur Änderung oder Ergänzung des Grundgesetzes zu befassen, insbesondere ... ... mit der Frage der Anwendung des Artikels 146 des Grundgesetzes und in deren Rahmen einer Volksabstimmung" (Art. 5).

Es ist Sache der gesetzgebenden Körperschaften der Bundesrepublik, mit den für Verfassungsänderungen erforderlichen Mehrheiten (Art. 79 II GG) über eine etwaige Verfassungsrevision und eine Verfahrensregelung für eine nachfolgende Volksabstimmung zu befinden. Nur so kann der für das Grundgesetz konstituierende *Vorrang der Verfassung* im Prinzip bewahrt werden.[9]

Von zentraler Bedeutung für die Herstellung der Einheit Deutschlands war die Zielsetzung, die *Staats- und Rechtseinheit* zugleich eintreten zu lassen:[10] Mit der Wirksamkeit des Beitritts der DDR zur Bundesrepublik wurde die *Geltung des Grundgesetzes* auf das Gebiet der neuen Länder erstreckt, freilich nicht ausnahmslos in gleichem Umfang.

So wurde Art. 131 GG vorerst nicht im Beitrittsgebiet in Kraft gesetzt (Art. 6), durch Sonderregelungen die Finanzverfassung, insbesondere Art. 106 und 107 GG, vorübergehend modifiziert (Art. 7), in dem neu eingefügten Art. 143 GG bestimmt, daß bisheriges DDR-Recht in der Regel längstens bis zum 31. 12. 1992 von Bestimmungen des Grundgesetzes abweichen kann und daß Abweichungen von den Abschnitten II, VIII, VIIIa, IX, X und XI des Grundgesetzes sogar bis zum 31. 12. 1995 zulässig sind (Art. 4 Ziff. 5).

Im ganzen gesehen wurde die Rechtsordnung der Bundesrepublik zum gemeinsamen *Rechtssystem des vereinigten Deutschlands,* freilich nicht ohne eine Reihe von Übergangsregelungen. Das bisherige einfach-gesetzliche Recht der DDR gilt fort, soweit es Bundesrecht und Recht der Europäischen Gemeinschaften nicht widerspricht. Es soll, anlehnend an die Überleitungsregelungen der Art. 123 bis 125 GG,[11] als regionales Bundes- oder als Landesrecht weitergelten (Art. 9). Die völkerrechtlichen Verträge der Bundesrepublik erstrecken sich auch auf das Beitrittsgebiet (Art. 11). Mit dem Untergang der DDR als Völkerrechtssubjekt sind grundsätzlich deren Verträge mit auswärtigen Staaten erloschen. Davon geht der Einigungsvertrag aus, wenn er auch die Rechtsfolge behutsamer formuliert:

„Die Vertragsparteien sind sich einig, daß die völkerrechtlichen Verträge der Deutschen Demokratischen Republik im Zuge der Herstellung der Einheit Deutschlands unter den Gesichtspunkten des Vertrauensschutzes, der Interessenlage der beteiligten Staaten und der vertraglichen Verpflichtungen der Bundesrepublik Deutschland sowie

---

[9] Siehe dazu die Ausführungen oben S. 33. Im gleichen Sinn wohl: *H. Weis,* Verfassungsrechtliche Fragen im Zusammenhang mit der Herstellung der staatlichen Einheit Deutschlands, in: AöR Bd. 116 (1991), 1ff. (30).

[10] Vgl. dazu: *R. Grawert,* Rechtseinheit in Deutschland, in: Der Staat Bd. 30 (1991), 209ff.

[11] Siehe dazu die Ausführungen oben S. 54f.

nach den Prinzipien einer freiheitlichen, demokratischen und rechtsstaatlichen Grundordnung und unter Beachtung der Zuständigkeiten der Europäischen Gemeinschaften mit den Vertragspartnern der Deutschen Demokratischen Republik zu erörtern sind, um ihre Fortgeltung, Anpassung oder ihr Erlöschen zu regeln beziehungsweise festzustellen" (Art. 12 I).

Auf die weiteren Regelungen des Einigungsvertrages kann hier nicht eingegangen werden.[12]

Zur Herstellung der Einheit Deutschlands war eine abschließende *Vereinbarung mit den vier Siegermächten* unerläßlich, um den Friedensvertrags- und den Stationierungsvorbehalt abzulösen. Schon im Dezember 1989, als die Entwicklung zur deutschen Einheit sich immer deutlicher abzeichnete, einigten sich die Außenminiser der Bundesrepublik und der DDR mit ihren Kollegen der Vereinigten Staaten, Großbritanniens, Frankreichs und der Sowjetunion auf die sog. *Zwei-plus-Vier-Gespräche* zur Regelung der „äußeren Aspekte der Herstellung der deutschen Einheit". Die gemeinsamen Erörterungen, die durch bilaterale Unterredungen ergänzt wurden, mündeten in den *„Vertrag über die abschließende Regelung in bezug auf Deutschland"* („Zwei-plus-Vier-Vertrag"), der am 12. 9. 1990 in Moskau unterzeichnet wurde. Er trat an die Stelle eines Friedensvertrages. Dies war umso eher möglich, als die westlichen Siegermächte bereits 1951 den Kriegszustand mit Deutschland für beendet erklärt und wesentliche Probleme schon im Überleitungsvertrag und im Generalvertrag vom 26. 5. 1952/23. 10. 1954 gelöst hatten.[13] Auch zwischen der Sowjetunion und der DDR waren 1954 und 1955 vergleichbare Rechtsakte zustande gekommen.

Im Mittelpunkt des Zwei-plus-Vier-Vertrages standen drei Punkte: die Zustimmung der Siegermächte zur Wiedervereinigung Deutschlands und die Aufgabe ihrer Vorbehaltsrechte, die Anerkennung der Grenzen des vereinigten Deutschland sowie Regelungen über die militärische Sicherheit und die Truppenstationierung.

Bereits in der Präambel dieses Vertrages würdigten die Vertragschließenden, „daß das deutsche Volk in freier Ausübung des Selbstbestimmungsrechts seinen Willen bekundet hat, die staatliche Einheit Deutschlands herzustellen ..." Gemäß Art. 7 verzichteten die vier Siegermächte auf ihre bisherigen Vorbehaltsrechte; darin lag ihre *Zustimmung zur Vereinigung der beiden deutschen Teilstaaten:*

Sie „beenden hiermit ihre Rechte und Verantwortlichkeiten in bezug auf Berlin und Deutschland als Ganzes. Als Ergebnis werden die entsprechenden, damit zusammenhängenden vierseitigen Vereinbarungen, Beschlüsse und Praktiken beendet und alle entsprechenden Einrichtungen der vier Mächte aufgelöst.

Das vereinte Deutschland hat demgemäß volle Souveränität über seine inneren und äußeren Angelegenheiten" (Art. 7 I, II).

---

[12] Siehe dazu die Dokumentation von: *K. Stern – B. Schmidt-Bleibtreu*, Verträge und Rechtsakte zur Deutschen Einheit, Bd. 2: Einigungsvertrag und Wahlvertrag, 1990.

[13] Siehe dazu die Ausführungen oben S. 61 f. sowie die Nachweise ebenda Fußn. 6–8.

Die zweite vertragliche Regelung galt der *Gewährleistung der endgültigen Grenzen* des vereinten Deutschlands, die ursprünglich einer friedensvertraglichen Regelung vorbehalten war (Art. 7 des Deutschland-Vertrages). Nach Art. 1 I umfaßt das vereinte Deutschland die Gebiete der Bundesrepublik und der DDR unter Einschluß von ganz Berlin. Mit dem Inkrafttreten des Zwei-plus-Vier-Vertrages wurden die Außengrenzen Deutschlands endgültig. Das vereinte Deutschland bestätigte in einem gesonderten Vertrag mit der Republik *Polen*[14] die zwischen ihnen bestehende Grenze (Art. 1 II) und verzichtete auch für die Zukunft auf jegliche Gebietsansprüche gegen andere Staaten (Art. 1 III). Die beiden deutschen Teilstaaten hatten sicherzustellen, daß die Verfassung des vereinten Deutschlands keinerlei Bestimmungen enthalten wird, die mit diesen Prinzipien unvereinbar sind (Art. 1 IV). Darin lag die Grundlage für die durch den Einigungsvertrag vorgenommene Änderung der Präambel und des Art. 146 des Grundgesetzes sowie die Streichung des Art. 23 aF GG.

Der dritte Regelungskomplex umfaßte Fragen der *militärischen Sicherheit* und der *Truppenstationierung.* In Art. 2 wurde das Verbot von Angriffskriegen, in Art. 3 der Verzicht auf atomare, biologische und chemische Waffen erneuert. Die Verpflichtung der Bundesrepublik, die Streitkräfte des vereinten Deutschlands innerhalb von drei bis vier Jahren auf eine Personalstärke von 370000 Mann zu reduzieren, wurde in Art. 3 II bestätigt. Besonders geregelt wurde der *Abzug der sowjetischen Streitkräfte* bis Ende 1994 (Art. 4)[15] und die Stationierung deutscher und alliierter Streitkräfte im Gebiet der DDR und in Berlin (Art. 5).

Da der Zwei-plus-Vier-Vertrag erst mit der Hinterlegung der letzten Ratifikationsurkunde am 15. 3. 1991 (BGBl II, 587) in Kraft treten konnte, erklärten die vier Siegermächte – um die Wiedervereinigung entsprechend der Regelung des Einigungsvertrages bereits zum 3. 10. 1990 wirksam werden zu lassen –, daß „die Wirksamkeit ihrer Rechte und Verantwortlichkeiten in bezug auf Berlin und Deutschland als Ganzes mit Wirkung vom Zeitpunkt der Vereinigung Deutschlands bis zum Inkrafttreten des Vertrages über die abschließende Regelung in bezug auf Deutschland ausgesetzt wird."[16]

Mit der Wiedervereinigung trat Deutschland in eine neue Epoche seiner Geschichte ein, die vor allem bestimmt sein wird von der Aufgabe, „als gleichberechtigtes Glied in einem vereinten Europa dem Frieden der Welt zu dienen" (Präambel des Grundgesetzes).

---

[14] Dieser Vertrag wurde am 14. 11. 1990 in Warschau unterzeichnet (abgedruckt in: BGBl 1991 II, 1329).

[15] Vgl. dazu den mit der Sowjetunion abgeschlossenen Vertrag vom 12. 10. 1990 (BGBl 1991 II, 258).

[16] Erklärung der Vier Mächte vom 1. 10. 1990 (bekanntgemacht in: BGBl II, 1331).

Am 20. 6. 1991 entschied sich der Deutsche Bundestag mit der Mehrheit seiner Mitglieder dafür, daß die Hauptstadt *Berlin* künftig Sitz des Parlaments sein wird (BT-Dr 12/815).[17]

---

[17] Verh. des Deutschen Bundestages 12. WP, 34. Sitzung v. 20. 6. 1991, 2845 D.

III. Kapitel: Die Entwicklung der demokratischen Ordnung

§ 12. Die Bewährung des parlamentarischen Regierungssystems

Literatur: T. Oppermann – H. Meyer, Das parlamentarische Regierungssystem des Grundgesetzes, in: VVDStRL H. 33 (1975), 7ff., 69ff.; *U. Scheuner,* Die Lage des parlamentarischen Regierungssystems, in: DöV 1974, 433ff.; *H. Hofmann,* Die Entwicklung des Grundgesetzes nach 1949, in: HdBStR Bd. I, 1987, S. 259ff. (313ff.); *H. P. Ipsen,* 40 Jahre Grundgesetz der Bundesrepublik Deutschland, in: JöR NF Bd. 38 (1989), 1ff. (10ff.); *P. Badura,* Die parlamentarische Demokratie, in: HdBStR Bd. I, 1987, S. 953ff.; *W. Hennis,* Alternativen ohne Spielraum – Möglichkeiten und Unmöglichkeiten des politischen Systems, in: *W. Scheel* (Hg.), Nach dreißig Jahren, 1979, S. 58ff.; *H. P. Schneider,* Das parlamentarische System, in: HdBVerfR, 1983, S. 239ff.

M. Schröder, Bildung, Bestand und parlamentarische Verantwortung der Bundesregierung, in: HdBStR Bd. II 1987, S. 603ff.; *K. Kröger,* Die Ministerverantwortlichkeit in der Verfassungsordnung der Bundesrepublik Deutschland, 1972; *H. P. Schneider – W. Zeh,* Koalitionen, Kanzlerwahl und Kabinettsbildung, in: *H. P. Schneider – W. Zeh* (Hg.), Parlamentsrecht und Parlamentspraxis, 1989, S. 1297ff.; *P. Badura,* Parlamentarismus und parteienstaatliche Demokratie, in: Festschrift für K. Michaelis, 1972, S. 9ff.; *H. Steiger,* Organisatorische Grundlagen des parlamentarischen Regierungssystems, 1973; *M. Müller,* Das konstruktive Mißtrauensvotum. Chronik und Anmerkungen zum ersten Anwendungsfall nach Art. 67 GG, in: ZfParl 1972, 275ff.; *K. Kremer* (Hg.), Parlamentsauflösung. Praxis-Theorie-Ausblick, 1974; *W. Blischke,* Verfahrensfragen des Bundestages im Jahre 1972, in: Der Staat Bd. 12 (1973), 65ff.; *H. P. Schneider,* Die vereinbarte Parlamentsauflösung, in: JZ 1973, 652ff.; *H. H. Klein,* Die Auflösung des Deutschen Bundestages nach Art. 68 GG, in: ZfParl 1983, 402ff.; *W.-R. Schenke,* Die verfassungswidrige Bundestagsauflösung, in: NJW 1982, 2521ff.; *H. Maurer,* Vorzeitige Auflösung des Bundestages, in: DöV 1982, 1001ff.

E. W. Böckenförde, Planung zwischen Regierung und Parlament, in: Der Staat Bd. 11 (1972), 429ff.; *W. Graf Vitzthum,* Parlament und Planung, 1978; *T. Würtenberger,* Staatsrechtliche Probleme politischer Planung, 1979; *K. Stern,* Staatsrecht der Bundesrepublik Bd. I, 2. Aufl. (1984), S. 902ff.; *D. Grimm,* Verfassungsfunktion und Grundgesetzreform, in: AöR Bd. 97 (1972), 489ff. (510ff., 517ff.); *R. Schick,* Zur Stellung des Verteidigungsausschusses, in: Wehrwissenschaftliche Rundschau 1968, 1ff.; *E. Busch,* Das Amt des Wehrbeauftragten des Deutschen Bundestages, 1969; *ders.,* Der Wehrbeauftragte des Bundestages, in: *H. P. Schneider – W. Zeh* (Hg.), Parlamentsrecht und Parlamentspraxis, 1989, S. 1393ff.; *F.-H. Hartenstein,* Der Wehrbeauftragte des Deutschen Bundestages, 1977; *W. Graf Vitzthum,* Petitionsrecht und Volksvertretung, 1985; *K. Kröger,* Zur Mitwirkung des Bundestages am Haushaltsvollzug, in: DöV 1973, 439ff.; *W. Kewenig,* Staatsrechtliche Probleme parlamentarischer Mitregierung am Beispiel der Arbeit der Bundestagsausschüsse, 1970; *H. Goltz,* Mitwirkung parlamentarischer Ausschüsse beim Haushaltsvollzug, in: DöV 1965, 605ff.; *W. Berg,* Zur Übertragung von Aufgaben des Bundestages auf Ausschüsse, in: Der Staat Bd. 9 (1970), 21ff. (39ff.); *H. Mandelartz,* Zur sogenannten „mitwirkenden" Kontrolle, insbesondere beim Haushaltsvollzug, in: ZfParl 1982, 7ff.; *W. Zeh,* Parlamentarisches Verfahren, in: HdBStR Bd. II, 1987, S. 425ff.; *A. Schleich,* Das parlamentarische Untersuchungsrecht des Bundestages, 1985; *M. Schröder,* Grundlagen und Anwendungsbereich des Parlamentsrechts, 1979; *ders.,* Minderheitenschutz im parlamentarischen Untersuchungsverfahren: Neue Gerichtsentscheidungen, in: ZfParl

1986, 367ff.; *R. Kipke*, Die Untersuchungsausschüsse des Deutschen Bundestages. Praxis und Reform der parlamentarischen Enquete, 1985.

Im ganzen gesehen, hat das parlamentarische Regierungssystem der Bundesrepublik – im Unterschied zu dem der Weimarer Republik [1] – eine erstaunliche Festigkeit und Geschlossenheit gezeigt. Die Gründe für diese Entwicklung liegen nur zu einem geringen Teil in den Vorgaben des Grundgesetzes. Gewiß, die ausdrückliche Zurückdrängung plebiszitärer Elemente und die strikte Betonung des repräsentativen Charakters der demokratischen Ordnung haben dazu ebenso beigetragen wie die Beschränkung der Befugnisse des Bundespräsidenten auf vorwiegend repräsentative Aufgaben. Das Verhältnis von Parlament und Regierung ist dadurch klarer bestimmt. Aber die Beständigkeit des Regierungssystems im ganzen beruht weithin auf außerverfassungsrechtlichen Faktoren, insbesondere auf der *Stabilität des heutigen Parteiensystems.*[2]

Als eindrucksvolles Beispiel sei hier erwähnt, daß alle sechzehn Kanzlerwahlen seit 1949 dank des festgefügten Parteiensystems und der klaren Mehrheitsverhältnisse im Bundestag bereits im ersten Wahlgang erfolgreich waren. Zwölf Regierungen wurden nach vorangegangenen Bundestagswahlen gebildet; in zehn Fällen war zuvor die Legislaturperiode abgelaufen, in zweien war der Bundestag vorzeitig aufgelöst worden (1972, 1983). Lediglich dreimal trat ein Kanzler – *Konrad Adenauer* (1963), *Ludwig Erhard* (1966) und *Willy Brandt* (1974) – aus unterschiedlichen Gründen – zurück. Durch konstruktives Mißtrauensvotum (Art. 67 GG) wurde nur Bundeskanzler *Helmut Schmidt* infolge Koalitionswechsels der FDP gestürzt (1982).

Die drei Regelungen, von denen sich der Parlamentarische Rat eine Festigung des Regierungssystems versprach, – das konstruktive Mißtrauensvotum (Art. 67 GG), die Richtlinienkompetenz des Kanzlers (Art. 65 S. 1 GG) und dessen Recht, die Vertrauensfrage zu stellen (Art. 68 GG), – haben keine entscheidende Rolle in der Staatspraxis der Bundesrepublik gespielt.

Das relativ konstante Parteiensystem, die klaren Mehrheitsverhältnisse im Parlament und die obwaltende Fraktionsdisziplin lassen für eine Abwahl des Kanzlers durch *konstruktives Mißtrauensvotum* kaum noch Raum. Keine Partei kann es sich leisten, den ihr angehörenden Kanzler in der Öffentlichkeit zu desavouieren. Und auch die Fraktion des Koalitionspartners wird den Bundeskanzler durchweg unterstützen, es sei denn, sie erklärt eine Angelegenheit ausdrücklich zur Koalitionsfrage. Nur in außergewöhnlichen Lagen kann es deshalb vorkommen, daß der Kanzler durch Mißtrauensvotum abgelöst wird: Zum einen wenn der bisherige Koalitionspartner eine neue Koalition mit der Opposition eingeht. Dieser Fall trat im Herbst 1982 ein, als die FDP mit der CDU eine

---

[1] Siehe statt weiterer Belege: *K. Kröger*, Einführung in die jüngere deutsche Verfassungsgeschichte, 1988, S. 156ff.

[2] Vgl. besonders: *P. Badura*, Parlamentarismus und parteienstaatliche Demokratie, in: Festschrift für K. Michaelis, 1972, S. 9ff. – Zur Bedeutung der *Parteienstaatlichkeit* in der Bundesrepublik siehe die Ausführungen unten S. 92ff.

Koalition unter Führung von Bundeskanzler *Helmut Kohl* verabredete. Zum anderen wenn die die Regierung stützenden Koalitionsparteien durch Parteiaus- oder -übertritte im Parlament die Mehrheit verlieren und die Opposition zur Mehrheitspartei wird. Die Ereignisse im Frühjahr 1972 kamen dieser exzeptionellen Lage sehr nahe. Als die sozialliberale Koalition unter Kanzler *Willy Brandt* durch den Fraktionswechsel mehrerer Abgeordneter im Bundestag keine Mehrheit mehr besaß, brachte die oppositionelle CDU/CSU-Fraktion einen Mißtrauensantrag gegen den amtierenden Kanzler nach Art. 67 GG ein, fand dafür allerdings nicht die erforderliche absolute Mehrheit.[3]

Bei der Bildung der Großen Koalition zwischen der CDU/CSU und der SPD im November/Dezember 1966 kam es nicht zu einem Mißtrauensvotum. Die CDU/CSU-Fraktion beschritt statt dessen den Weg des *parteiinternen Kanzleraustausches:* Sie wählte am 10. 11. 1966 den bisherigen Ministerpräsidenten von Baden-Württemberg *Kurt Georg Kiesinger* zu ihrem Kanzlerkandidaten und legte dem amtierenden Bundeskanzler *Ludwig Erhard* nach der Vereinbarung der Großen Koaliton nahe zurückzutreten; dieser folgte der Aufforderung am 30. 11. 1966 und machte den Weg für die Wahl *Kiesingers* zum Bundeskanzler frei.[4]

Auch die zweite Regelung, die *Richtlinienkompetenz des Bundeskanzlers* nach Art. 65 S. 1 GG, hat bislang keine nennenswerte Bedeutung gehabt. Zwar bedarf es angesichts der komplexen Bedingungen heutiger Regierungsführung einer besonderen Leitung und Ausrichtung der Politik, aber das Pochen auf Kompetenz und Befugnis des Art. 65 GG ist nur in besonderen Situationen aussichtsreich. Im Alltag der Regierungsführung kommt es mehr auf die Persönlichkeit und den Regierungsstil des Kanzlers an,[5] vor allem, wenn er auf die Zusammenarbeit mit dem Koalitionspartner angewiesen und durch Koalitionsabsprachen nicht unerheblich gebunden ist.

Und schließlich hat die Regelung des *Art. 68 GG,* das *Antragsrecht des Kanzlers, ihm das Vertrauen auszusprechen,* die ursprünglich in sie gesetzten Erwartungen nicht erfüllt. Das Mittel des Bundeskanzlers, bei schwindender parlamentarischer Mehrheit an die Abgeordneten der Koalition zu appellieren, ihn durch Vertrauensbekundung weiter zu unterstützen, ist nahezu bedeutungslos. Im allgemeinen bedarf es angesichts der in der Regel stabilen Mehrheitsverhältnisse im Bundestag eines solchen Antrags nicht. Besteht indessen im Einzelfall ein Anlaß dazu, so läßt sich auf diese Weise der Zerfall der parlamentarischen Mehrheit nicht aufhalten, wie das bisher einzige Beispiel gezeigt hat: Bundeskanzler *Helmut Schmidts* Antrag, ihm das Vertrauen auszusprechen, fand zwar am

[3] Vgl. dazu: *M. Müller,* Das konstruktive Mißtrauensvotum. Chronik und Anmerkungen zum ersten Anwendungsfall nach Art. 67 GG, in: ZfParl 1972, 275ff.

[4] Vgl. dazu: *K. Kröger,* Die Ministerverantwortlichkeit in der Verfassungsordnung der Bundesrepublik, 1972, S. 165f.

[5] So vor allem: *U. Scheuner,* Die Lage des parlamentarischen Regierungssystems in der Bundesrepublik, in: DöV 1974, 433ff. (434).

5. 2. 1982 die erforderliche Mehrheit,[6] aber bereits im September desselben Jahres zerbrach die sozialliberale Koalition.

Bedeutung hat allerdings die sogenannte *unechte Vertrauensfrage* des Kanzlers nach Art. 68 GG als Mittel zur vorzeitigen Auflösung des Bundestages erlangt. Um dieses Ziel zu erreichen, verabreden der Kanzler und die Regierungsfraktionen, daß die Vertrauensfrage negativ beantwortet wird. Dieses Verfahren ist mit dem Sinn von Art. 68 GG indes nur dann vereinbar, wenn neben den geschriebenen Voraussetzungen auch das ungeschriebene Tatbestandsmerkmal der *„politischen Lage der Instabilität“* erfüllt ist.

Der Bundeskanzler dürfe die Ablehnung der Vertrauensfrage nur dann betreiben, wenn „für ihn nicht mehr gewährleistet ist, mit den im Bundestag bestehenden Kräfteverhältnissen weiter zu regieren. Die politischen Kräfteverhältnisse im Bundestag müssen seine Handlungsfähigkeit so beeinträchtigen oder lähmen, daß er eine vom stetigen Vertrauen der Mehrheit getragene Politik nicht sinnvoll zu verfolgen vermag“.[7]

Eine solche Lage hat im September 1972 zweifellos vorgelegen, als Bundeskanzler *Willy Brandt* die unechte Vertrauensfrage stellte, weil er seit April desselben Jahres durch den Fraktionswechsel mehrerer Abgeordneter keine Mehrheit im Bundestag mehr besaß.[8] Indessen hat bei der unechten Vertrauensfrage von Bundeskanzler *Helmut Kohl* am 17. 12. 1982 eine exzeptionelle Situation nicht vorgelegen,[9] denn tags zuvor war der Bundeshaushalt 1983 mit einer ansehnlichen Mehrheit vom Bundestag verabschiedet worden.[10] Es konnte keine Rede davon sein, daß der Bundeskanzler keine Vertrauensbasis mehr gehabt habe.[11]

Die hohe Stabilität des parlamentarischen Regierungssystems darf freilich nicht darüber hinwegtäuschen, daß sich in den letzten Jahrzehnten nicht unerhebliche Wandlungen innerhalb dieses Systems vollzogen haben. Sie betreffen vor allem das *Verhältnis von Regierung und Parlament.* Die eingetretenen Veränderungen finden nur zu einem geringen Teil in den Verfassungsartikeln, eher auf der Ebene unterhalb der Verfassung, meist indessen nur in der politischen Praxis ihren Niederschlag.

Herausragendes Kennzeichen der Entwicklung des parlamentarischen Regierungssystems der Bundesrepublik – allerdings auch vieler Nachbarstaaten – ist der *Macht- und Bedeutungszuwachs der Regierung* und der

---

[6] Verh. des Deutschen Bundestages, 9. WP, 84. Sitzung v. 5. 2. 1982, 5050 B ff. (5070 C f.).

[7] *BVerfGE* 62, 1 (44).

[8] Siehe zum Ganzen: *K. Kremer* (Hg.), Parlamentsauflösung. Praxis – Theorie – Ausblick, 1974.

[9] So auch die überwiegende Meinung im Schrifttum, vgl. statt vieler: *H. Maurer*, Vorzeitige Auflösung des Bundestages, in: DöV 1982, 1001 ff.

[10] Verh. des Deutschen Bundestages, 9. WP, 140. Sitzung vom 16. 12. 1982, 8909 B-C.

[11] Nicht überzeugend die gewundene Argumentation des *Bundesverfassungsgerichts: BVerfGE* 62, 1 (51 ff.).

ihr nachgeordneten Ministerialbürokratie.[12] Die enorme Vermehrung der Staatsaufgaben des heutigen sozial intervenierenden, vorsorgenden und verteilenden Staates hat zu einer zunehmenden Stärkung der Exekutive zu Lasten des Parlaments geführt. Diese Aufgabenfülle ist ohne die sachkundige, gut informierte, kontinuierlich arbeitende Bürokratie im Bereich der Regierung nicht zu bewältigen. Die wichtigsten Anstöße zu Gesetzesinitiativen gehen daher in erster Linie von der Bundesregierung aus (Art. 76 I GG), die damit die Prioritäten und den Umfang gesetzgeberischer Lösungen weitgehend vorzeichnet, während dem Bundestag oft nur die Möglichkeit zu Korrekturen oder Abwandlungen der Regierungsentwürfe verbleibt. Hinzugetreten sind Ausweitungen des Exekutivbereichs im Zuge des weiteren Ausbaus der Bundesrepublik in den fünfziger, sechziger und siebziger Jahren.

Im Grundgesetz haben diese Gewichtsverlagerungen nur in Einzelfällen ihren Niederschlag gefunden: Mit der siebten Grundgesetz-Novelle vom 19. 3. 1956 (BGBl I, 111) sind die staatsorganisatorischen Regelungen der *Wehrverfassung* geschaffen worden (Art. 60 I, 65a, 87a, 87b, 143), die allerdings – wie noch zu zeigen ist – mit verstärkten parlamentarischen Kontrollrechten verbunden worden sind. Ein Teil dieser Regelungen (Art. 65a II, 87a, 143) ist später neu gefaßt oder durch Bestimmungen der *Notstandsnovelle* vom 24. 6. 1968 (BGBl I, 709) ersetzt (Art. 87a nF, 115a, 115b) oder ergänzt worden (Art. 115f). Durch das elfte Grundgesetz-Änderungsgesetz vom 6. 2. 1961 (BGBl I, 65) wurde die *Luftverkehrsverwaltung* als bundeseigene Verwaltung eingeführt (Art. 87d).[13] Mit der Ergänzung des Art. 109 um die Absätze 2 bis 4[14] durch das 15. Gesetz zur Änderung des Grundgesetzes vom 8. 6. 1967 (BGBl I, 581) wurde die Grundlage für eine *konjunkturgerechte Haushaltswirtschaft* und eine *mehrjährige Finanzplanung* geschaffen. Seit dem großen Finanzreformgesetz, dem 21. Gesetz zur Änderung des Grundgesetzes vom 12. 5. 1969 (BGBl I, 359),[15] ist die Bundesregierung zu einer *umfassenden Aufgaben- und Finanzplanung*[16] übergegangen, die das Übergewicht der Exekutive signifikant unterstreicht. Die 31. Grundgesetz-Novelle vom 28. 7. 1972 (BGBl I, 1305) hat die Voraussetzung für die Erweiterung der bundeseigenen Verwaltung geschaffen (Art. 87 I, 2).

Unterstrichen wird der Bedeutungszuwachs der Regierung durch die

---

[12] Statt vieler *U. Scheuner* (o. Fußn. 5), S. 435.

[13] Das Grundgesetz-Änderungsgesetz vom 14. 7. 1992 (BGBl I, 1254) hat den Bundesgesetzgeber ermächtigt, die Luftverkehrsverwaltung in eine privatrechtliche Organisationsform zu überführen. Siehe dazu jetzt das Luftverkehrsgesetz i. d. F. vom 23. 7. 1992 (BGBl I, 1370).

[14] Der Abs. 3 des Art. 109 GG ist durch das 20. Grundgesetz-Änderungsgesetz vom 12. 5. 1969 (BGBl I, 357) neu gefaßt worden.

[15] Siehe dazu näher die Ausführungen unten S. 149f.

[16] Vgl. dazu im Überblick: *E. W. Böckenförde*, Planung zwischen Regierung und Parlament, in: Der Staat Bd. 11 (1972), 429ff.

Tatsache, daß die Exekutive in zunehmendem Maße zum Adressat des Einflusses organisierter Verbandsinteressen geworden ist.[17] Ferner hat die Einbeziehung der Bundesrepublik in supranationale und internationale Organisationen das Gewicht der Bundesregierung gestärkt, auf der anderen Seite aber vor allem ein Abfließen von Zuständigkeiten des Bundestages und der Länderparlamente zur Folge.[18]

> „Augenfällig ist, daß zunächst einmal das nationale System gerade dort stärkere parlamentarische Substanzverluste registrieren muß, wo über ‚klassische Internationalität' hinaus mit integrativen Vergemeinschaftungen nationaler Strukturen Ernst gemacht werden soll, also vor allem in Europa. Das bekannte völkerrechtliche Faktum bleibt wirksam, daß trotz aller Versuche zwischenstaatlicher Aufwertung parlamentarischer Institutionen bis heute der internationale und auch weitgehend noch der supranationale Verkehr der Staaten untereinander durch die Begegnung ihrer Regierungen und Verwaltung und nicht so sehr durch parlamentarische Berührungen geprägt ist...“[19]

Bei aller Beachtung des Machtzuwachses der Bundesregierung dürfen freilich die Gegentendenzen nicht übersehen werden, den *Bundestag* durch mehr *punktuelle Verstärkung seiner Rechte* aufzuwerten. Dadurch konnte indessen der anhaltende Bedeutungsverlust des Parlaments bei weitem nicht ausgeglichen werden.

Eine mehr optische Verbesserung der Stellung des Bundestages brachte das 33. Grundgesetz-Änderungsgesetz vom 23. 8. 1976 (BGBl I, 2381), indem es die Wahlperiode des Parlaments erst mit dem Zusammentritt des neuen Bundestages enden läßt (Art. 39 I, 2) und damit die *parlamentarische Kontinuität* herstellt, welche bis dahin nur partiell über den Ständigen Ausschuß (vgl. die aufgehobenen Art. 45 und 49), den Ausschuß für auswärtige Angelegenheiten sowie den Verteidigungsausschuß bestand (vgl. den weggefallenen S. 2 des Art. 45a I).

Bedeutsamer war die Verstärkung der parlamentarischen Kontrolle durch die verfassungsmäßige Verankerung des *Ausschusses für Verteidigung*,[20] der auch die Rechte eines Untersuchungsausschusses hat (Art. 45a), und die Einführung des *Wehrbeauftragten* des Bundestages (Art. 45b)[21] durch die Wehrverfassungsnovelle vom 19. 3. 1956 (BGBl I, 111). Das 32. Gesetz zur Änderung des Grundgesetzes vom 15. 7. 1975 (BGBl I, 1901) verpflichtet den Bundestag zur Einsetzung eines *Petitionsausschusses* (Art. 45c), dem allerdings keine besonderen Untersuchungsrechte zustehen.[22]

---

[17] Siehe dazu die Ausführungen unten S. 105f.

[18] Vgl. dazu die Ausführungen unten S. 153.

[19] *T. Oppermann*, Das parlamentarische Regierungssystem des Grundgesetzes. Anlage – Erfahrungen – Zukunftseignung, in: VVDStRL H. 33 (1975), 7ff. (33).

[20] Vgl. dazu: *R. Schick*, Zur Stellung des Verteidigungsausschusses, in: Wehrwissenschaftliche Rundschau 1968, 1ff.

[21] Siehe dazu vor allem: *E. Busch*, Das Amt des Wehrbeauftragten des Deutschen Bundestages, 1969; *ders.*, Der Wehrbeauftragte des Bundestages, in: *H.P. Schneider-W. Zeh* (Hg.), Parlamentsrecht und Parlamentspraxis, 1989, S. 1393ff.

[22] Vgl. *W. Graf Vitzthum*, Petitionsrecht und Volksvertretung, 1985, S. 70ff.

Bisher nicht gelungen ist die *Beteiligung des Parlaments* an den vielfältigen *Planungen der Regierung*. Die heute in nahezu allen wesentlichen Sachbereichen erforderliche Planung, voran in allen wirtschaftlichen, finanziellen und sozialen Angelegenheiten, gestaltet allein die Regierung, die dem Parlament erst ihre Ergebnisse vorlegt. Zu diesem Zeitpunkt hat der Bundestag nur noch die Möglichkeit, die Planung im ganzen gutzuheißen oder sie zu verwerfen – tertium non datur. Denn jeder Alternativvorschlag hätte zur Folge, daß die erbrachten planerischen Koordinationsleistungen und damit die Planungen selbst in Frage gestellt würden.

In der vor zwei Jahrzehnten geführten umfangreichen Planungsdiskussion, an der sich auch die *Enquete-Kommission „Verfassungsreform"* des Deutschen Bundestages beteiligt hatte,[23] sind mehrere Lösungsvorschläge zur Teilhabe des Parlaments an den Regierungsplanungen entwickelt worden. Keine von ihnen ist indessen bisher verwirklicht worden.

Zur Diskussion standen im wesentlichen drei Alternativen:[24] Nach dem *ersten Modell* sollten dem Parlament die politischen Grundsatzentscheidungen und Prioritätssetzungen vorbehalten sein, während der Exekutive die Plandurchführung überlassen werden sollte. Das *zweite Modell* sah vor, der Exekutive die Ziel- und Programmplanung und dem Parlament die Programmauswahl unter verschiedenen Planungsalternativen zu übertragen. Nach dem *dritten Modell* sollten Parlament und Regierung die grundlegenden Planungsentscheidungen gemeinsam treffen. Die Partner der Bundesregierung sollten umfassend informierte Parlamentsausschüsse sein.

Seinen schwindenden Einfluß auf die Aufstellung des Bundeshaushaltsplans hat der Bundestag durch mannigfache *Einwirkungen auf den Haushaltsvollzug* aufzufangen versucht.[25] Diese Ingerenzen sind maßgebend vom Haushaltsausschuß des Bundestages initiiert und vom Bundestagsplenum nach und nach sanktioniert worden. In dem nicht unbegründeten Bemühen, die Haushaltsansätze den während des Etatjahres eintretenden Veränderungen anzupassen und somit die mangelnde Elastizität des Haushaltsplans auszugleichen, hat der Haushaltsausschuß besondere *Zustimmungs- und Mitwirkungsrechte* beim Haushaltsvollzug geschaffen, die weder in der Bundeshaushaltsordnung vom 19. 8. 1969 (BGBl I, 1284) noch in den Grundsätzen des Haushaltsrechts des Bundes und der Länder (Gesetz vom 19. 8. 1969, BGBl I, 1273) vorgesehen sind:

Am bekanntesten sind die sogenannten *qualifizierten Sperrvermerke,* die bewirken sollen, daß bestimmte Mittel erst nach Einwilligung des Haushaltsausschusses freigegeben werden. Andere Ausgaben dürfen erst nach einem vom Haushaltsausschuß genehmigten *Wirtschaftsplan* getätigt werden. Ferner finden sich in den Bundeshaushaltsplänen Vermerke, daß neue Verpflichtungen nur nach Zustimmung des Haushaltsaus-

---

[23] Vgl. den Schlußbericht der Enquete-Kommission, Teil II Kapitel 11 (Bundestages-Drucksache 7/5924).

[24] Siehe die Zusammenfassung bei: *E. W. Böckenförde,* Planung zwischen Regierung und Parlament, in: Der Staat Bd. 11 (1972), 429ff. (445ff.) mit weiteren Nachweisen.

[25] Vgl. dazu: *K. Kröger,* Zur Mitwirkung des Bundestages am Haushaltsvollzug, in: DöV 1973, 439ff.

schusses eingegangen werden dürfen. Gelegentlich ist diese Mitwirkungsform an eine sogenannte *Rahmenzusage* gebunden, das heißt Verpflichtungen, die einen bestimmten finanziellen Rahmen überschreiten, dürfen erst nach vorheriger Unterrichtung des Haushaltsausschusses übernommen werden.

Im Schrifttum ist diese parlamentarische Mitentscheidung an spezifischen Exekutivaufgaben der Regierung überwiegend gebilligt worden: Eine Beschränkung des Bundestages auf eine *nachträgliche* Kontrolle der Regierung müsse ineffektiv bleiben; deshalb sei eine *präventive* Kontrolle in Form parlamentarischer Mitwirkung an Regierungsaufgaben unerläßlich.[26] Zu bedenken ist allerdings, daß der damit erreichte Funktionszuwachs der Volksvertretung unvermeidbar auf Kosten der parlamentarischen Regierungsverantwortlichkeit erkauft wird: Denn eine Mitwirkung des Parlaments bedeutet eine Mitübernahme von Regierungsverantwortung mit der Folge eines Rückgangs der Kontrollfunktion des Bundestages als tragenden Elements des parlamentarischen Regierungssystems.[27]

Seine besondere Akzentuierung erfährt das Kontrollproblem in der parteienstaatlich geprägten Demokratie dadurch, daß die Hauptlast parlamentarischer Kontrolle heute der sich in der Minderheit befindenden *Opposition* zufällt.[28] Es ist daher notwendig, die *Kontrollrechte* des Parlaments aus der Sicht der Opposition zu betrachten. § 75 und § 76 der Geschäftsordnung des Deutschen Bundestages (GOBT) in der Fassung der Bekanntmachung vom 2. 7. 1980 (BGBl I, 1237)[29] stellen sicher, daß alle Vorlagen, die als Verhandlungsgegenstand auf die Tagesordnung des Bundestages gesetzt werden, von einer Fraktion oder von Fünf von Hundert der Mitglieder des Bundestages eingebracht werden können. Im Blick auf den Informationsbedarf der Opposition sind hier die *Großen Anfragen* (§§ 100ff. GOBT), die *Kleinen Anfragen* (§ 104 GOBT) und die *Aktuelle Stunde* (§ 106 mit Anlage 5 zur GOBT), ferner das Recht zur *Herbeirufung eines Mitglieds der Bundesregierung* (Art. 43 I GG in Verbindung mit § 42 GOBT) hervorzuheben. Zusammen mit den *Mündlichen Anfragen* (§ 105 GOBT), die von jedem Mitglied des Bundestages gestellt werden können, besitzt die Opposition ein hinreichendes Instrumentarium, sich wünschenswerte Informationen zu beschaffen. Das darf freilich nicht darüber hinwegtäuschen, daß die Regierung über den Sachverstand und den Kenntnisreichtum der Ministerialbürokratie stets einen nicht aufholbaren beträchtlichen Informationsvorsprung haben wird.

---

26 Siehe dazu ausführlich: *W. Kewenig*, Staatsrechtliche Probleme parlamentarischer Mitregierung am Beispiel der Arbeit der Bundestagsausschüsse, 1970; aus dem neueren Schrifttum vor allem: *H. Mandelartz*, Zur sog. „mitwirkenden" Kontrolle, insb. beim Haushaltsvollzug, in: ZfParl 1982, 7ff.

27 *K. Kröger*, (o. Fußn. 25), S. 441; in gleicher Richtung: *W. Berg*, Zur Übertragung von Aufgaben des Bundestages auf Ausschüsse, in: Der Staat Bd. 9 (1970), 21ff. (40f.).

28 Siehe dazu die Ausführungen oben S. 41.

29 Siehe dazu die einzelnen seither ergangenen Änderungen, zuletzt durch die Bekanntmachung vom 12. 11. 1990 (BGBl I, 2555).

Die parlamentarischen *Untersuchungsrechte* sind hingegen noch nicht erschöpfend geregelt worden. Nach Art. 44 I 1 GG hat der Bundestag auf Antrag eines Viertels seiner Mitglieder die Pflicht, einen *Untersuchungsausschuß* einzusetzen. Nähere Regelungen fehlen in der Geschäftsordnung des Bundestages. Versuche, das Recht der parlamentarischen Untersuchungsausschüsse durch Gesetz zu regeln, haben bisher nicht zum Erfolg geführt. In der Praxis behilft man sich mit den von einer *Interparlamentarischen Arbeitsgemeinschaft* (IPA) erarbeiteten Regeln, die in der Fünften Wahlperiode als Gesetzentwurf von allen Fraktionen eingebracht (Bundestags-Drucksache V/4209), aber nicht vom Bundestag verabschiedet worden sind. Diese sogenannten IPA-Regeln, die seit 1968 wie geltendes Recht behandelt werden, dienen vor allem dem *Schutz der Minderheiten*, wie ihn die Rechtsprechung des Bundesverfassungsgerichts gefordert hat.[30] So ist es der Mehrheit im Bundestag verwehrt, einem von der Minderheit durchgesetzten Untersuchungsausschuß andere Untersuchungsziele vorzugeben. Ferner müssen im Ausschuß alle Beweise erhoben werden, wenn sie von wenigstens zwei seiner Mitglieder beantragt werden.[31] Da sich der Untersuchungsausschuß entsprechend der Stärke der Bundestagsfraktionen zusammensetzt (§ 12 S. 1 GOBT), trägt der Abschlußbericht die Handschrift der Mehrheit, jedoch kann jedes Mitglied einen abweichenden eigenen Bericht anfügen.

Aber nicht alle Probleme der Untersuchungsausschüsse sind durch die IPA-Regeln gelöst. Schwierigkeiten bereitet immer wieder die sinngemäße Anwendung der Vorschriften über den Strafprozeß (Art. 44 II GG).[32] Von diesen Unsicherheiten abgesehen, hat sich das Verfahren der Untersuchungsausschüsse durchaus bewährt. Die Wirkung parlamentarischer Untersuchungsverfahren auf die Regierungs- und Verwaltungspraxis ist – entgegen landläufiger Auffassung – nicht zu unterschätzen.[33]

Hinzuweisen ist schließlich auf Art. 45a II GG, nach dem der *Ausschuß für Verteidigung* auch die Rechte eines Untersuchungsausschusses hat. Dessen Besonderheit besteht darin, daß das Verfahren in der Regel nicht öffentlich ist (Art. 45a III in Verbindung mit Art. 44 I GG).

Die Opposition ist regelmäßig auch in den *besonderen Kontrollorganen des Bundestages* vertreten: in der Kommission zur parlamentarischen Kontrolle nachrichtendienstlicher Tätigkeit des Bundes nach dem Gesetz vom 11. 4. 1978 (BGBl I, 453) und in der Kommission zur Kontrolle der Überwachungsmaßnahmen, die das Brief-, Post- und Fernmeldegeheim-

---

[30] *BVerfGE* 49, 70 (86ff.).

[31] Zu aktuellen Problemen vgl. besonders: *M. Schröder*, Minderheitenschutz im parlamentarischen Untersuchungsverfahren, in: ZfParl 1986, 367ff.

[32] Siehe dazu die Angaben in: *W. Zeh*, Parlamentarisches Verfahren, in: HdBStR Bd. II, 1987, S. 425ff. (463 Rdnr. 82).

[33] Vgl. besonders: *R. Kipke*, Die Untersuchungsausschüsse des Deutschen Bundestages, Praxis und Reform der parlamentarischen Enquete, 1985.

nis beschränken (Art. 10 II 2 GG in Verbindung mit dem Ausführungsgesetz vom 13. 8. 1968 – BGBl I, 949 –).[34]

§ 13. Die Entwicklung der Parteienstaatlichkeit

Literatur: M. Stolleis, Parteienstaatlichkeit – Krisensymptome des demokratischen Verfassungsstaats?, in: VVDStRL H. 44 (1986), 7ff.; *H. H. Rupp,* Kritische Bemerkungen zum heutigen Verhältnis von Verfassungsrecht und Verfassungswirklichkeit, in: Festschrift für K. Carstens, 1984, Bd. 2, S. 773ff. (785ff.); *H. Hofmann,* Die Entwicklung des Grundgesetzes nach 1949, in: HdBStR Bd. I, 1987, S. 259ff. (313ff.); *H. P. Ipsen,* 40 Jahre Grundgesetz der Bundesrepublik Deutschland, in: JöR NF Bd. 38 (1989), 1ff. (15ff).; *P. Badura,* Die parlamentarische Demokratie, in: HdBStR Bd. I, 1987, S. 953ff. (982ff.); *P. Kunig,* Parteien, ebenda Bd. II, 1987, S. 103ff. (143ff.); *K. D. Bracher,* Der parlamentarische Parteienstaat zwischen Bewährung und Anfechtung, in: *W. Scheel* (Hg.), Nach dreißig Jahren, 1979, S. 28ff.

T. Oppermann, Das parlamentarische Regierungssystem des Grundgesetzes, in: VVDStRL H. 33 (1975), 7ff.; *ders.,* Zum heutigen Sinn der parlamentarischen Repräsentation, in: DöV 1975, 763ff.; *K. Hesse,* Grundzüge des Verfassungsrechts der Bundesrepublik, 18. Aufl. (1991), S. 240ff. (Rdnrn. 597ff.); *H. H. Klein,* Der Status des Abgeordneten, in: HdBStR Bd. II, 1987, S. 367ff.; *K. Abmeier,* Die parlamentarischen Befugnisse des Abgeordneten des Deutschen Bundestages nach dem Grundgesetz, 1984; *G. Leibholz,* Der Strukturwandel der modernen Demokratie, in: Strukturprobleme der modernen Demokratie, 3. Aufl. (1967), S. 112ff.; *D. Grimm,* Politische Parteien, in: HdBVerfR, 1983, S. 317ff.; *ders.,* Parlament und Parteien, in: *H. P. Schneider-W. Zeh* (Hg.), Parlamentsrecht und Parlamentspraxis, 1989, S. 199ff.; *G. Kretschmer,* Fraktionen – Parteien im Parlament, 1984; *W. Czepluch,* Abgeordnetenstatus und politische Partei, 1991; *J. Vetter,* Die Parlamentsausschüsse im Verfassungssystem der Bundesrepublik Deutschland, 1986; *M. Becker,* Die Abberufung eines Abgeordneten aus einem Parlamentsausschuß im Spannungsfeld zwischen Fraktionsdisziplin und freiem Mandat, in: ZfParl 1984, 24ff.; *W. Dexheimer,* Die Mitwirkung der Bundestags-Fraktionen bei der Besetzung der Ausschüsse, in: Festgabe für W. Blischke, 1982, S. 259ff.; *C. Arndt,* Der Bundestagsabgeordnete als Ausschußmitglied, in: ZfParl 1984, 523ff.

H. H. v. Arnim, Politische Parteien, in: DöV 1985, 593ff.; *K. Kröger,* Schematische Parteiengleichheit als Grundbedingung der modernen Demokratie, in: Festschrift für W. Grewe, 1981, S. 507ff.; *K. Jaspers,* Wohin treibt die Bundesrepublik?, 1966, S. 130ff.; *H. R. Lipphardt,* Die Gleichheit der politischen Parteien vor der öffentlichen Gewalt, 1975; *H. H. v. Arnim,* Parteienfinanzierng, 1982; *ders.,* Die neue Parteienfinanzierung, 1989; *ders.,* Die Partei, der Abgeordnete und das Geld, 1991; *W. Henke,* Geld, Parteien, Parlamente, in: Der Staat Bd. 31 (1992), 98ff.; *H. Plate,* Parteifinanzierung und Grundgesetz, Rechtsfragen von Rechenschaftspflicht und Staatszuschüssen, 1966; *K. H. Naßmacher,* Öffentliche Parteifinanzierung in westlichen Demokratien, in: Journal für Sozialforschung 1981, 351ff.

H. H. v. Arnim, Ämterpatronage durch politische Parteien, 1980; *T. Eschenburg,* Ämterpatronage, 1961; *I. v. Münch,* Die Einflußnahme der politischen Parteien auf Beamtenernennungen und -beförderungen, in: ZBR 1960, 245ff.; *F. Wagener,* Der öffentliche Dienst im Staat der Gegenwart, in: VVDStRL H. 37 (1979), 215ff.; *E. Menzel,* Parteienstaat und Beamtentum, in: DöV 1970, 433ff.; *K. Seemann,* Gewaltenteilung und parteipolitische Ämterpatronage, in: Die Verwaltung 1981, 133ff.; *J. Isensee,* Der Parteienzugriff auf den öffentlichen Dienst – Normalzustand oder Alarmzeichen?, in: *G. R. Baum* u.a., Politische Parteien und öffentlicher Dienst, 1982, S. 52ff.;

---

[34] Siehe dazu: *BVerfGE* 30, 1.

T. Trachternach, Parteien in der kommunalen Selbstverwaltung, 1974; *C. Starck,* Rundfunkfreiheit als Organisationsproblem, 1973, S. 20ff., 34ff.; *E. und U. Scheuch,* Cliquen, Klüngel und Karrieren. Über den Verfall der politischen Parteien, 1992.

Die Entwicklung der Parteienstaatlichkeit ist nicht allein ein Problem des parlamentarischen Regierungssystems; gewandelt hat sich auch der Status des Abgeordneten. Darüber hinaus haben die strukturellen Veränderungen der Parteienlandschaft ebenso die Stellung des Parteimitglieds wie das Verhältnis der Wähler zu den Parteien erfaßt. Nicht minder gravierend sind die Einwirkungen der etablierten Parteien auf die Verwaltung – eine höchst fragwürdige Machterweiterung jenseits des Bereichs der politischen Willensbildung. Alle diese Einzelpunkte bedürfen näherer Erläuterung.

In dem Maße, in dem die Parteien zu unentbehrlichen Gliedern im Prozeß der politischen Willensbildung der heutigen Demokratie geworden sind, hat sich der *Typ des Abgeordneten* gewandelt: Er entspricht nicht mehr dem des unabhängigen Honoratioren früherer Zeit. Der gegenwärtige Abgeordnete ist seiner Partei und seiner Fraktion verbunden, deren Zielsetzungen er gemeinsam mit seinen Fraktionskollegen zu verwirklichen sucht.

„Deshalb schließt das freie Mandat (Art. 38 I 2 GG) weder die Mitwirkung der Parteien bei der politischen Willensbildung im Parlament noch eine Bindung der Abgeordneten an ihre Parteien und die von den Fraktionen herausgearbeiteten und verfolgten Richtlinien aus. Auf der anderen Seite begrenzt es jedoch diese Bindung und ist es Element eines freien politischen Prozesses innerhalb der Parteien und Fraktionen, der seinerseits wesentliche Voraussetzung der demokratischen Gesamtordnung des Grundgesetzes ist“.[1]

Von dieser Ausgangslage hat sich die Stellung des Abgeordneten in zwei Richtungen weiterentwickelt: Zum einen zur „Vollprofessionalisierung“ der Abgeordnetenposition.[2] Zum anderen ist der Abgeordnete heute durch die Fraktion mediatisiert.[3]

Der heutige Parlamentsbetrieb erfordert in steigendem Maße die Anwesenheit und Mitarbeit des Abgeordneten: im Plenum, in den Ausschüssen, in der Fraktion. Hinzu kommt eine stärkere Inanspruchnahme des Abgeordneten in seinem Wahlkreis durch regelmäßige Information der örtlichen Parteiorganisation, aber auch um sich dort des notwendigen politischen Rückhalts zu versichern.[4] Der Abgeordnete ist daher zum *Berufsparlamentarier* geworden, was auch das *Bundesverfassungsgericht*

---

[1] *K. Hesse,* Grundzüge des Verfassungsrechts der Bundesrepublik, 18. Aufl. (1991), S. 241 (Rdnr. 599).

[2] Siehe dazu vor allem: *T. Oppermann,* Zum heutigen Sinn der parlamentarischen Repräsentation, in: DöV 1975, 763ff. (764).

[3] Vgl. besonders: *D. Grimm,* Parlament und Parteien, in: *H. P. Schneider-W. Zeh* (Hg.), Parlamentsrecht und Parlamentspraxis, 1989, S. 199ff. (207f. Rdnrn. 22f.).

[4] Siehe dazu: *H. H. Klein,* Status des Abgeordneten, in: HdBStR Bd. II, 1987, S. 367ff. (372ff. Rdnrn. 6ff.).

bestätigt hat.[5] Er erhält eine beamtenähnliche Sicherung seines materiellen Status durch das *Abgeordnetengesetz* vom 18. 2. 1977 (BGBl I, 297)[6] vom Wahlvorbereitungsurlaub (§ 3), über die monatliche Entschädigung (§ 11), die Amtsausstattung als Aufwandsentschädigung (§ 12), Freifahrtberechtigung und Erstattung von Fahrkosten (§ 16) bis hin zum Übergangsgeld (§ 18) und zur Altersentschädigung (§§ 19ff.). In der Professionalisierung der Abgeordnetenstellung wird heute „eine der wichtigsten Legitimierungsgrundlagen für den Anspruch des fraktionierten Parlamentes auf ein gewisses Maß repräsentativer Selbständigkeit gegenüber den intermediären Kräften und vor allem der weiteren Öffentlichkeit" gesehen.[7]

Die Entwicklung zum Berufsparlamentarier geht einher mit dessen *Mediatisierung durch die Fraktion* seiner Partei. Die Fraktionen sind heute die wichtigsten und mächtigsten Untergliederungen im Parlament, ohne selbst dessen Organe zu sein. Das *Bundesverfassungsgericht* hat sie als „notwendige Einrichtungen des Verfassungslebens" charakterisiert, in denen „sich ein erheblicher Teil der Meinungs- und Willensbildung der Abgeordneten und dadurch des Parlaments im ganzen" vollzieht.[8] Die Organisation, inhaltliche Vorbereitung und Gestaltung der Parlamentsarbeit im Plenum und in den Ausschüssen liegt heute bei den Fraktionen. Sie nominieren die Kandidaten für die Wahl des Bundestagspräsidenten und seiner Stellvertreter (§ 2 GOBT). Die Zusammensetzung des Ältestenrates und der Ausschüsse sowie die Regelung des Vorsitzes in den Ausschüssen sind im Verhältnis der Stärke der einzelnen Fraktionen vorzunehmen (§ 12 S. 1 GOBT); die einzelnen Mitglieder werden in der Regel von den Fraktionen benannt (§ 57 II 1 GOBT) und unter Umständen abberufen.

Die Willensbildung im Plenum des Bundestages und in den Ausschüssen wird maßgebend von den Fraktionen bestimmt; sie entscheiden vorweg über alle Verfahrens- und inhaltlichen Fragen der Parlamentsarbeit. Dem einzelnen Abgeordneten bleibt in der Regel kein Raum, eigenständig parlamentarisch zu wirken; er kann nur über die Fraktion Einfluß auf das Parlamentsgeschehen gewinnen. Diese unumkehrbare Entwicklung entspricht den Erfordernissen des Parlamentsbetriebs eines modernen Flächenstaates, in welchem eine Vielzahl höchst komplexer Entscheidungen zu treffen ist, die es nicht mehr erlaubt, daß jeder Abgeordnete zu allen anstehenden Problemen Stellung bezieht und eigene Vorschläge macht.[9]

---

[5] *BVerfGE* 40, 296.

[6] Unter Berücksichtigung der seither ergangenen Änderungen, zuletzt durch Gesetz vom 14. 11. 1990 (BGBl I, 2466).

[7] *T. Oppermann* (o. Fußn. 2), S. 765.

[8] *BVerfGE* 10, 4 (14); 20, 56 (104); 43, 142 (147); 70, 324 (350f.); 80, 188 (219).

[9] Treffend: *D. Grimm* (o. Fußn. 3), S. 208 Rdnr. 23.

Erträglich wird die Mediatisierung des Abgeordneten durch die Äquivalenz der *gleichen Teilhabe* an dem Diskussions- und Entscheidungsprozeß in seiner Fraktion, deren innere Gliederung der des Parlaments nachgebildet ist. Im Mittelpunkt steht die Fraktionsvollversammlung als oberstes Entscheidungsorgan; die politischen Leitungs- und Führungsaufgaben obliegen dem Vorstand, an dessen Spitze der Fraktionsvorsitzende berufen wird.

Die Komplexität der politischen Sachverhalte und des Entscheidungsprozesses erfordert die *arbeitsteilige Mitarbeit* der Abgeordneten in Arbeitsgruppen und -kreisen entsprechend ihren Fähigkeiten, ihrer beruflichen Vorbildung und ihren Erfahrungen. In gleichem Maße, wie der Abgeordnete in speziellen Fragen Vorarbeit für seine Fraktion leistet, kann er erwarten, daß diese ihm Informationen und Orientierungen auf Sachgebieten bietet, die er nicht überschaut.

Zusammenfassend läßt sich sagen, daß die Zugehörigkeit des Abgeordneten zu seiner Fraktion heute zu einer der wichtigsten Voraussetzungen geworden ist, um an der Parlamentsarbeit effizient teilzuhaben. Die Bedingungen seiner Wirksamkeit im Bundestag werden weithin von seiner Fraktion bestimmt – und beherrscht. Art. 38 I 2 GG vermag ihn nur vor den äußersten Zumutungen seiner Fraktion zu schützen, wenn die Grundlagen seines Mandats tangiert werden, insbesondere seine Entschließungsfreiheit. Vor einzelnen Disziplinierungen durch die Fraktion ist der von der Fraktionslinie abweichende Abgeordnete kaum zu bewahren.

Der aus seiner Fraktion ausgetretene oder ausgeschlossene Abgeordnete gerät zwangsläufig ins Abseits des Parlamentsbetriebs. Er verliert nicht nur die Vorteile der innerfraktionellen Kooperation, sondern auch alle Wirkungsmöglichkeiten im Bundestag, die er über seine Fraktion besaß. Dem *fraktionslosen Abgeordneten* verbleibt lediglich die Möglichkeit, kurze Einzelfragen an die Bundesregierung zu richten (§ 105 GOBT), sowie Änderungsanträge während der zweiten Lesung von Gesetzentwürfen zu stellen (§ 82 I GOBT). Er kann allerdings, wenn er sich mit mindestens Fünf vom Hundert der Mitglieder des Bundestages zusammentut, alle Vorlagen gemäß §§ 75 und 76 GOBT beim Parlament einbringen, zu denen die Großen und die Kleinen Anfragen gehören.

Bis zum Jahre 1989 war der fraktionslose Abgeordnete von der Mitarbeit in den Bundestagsausschüssen ausgeschlossen, weil allein den Fraktionen das Benennungs- und nach der Parlamentspraxis auch das Abberufungsrecht der Ausschußmitglieder zustanden.[10] Diese Regelung und

---

[10] Siehe vor allem: *W. Dexheimer*, Die Mitwirkung der Bundestags-Fraktionen bei der Besetzung der Ausschüsse, in: Festgabe für W. Blischke, 1982, S. 259ff.; *M. Becker*, Die Abberufung eines Abgeordneten aus einem Parlamentsausschuß im Spannungsfeld zwischen Fraktionsdisziplin und freiem Mandat, in: ZfParl 1984, 24ff.; *C. Arndt*, Der Bundestagsabgeordnete als Ausschußmitglied, ebenda, S. 523ff.

Praxis hat das *Bundesverfassungsgericht* als Verstoß gegen die durch Art. 38 I 2 GG gewährleisteten Rechte gewertet:

> „Die prinzipielle Möglichkeit, in einem Ausschuß mitzuwirken, hat ... für den einzelnen Abgeordneten angesichts des Umstandes, daß ein Großteil der eigentlichen Sacharbeit des Bundestages von den Ausschüssen bewältigt wird, eine der Mitwirkung im Plenum vergleichbare Bedeutung; vor allem in den Ausschüssen eröffnet sich den Abgeordneten die Chance, ihre eigenen politischen Vorstellungen in die parlamentarische Willensbildung einzubringen ... Von daher darf ein Abgeordneter nicht ohne gewichtige, an der Funktionstüchtigkeit des Parlaments orientierte Gründe von jeder Mitarbeit in den Ausschüssen ausgeschlossen werden ...“.[11]

Das Verfassungsgericht gesteht jedem einzelnen Abgeordneten den Anspruch zu, in *einem* Ausschuß mit Rede- und Antragsrecht mitzuwirken; hingegen ist es verfassungsrechtlich nicht geboten, dem fraktionslosen Abgeordneten im Ausschuß ein – notwendigerweise überproportional wirkendes – Stimmrecht zu geben. Entsprechend ist § 57 II GOBT durch den Satz 2 erweitert worden: Der Bundestagspräsident benennt fraktionslose Mitglieder des Bundestages als beratende Ausschußmitglieder (vgl. die Fassung der Bekanntmachung vom 18. 12. 1989 – BGBl I, 2442 –).

Die *strukturellen Veränderungen in der Parteienlandschaft* der Bundesrepublik sind nicht ohne die rechtlichen Neuerungen in den letzten Jahrzehnten zu verstehen. In ihnen spiegeln sich zwei Entwicklungstendenzen von großer Tragweite für die heutige demokratische Ordnung wider: Zum einen die Selbstbegünstigung der etablierten Parteien – zum anderen deren Machtausweitung jenseits des Bereichs der politischen Willensbildung.

Die seit der zweiten Bundestagswahl im Jahre 1953 erkennbare Entwicklung zur Konzentration auf wenige Parteien hat gewiß eine ganze Reihe von Ursachen; sie ist in jedem Falle durch die *Selbstbegünstigung der etablierten Parteien* maßgeblich gefördert worden. Unter dem Flankenschutz der Rechtsprechung des *Bundesverfassungsgerichts* ist es ihnen gelungen, sich durch institutionelle Sicherungen der lästigen Mitwirkung kleinerer und neu gegründeter Parteien im Parlament weitgehend zu erwehren: Als regelrechte Schleuse, die den Zugang zum Bundestag reguliert, hat sich die *Fünfprozentklausel* des § 6 VI BWG erwiesen:

> „Bei Verteilung der Sitze auf die Landeslisten werden nur Parteien berücksichtigt, die mindestens fünf von Hundert der im Wahlgebiet abgegebenen gültigen Zweitstimmen erhalten oder in mindestens drei Wahlkreisen einen Sitz errungen haben ...“

Das *Bundesverfassungsgericht* hat diese Klausel für verfassungsrechtlich gerechtfertigt angesehen, weil sie einer Stimmenzersplitterung entgegenwirkt und der Sicherstellung eines regierungsfähigen Parlaments

---

[11] *BVerfGE* 80, 188 (222).

dient.[12] Eine weitere Erschwerung bedeutet das *Unterschriftenquorum* für Kreiswahlvorschläge (§ 20 II 2 BWG) und für Landeslisten (§ 27 I 2 BWG), das eine Partei erbringen muß, die im Bundestag oder einem Landtag seit deren letzter Wahl nicht aufgrund eigener Wahlvorschläge ununterbrochen mit mindestens fünf Abgeordneten vertreten war (§ 18 II 1 BWG).[13]

Benachteiligt werden kleinere Parteien auch bei der *Wahlvorbereitung.* Nach § 5 PartG ist die öffentliche Hand bei Leistungen und Gewährungen an politische Parteien an den Grundsatz *proportionaler* Gleichheit gebunden,[14] wodurch die etablierten Parteien eindeutig begünstigt werden.

Wörtlich heißt es in § 5 I PartG: „Wenn ein Träger öffentlicher Gewalt den Parteien Einrichtungen zur Verfügung stellt oder andere öffentliche Leistungen gewährt, sollen alle Parteien gleichbehandelt werden. Der Umfang der Gewährung kann nach der Bedeutung der Parteien bis zu dem für die Erreichung ihres Zweckes erforderlichen Mindestmaß abgestuft werden. Die Bedeutung der Parteien bemißt sich insbesondere auch nach den Ergebnissen vorausgegangener Wahlen zur Volksvertretungen. Für eine Partei, die im Bundestag in Fraktionsstärke vertreten ist, muß der Umfang der Gewährung mindestens halb so groß wie für jede andere Partei sein."

Noch eklatanter ist die Selbstbegünstigung der etablierten Parteien bei der Erschließung immer ergiebiger fließender *Finanzquellen.* Im Vordergrund des Interesses stehen die steuerliche Begünstigung von Parteispenden und die direkte Staatsfinanzierung aus Haushaltsmitteln.

Nachdem die erste Regelung, *Spenden* an politische Parteien *steuerlich zu begünstigen,* vom *Bundesverfassungsgericht* wegen Verstoßes gegen den Grundsatz der Chancengleichheit aller Parteien für verfassungswidrig erklärt worden war,[15] billigte der Bundestag im Parteiengesetz von 1967 (§ 34) jedem Steuerpflichtigen einen Freibetrag von 600 DM – bei zusammenveranlagten Ehegatten von 1200 DM – für Spenden und Beiträge an politische Parteien zu. Diese Regelung hat das *Bundesverfassungsgericht* für verfassungsgemäß erklärt.[16] In einer späteren Entscheidung hat es eine Anhebung der Freibeträge nicht von vornherein für verfassungswidrig gehalten,[17] was die etablierten Parteien ermunterte, diese Beträge zu verdreifachen. In der Praxis wurden diese steuerrechtlichen Begrenzungen ungeniert umgangen mit der Folge spektakulärer

---

[12] *BVerfGE* 6, 84; 14, 121; 34, 81; 51, 222; 82, 322.

[13] Zur Zulässigkeit der Unterschriftenquoren – ebenfalls mit dem Argument, der Stimmenzersplitterung entgegenzuwirken: vgl. *BVerfGE* 6, 84; 12, 135; 24, 260; 41, 399.

[14] Zur Zulässigkeit dieser Differenzierung: vgl. *BVerfGE* 3, 19; 7, 99; 14, 121, und seither in ständiger Rechtsprechung.

[15] *BVerfGE* 6, 273 (279 ff.); siehe ferner: *BVerfGE* 8, 51 (64 ff.), mit der Begründung auch eines Verstoßes gegen den Grundsatz der Gleichheit der *Bürger.*

[16] *BVerfGE* 24, 300 (358 ff.).

[17] *BVerfGE* 52, 63 (91 ff.).

Parteispendenprozesse.[18] Daraufhin bemühten sich die CDU/CSU, die SPD und die FDP, die illegale Praxis zu legalisieren. Vorreiter war eine Parteienfinanzierungskommission, deren Mitglieder von den Parteien ausgewählt und vom Bundespräsidenten berufen worden waren. Sie schlug eine Ausweitung der steuerlichen Begünstigung von Parteispenden bis zur Höhe von fünf Prozent des Einkommens des Spenders vor. Um die damit verbundene steuerliche Besserstellung von Großspendern abzuschwächen, sollten Mitgliedsbeiträge und Spenden bis zu 1200 DM im Jahr – bei zusammenveranlagten Ehegatten 2400 DM – mit 50% von der Steuerschuld abgezogen werden können. Außerdem sollten Parteien mit geringer Spendeneinnahme einen Chancenausgleich aus der Staatskasse erhalten. Diese Regelung wurde am 22. 12. 1983 zum Gesetz erhoben (BGBl I, 1577). Das *Bundesverfassungsgericht* hat – wie zu erwarten war – die steuerliche Begünstigung von Parteispenden bis zur Höhe von fünf Prozent des Einkommens für verfassungswidrig, aber seltsamerweise einen Abzug von Spenden bis zu 100000 DM ohne nähere Begründung für zulässig erklärt.[19] Den vorläufigen Abschluß bildet das Gesetz zur Änderung des Parteiengesetzes und anderer Gesetze vom 22. 12. 1988 (BGBl I, 2615): Danach sind Mitgliedsbeiträge und Spenden bis zur Höhe von 60000 DM – bei zusammenveranlagten Ehegatten 120000 DM – pro Kalenderjahr abzugsfähig. Zugleich wurde der *Chancenausgleich* (§ 22a PartG) erheblich ausgeweitet und zusätzlich ein *Sockelbetrag* eingeführt, in dessen Genuß alle Parteien kommen, die mindestens zwei Prozent der Stimmen bei der Bundestagswahl erlangt haben (§ 18 VI PartG). Die Neuregelung vom 22. 12. 1988 hat das *Bundesverfassungsgericht* in wesentlichen Punkten für verfassungswidrig erklärt.[20]

Hinzu tritt die kaum verschleierte *Direktfinanzierung* der Parteien aus der Staatskasse in Gestalt der *Wahlkampfkostenpauschale*. Sie geht auf ein obiter dictum des *Bundesverfassungsgerichts* im Parteispendenurteil von 1958 zurück[21] und wurde im Parteiengesetz von 1967 (§§ 18ff.) verankert. Die Wahlkampfkosten wurden mit einem Pauschalbetrag von ursprünglich 2,50 DM, jetzt 5,00 DM für jeden Wahlberechtigten[22] angesetzt und auf die Parteien nach dem Ergebnis der Bundestagswahlen proportional verteilt. An dieser Kostenerstattung, die in jährlichen Abschlagszahlungen zu gewähren ist (§ 20 PartG), sollten nach der ur-

---

[18] Vgl. dazu statt weiterer Nachweise: *H. H. v. Arnim*, Die Partei, der Abgeordnete und das Geld, 1991, S. 31ff.

[19] *BVerfGE* 73, 40 (71ff.); zur fast einhelligen Kritik der Literatur an dieser Entscheidung siehe die Nachweise bei: *H. H. v. Arnim* (o. Fußn. 18), S. 322 m. Anm. 51.

[20] *BVerfGE* 85, 264.

[21] *BVerfGE* 8, 51 (63).

[22] 1974 wurde die Pauschale auf 3,50 DM, 1983 für die Bundestagswahl vom März 1983 – rückwirkend! – auf 4,50 DM und für die künftigen Bundestagswahlen auf 5,00 DM pro Wahlberechtigten erhöht (zuletzt geändert durch Gesetz vom 22. 12. 1988 – BGBl I, 2615 –).

sprünglichen Regelung alle Parteien teilnehmen, die mindestens 2,5 Prozent der Zweitstimmen erreicht hatten. Das *Bundesverfassungsgericht* hat die Wahlkampfkosten-Regelung zwar grundsätzlich für verfassungsgemäß gehalten, aber erklärt, daß jede Partei, die mindestens 0,5-von-Hundert der Zweitstimmen errungen hat, an der Wahlkampfkostenerstattung beteiligt werden müßte.[23] Durch Gesetz vom 22. 7. 1969 (BGBl I, 925) wurde der § 18 II PartG dementsprechend geändert.

Es kann nicht wundernehmen, daß die direkten Zuwendungen aus der Staatskasse an die in den Parlamenten vertretenen Parteien in den letzten Jahren rapide angestiegen sind. Nach einer neueren Berechnung erreichen sie in einer vierjährigen Legislaturperiode gut drei Milliarden DM.[24] Sie setzen sich zusammen aus den Wahlkampfkostenpauschalen für Bundestages-, Landtags- und Europawahlen, aus dem Sockelbetrag auf Bundesebene, dem Chancenausgleich, den Zahlungen an die Bundestags- und Landtagsfraktionen sowie an die politischen Stiftungen der Parteien. Hinzuzurechnen sind außerdem die geldwerten Leistungen, die den Parteien aus der Steuervergünstigung von Spenden und Beiträgen erwachsen.

Die politischen Parteien müssen nach Art. 21 I 4 GG über die *Herkunft ihrer Mittel* und – seit dem 35. Änderungsgesetz zum Grundgesetz vom 21. 12. 1983 (BGBl I, 1481) – auch über die *Verwendung* dieser Mittel sowie über ihr *Vermögen öffentlich Rechenschaft geben.* Dadurch wurde zwar die finanzielle Selbstbegünstigung der Parteien nicht abgeschwächt, wohl aber transparenter. Die durch sie ausgelösten Gefahren treten nunmehr deutlicher ins Bewußtsein der Öffentlichkeit. Um den Spendenfluß an die politischen Parteien nicht zu hemmen, ist durch das Änderungsgesetz zum Parteiengesetz vom 22. 12. 1988 (BGBl I, 2615) geregelt worden, daß nur noch Spenden, die den Betrag von 40000 DM übersteigen, im Rechenschaftsbericht der Parteien namentlich bezeichnet werden müssen. Diese Einschränkung der Offenlegungspflicht der Parteien hat das *Bundesverfassungsgericht* – zu Recht – für verfassungswidrig erklärt.[25]

Die rasche Zunahme der staatlichen Finanzierung der etablierten Parteien und die erweiterte Begünstigung von Parteispenden auf Kosten der Gleichheit aller Bürger haben die Tendenz zur *Erstarrung und Verkrustung der Parteienlandschaft* erheblich verstärkt. Die Zahl der professionellen Parteifunktionäre ist in den letzten Jahren gewachsen; die Bürokratisierung des Parteiapparates hat zugenommen. Und in gleichem Maße ist der Einfluß der Parteimitglieder auf die Willensbildung innerhalb der Partei gesunken, hat sich der Kontakt zwischen den Führungsebenen und der Anhängerschaft gelockert, und ist eine Entfremdung der angestammten Parteien von ihrer Wählerschaft eingetreten.

---

[23] *BVerfGE* 24, 300 (339ff.).

[24] *H. H. v. Arnim,* Die neue Parteienfinanzierung, 1989, S. 156.

[25] Siehe den Nachweis oben S. 98 Fußn. 20.

„Die zunehmende Staatsfinanzierung beeinträchtigt die demokratische Legitimation der Parteien und steht bis zu einem gewissen Grad in Wechselbeziehung zu der in letzter Zeit zunehmend beklagten Bürgerferne der Parteien. Die Staatsfinanzierung wurde ursprünglich mit der Erwartung begründet, den Parteien würde es – aufgrund der verstärkten Unabhängigkeit von Großfinanziers – erleichtert, ihr Ohr den Bürgern und Wählern zu leihen. Staatliche Parteienfinanzierung sollte dem Ausbau der Demokratie dienen. In Wahrheit ist das Gegenteil eingetreten. Die zunehmende Staatsfinanzierung der Parteien stellt eine wachsende Gefahr für Bürgernähe und demokratische Legitimation der Parteien dar".[26]

Die vielberufene *Parteienverdrossenheit,* die gewiß auf eine ganze Reihe von Ursachen zurückzuführen ist, wurzelt nicht zuletzt in der ausufernden Begünstigung von Parteispenden und der unkontrollierten Ausweitung der staatlichen Parteienfinanzierung in den achtziger Jahren. Sie hat eine empfindliche Schwächung der Stellung der etablierten Parteien als Mittler zwischen Bürger und Staat zur Folge, die sich nicht nur in einer wachsenden, bisher nicht gekannten Wahlenthaltung und einer zunehmenden Distanz eines Teils der Bevölkerung zur Politik äußert, sondern auch in Veränderungen im demokratischen Willensbildungsprozeß, von denen noch zu sprechen sein wird.[27]

Noch befremdlicher sind die *Einwirkungen der etablierten Parteien* jenseits des Bereichs der politischen Willensbildung, insbesondere *auf die öffentliche Verwaltung.* Besonderes Ärgernis erregt die um sich greifende *Ämterpatronage* der politischen Parteien.[28] Die Übertragung von Stellen des öffentlichen Dienstes an Parteiangehörige dient zum einen der Einflußgewinnung und der mittelbaren Machtausübung der etablierten Parteien im Bereich der Exekutive, zum anderen der Versorgung und Belohnung von verdienten Parteimitgliedern. Die Ämterpatronage steht in engem Zusammenhang mit einer parallel laufenden Entwicklung: Immer mehr Angehörige des öffentlichen Dienstes werden Abgeordnete in den Landtagen und im Bundestag. Die öffentliche Verwaltung gerät damit in den Sog der Parteienstaatlichkeit, was unvermeidlich die Eigenständigkeit dieses staatlichen Funktionsbereichs tangieren muß.

„Ein großer Kreis von höheren Funktionären des öffentlichen Dienstes ist längst aus dem Zustand des neutralen Instruments für die Durchführung der vom Parlament beschlossenen Gesetze herausgewachsen. Die vielfältigen Aufgaben der rechtlichen, ökonomischen, technischen Prüfung, Abstimmung und Formulierung von Gesetzen und Verordnungen, Richtlinien und Erlassen, Programmen und Plänen geben dem damit betrauten Teil des öffentlichen Dienstes nicht gering zu veranschlagende Möglichkeiten, Variationen eigengesteuerter Art an die Stelle der nicht genau formulierten Ziele der politischen Parteien zu setzen. Die Parteien holen daher notgedrungen den

---

[26] *H. H. v. Arnim* (o. Fußn. 24), S. 114.

[27] Siehe dazu die Ausführungen unten S. 107ff.

[28] Vgl. insbesondere *H. H. v. Arnim,* Ämterpatronage durch politische Parteien, 1980.

öffentlichen Dienst in die Parlamente und durchsetzen den öffentlichen Dienst mit ihren Parteigängern ...".[29]

Diese Entwicklung ist kaum mehr zu stoppen. Durch sie wird nicht nur die Unparteilichkeit und die Leistungsfähigkeit der öffentlichen Verwaltung beeinträchtigt, sondern auch der Kreis der öffentlichen Bediensteten unnötig ausgeweitet. Daß die Ämterpatronage zudem verfassungswidrig ist, läßt sich kaum bestreiten. Sie widerspricht dem Verfassungsgebot des Art. 33 II, III GG in Verbindung mit Art. 3 III GG: Jeder Deutsche hat „nach seiner Eignung, Befähigung und fachlichen Leistung gleichen Zugang zu jedem öffentlichen Amt". Parteizugehörigkeit und parteipolitische Anschauungen sind gerade keine sachgerechten Kriterien für die Auswahl der Bewerber im öffentlichen Dienst, was unzweideutig aus Art. 33 III GG und Art. 3 III hervorgeht.

Die mangelnde Bewältigung der Ämterpatronage führt dazu, daß die etablierten Parteien ihre Schlüsselstellung in den Parlamenten und in der Exekutive teuer bezahlen müssen: „Sie sind gegenüber dem öffentlichen Dienst nicht mehr konfliktfähig, sie zehren an den Resten des ihnen entgegengebrachten Vertrauens, sie befinden sich sogar ‚fest in der Hand' des öffentlichen Dienstes ...".[30]

§ 14. Der gewachsene Medien- und Verbandseinfluß und die Veränderungen im demokratischen Willensbildungsprozeß

Literatur: M. Kloepfer, Öffentliche Meinung, Massenmedien, in: HdBStR Bd. II, 1987, S. 171 ff.; *H. D. Jarass,* Die Freiheit der Massenmedien, 1978; *W. Schmitt Glaeser,* Die grundrechtliche Freiheit des Bürgers zur Mitwirkung an der Willensbildung, in: HdBStR Bd. II, 1987, S. 49 ff.; *K. Hesse,* Grundzüge des Verfassungsrechts der Bundesrepublik, 18. Aufl. (1991), S. 68 ff. (Rdnrn. 162 ff.); *H. Ridder,* Meinungsfreiheit, in: Die Grundrechte Bd. II, 1954, S. 243 ff.; *H.-J. Papier,* Über Pressefreiheit, in: Der Staat Bd. 13 (1974), S. 399 ff.; *ders.,* Pressefreiheit zwischen Konzentration und technischer Entwicklung, in: Der Staat Bd. 18 (1979), 422 ff.; *W. Schmitt Glaeser,* Die Rundfunkfreiheit in der Rechtsprechung des Bundesverfassungsgerichts, in: AöR Bd. 112 (1987), 214 ff.; *H. Bethge,* Rundfunkfreiheit und privater Rundfunk, 1985; *A. Hesse,* Rundfunkrecht, 1990, S. 51 ff.; *J. Wieland,* Die Freiheit des Rundfunks, 1984; *H. H. Klein,* Die Rundfunkfreiheit, 1978; *M. Bullinger,* Kommunikationsfreiheit im Strukturwandel der Telekommunikation, 1980, S. 63 ff.; *U. Scheuner,* Das Grundrecht der Rundfunkfreiheit, 1982; *C. Starck,* Zur notwendigen Neuordnung des Rundfunks, in: NJW 1980, 1359 ff.; *W. Schmidt,* Die Rundfunkgewährleistung, 1980, 82 ff.; *M. Stock,* Medienfreiheit als Funktionsgrundrecht, 1985.

J. Weber, Die Interessengruppen im politischen System der Bundesrepublik Deutschland, 1977; *H. H. v. Arnim,* Gemeinwohl und Gruppeninteressen, 1977; *R. Steinberg* (Hg.), Staat und Verbände. Zur Theorie der Interessenverbände in der

---

[29] *F. Wagener,* Der öffentliche Dienst im Staat der Gegenwart, in: VVDStRL H. 37 (1979), 215 ff. (236 f.).

[30] *M. Stolleis,* Parteienstaatlichkeit – Krisensymptome des demokratischen Verfassungsstaates?, in: VVDStRL H. 44 (1986), 7 ff. (26), unter Bezugnahme auf die Ausführungen von *F. Wagener* (o. Fußn. 29).

Industriegesellschaft, 1985; *ders.*, Parlament und organisierte Interessen, in: *H. P. Schneider-W. Zeh* (Hg.), Parlamentsrecht und Parlamentspraxis, 1989, S. 217ff.; *D. Grimm*, Verbände, in: HdBVerfR 1983, S. 373ff.; *J. H. Kaiser*, Verbände, in: HdBStR Bd. II, 1987, S. 149ff.; *E. W. Böckenförde*, Die politische Funktion wirtschaftlich-sozialer Verbände und Interessenträger in der sozialstaatlichen Demokratie, in: Der Staat Bd. 15 (1976), 457ff.; *K. Kröger*, Staat und Verbände, in: Aus Politik und Zeitgeschichte. Beilage zur Wochenzeitung „Das Parlament", B. 6/1966, 3ff.; *H. J. Mengel*, Die Funktion der parlamentarischen Anhörung im Gesetzgebungsprozeß, in: DöV 1983, 226ff.; *H. J. Schröder*, Gesetzgebung und Verbände, 1976; *R. Steinberg*, Das Verhältnis der Interessenverbände zu Regierung und Parlament, in: ZfParl 1972, 207ff.; *L. A. Versteyl*, Der Einfluß der Verbände auf die Gesetzgebung, 1972; *W. Brohm*, Sachverständige Beratung des Staates, in: HdBStR Bd. II, 1987, S. 207ff.; *ders.*, Sachverständige und Politik. Rechtsfragen der Beratung in der Wirtschafts- und Sozialpolitik der Bundesrepublik Deutschland, in: Festschrift für E. Forsthoff, 1972, S. 37ff.; *F. Müller-Rommel*, Sozialwissenschaftliche Politikberatung, in: Aus Politik und Zeitgeschichte. Beilage zur Wochenzeitung „Das Parlament", B 25/1984, 26ff.

P. Krause, Verfassungsrechtliche Möglichkeiten unmittelbarer Demokratie, in: HdBStR Bd. II, 1987, S. 313ff.; *W. Schmitt Glaeser*, Die grundrechtliche Freiheit des Bürgers zur Mitwirkung an der Willensbildung, ebenda, S. 49ff.; *E. W. Böckenförde*, Demokratie und Repräsentation, 1983; *I. Ebsen*, Abstimmungen des Bundesvolks als Verfassungsproblem, in: AöR Bd. 110 (1985), 2ff.; *P. C. Mayer-Tasch*, Die Bürgerinitiativbewegung, 1976; *J. Dittberner*, Bürgerinitiative als partielles Partizipationsbegehren, in: ZfParl 1973, 194ff.; *E. Schmidt-Jortzig*, Bürgerschaftliches Aufbegehren. Zur verfassungsrechtlichen und verfassungstheoretischen Einordnung von Bürgerinitiativen, in: Aus Politik und Zeitgeschichte. Beilage zur Wochenzeitung „Das Parlament", B 38/1979, 3ff.

K. Hesse, Grundzüge des Verfassungsrechts der Bundesrepublik, 18. Aufl. (1991), S. 272ff. (Rdnrn. 691ff.); *A. Sattler*, Die rechtliche Bedeutung der Entscheidung für die streitbare Demokratie, 1982; *U. Scheuner*, Der Verfassungsschutz im Bonner Grundgesetz, in: Festgabe für E. Kaufmann, 1950, S. 313ff.; *E. Denninger und H. H. Klein*, Verfassungstreue und Schutz der Verfassung, in: VVDStRL H. 37 (1979), 8ff., 53ff.; *E. Bulla*, Die Lehre von der streitbaren Demokratie, in: AöR Bd. 98 (1973), 340ff.; *J. Lameyer*, Streitbare Demokratie, 1978; *R. Schuster*, Relegalisierung der KPD oder Illegalisierung der NPD? Zur politischen und rechtlichen Problematik von Parteiverboten, in: ZfPol 1968, 417ff.; *W. Schmidt*, Das Parteienprivileg zwischen Legalisierung und Opportunität, in: DöV 1978, 468ff.

Auch wenn das Grundgesetz die *öffentliche Meinung* nirgends erwähnt, kommt ihr in der heutigen Verfassungsordnung eine zentrale Bedeutung zu. Das *Bundesverfassungsgericht* hat in ständiger Rechtsprechung die aus der freien Auseinandersetzung verschiedener Auffassungen hervorgehende öffentliche Meinung als konstituierendes Element der freiheitlichen Demokratie gewürdigt,[1] deren vordringlichste Aufgabe die Sicherung eines freien Prozesses öffentlicher Meinungsbildung ist.

Die modernen *Massenkommunikationsmittel* der Presse und des Rundfunks unter Einschluß des Fernsehens üben heute einen erheblichen Einfluß auf die Bildung der individuellen wie der öffentlichen Meinung aus. Sie drohen durch geschickte, oft unmerkliche Beeinflussung die Meinungsbildung zu manipulieren, indem sie durch eindringliche Bilder und suggerierte Argumentationen die eigenen Wahrnehmungen und Erfahrungen der Einzelnen verdrängen. Die öffentliche Meinung gerät dadurch

---

[1] Vgl. *BVerfGE* 7, 198 (208, 213) und seither.

in den Sog der „veröffentlichten Meinung" der Massenmedien, was nicht unbedenkliche Folgen für die politische Willensbildung mit sich bringt.

Diesen Gefahren ist die Rechtsprechung des *Bundesverfassungsgerichts* nur bedingt gerecht geworden. Durch die Betonung der objektiv-rechtlichen Seite der Kommunikationsgrundrechte der Presse-, Rundfunk- und Filmfreiheit des Art. 5 GG zu Lasten ihrer subjektiv-rechtlichen Gehalte[2] hat das Gericht den Einfluß der Massenmedien auf die Bildung der öffentlichen Meinung „grundrechtlich stark abgesichert".[3]

Für das *Bundesverfassungsgericht* steht die Gewährleistung der *freien Presse* als konstituierendes Merkmal der freiheitlich-demokratischen Staatsordnung im Vordergrund. Der Staat ist „unabhängig von subjektiven Berechtigungen Einzelner verpflichtet, in seiner Rechtsordnung überall, wo der Geltungsbereich einer Norm die Presse berührt, dem Postulat ihrer Freiheit Rechnung zu tragen".[4] Zwar würdigt das Gericht auch die Freiheit der im Pressebereich tätigen Personen vor staatlichen Ingerenzen, betont aber in erster Linie die zentrale Bedeutung der „institutionellen Eigenständigkeit der Presse".[5] Daraus leitet es für den Staat die Verpflichtung ab, zum Schutze des freien Pressewesens Tendenzen zur Bildung von Meinungsmonopolen entgegenzutreten.[6]

Parallel dazu ist die Rechtsprechung des *Verfassungsgerichts zur Rundfunkfreiheit* verlaufen: Die Gewährleistung dieser Freiheit bestehe nicht allein in der Abwehr staatlicher Eingriffe, sondern auch in der Sicherung der Vielfalt der vorhandenen Meinungen im Rundfunk in möglichster Breite und Vollständigkeit.[7] Wegen der Gefahr des Mißbrauchs dürfe dieses Kommunikationsmittel nicht dem freien Spiel der Kräfte überlassen werden; Art. 5 GG garantiere daher die *institutionelle* Freiheit des Rundfunks.[8] Deren erforderliche rechtliche Ausgestaltung unterliege dem Vorbehalt des Gesetzes; sie müsse eine freie, umfassende und wahrheitsgemäße Meinungsbildung gewährleisten – auch nach dem Wegfall der durch Frequenzknappheit und finanziellen Aufwand bedingten Sondersituation.[9]

Diese Rechtsprechung hat im Schrifttum überwiegend lebhafte Kritik ausgelöst: Gerügt wird vor allem, daß das *Bundesverfassungsgericht* die subjektiv-rechtliche Seite der Rundfunkfreiheit – im Unterschied zur

---

[2] Zu Grundrechtsrechtsprechung des *BVerfGs* siehe im Näheren die Ausführungen unten S. 111ff.

[3] Siehe insbesondere: *M. Kloepfer*, Öffentliche Meinung, Massenmedien, in: HdBStR Bd. II, 1987, S. 171ff. (202 Rdnr. 65).

[4] *BVerfGE* 20, 162 (175).

[5] *BVerfGE* 10, 118 (121); 12, 205 (260); 20, 162 (174ff.); 25, 256 (268f.); 50, 234 (239ff.); 52, 283 (296); 66, 116 (133ff.); 77, 346 (354f.).

[6] *BVerfGE* 20, 162 (176).

[7] Siehe besonders: *BVerfGE* 57, 295 (320).

[8] *BVerfGE* 12, 205 (261); 31, 314 (326).

[9] *BVerfGE* 57, 295 (322).

Pressefreiheit – negiert. Das Individualrecht sei auch im Bereich des Rundfunks der grundrechtliche Normalfall; eine Vergesellschaftung der Rundfunkfreiheit könne nur zur verfassungsrechtlichen Bewältigung der erwähnten „Sondersituation" in Betracht kommen; mit deren gegenwärtigem Wegfall lebe das ursprüngliche Individualrecht wieder auf.[10] Der Zugang zum Rundfunk müsse daher kraft der in Art. 5 I GG verbürgten Rundfunkfreiheit jedermann offenstehen.

Unbestritten ist indessen, daß der Gesetzgeber bei Gefährdungen der durch das Grundgesetz vorgegebenen Strukturprinzipien der Kommunikationsverfassung – Staatsfreiheit, Pluralität, Chancengerechtigkeit – geeignete Maßnahmen zu ergreifen hat.[11] Jedoch bleibt nach der Rechtsprechung des *Bundesverfassungsgerichts* der Regelungsbereich des Gesetzgebers zu weit gespannt, insbesondere bei der Auswahl und Zulassung von privaten Rundfunkveranstaltern.

Von nicht geringerer Bedeutung für den demokratischen Willensbildungsprozeß ist die *Zunahme des Verbandseinflusses.* In den Anfangsjahren der Bundesrepublik wurde darin vielfach die Gefahr einer „Herrschaft der Verbände" gesehen,[12] die in dieser Verallgemeinerung allerdings nie bestanden hat. Dieser Befürchtung lag ein demokratisches Mißverständnis zugrunde, das die Einflußnahme der politisch-sozialen Verbände auf staatliche Entscheidungen von vornherein negativ bewertete. Für die freiheitliche demokratische Ordnung des Grundgesetzes ist indessen das politische Wirken der Verbände ein unverzichtbarer Faktor im Prozeß der politischen Willensbildung.[13] Neben den politischen Parteien und der öffentlichen Meinung sind es vornehmlich die Verbände, die auf staatliche Entscheidungen einwirken. Mit vollem Recht hat das *Bundesverfassungsgericht* das „Prinzip freier sozialer Gruppenbildung ... als wesentliches Prinzip freiheitlicher Staatsgestaltung" angesehen.[14]

Der gewachsene Verbandseinfluß geht nicht allein auf die verstärkte, durch die Grundrechte geschützte Geltendmachung organisierter Interessen zurück; vielfach haben *staatsrechtliche Regelungen* und die *Staatspraxis* den Verbänden Mitwirkungsrechte an staatlichen Entscheidungen eingeräumt, die zu einer „Prägung staatlicher Willensbildung im Sinne

---

[10] Statt vieler: *H. H. Klein,* Die Rundfunkfreiheit, 1978, S. 32ff., 64ff.; *M. Bullinger,* Kommunikationsfreiheit im Strukturwandel der Telekommunikation, 1980, S. 63ff.

[11] Stellvertretend für alle: *H. H. Klein* (o. Fußn. 10), S. 71.

[12] So der zum geflügelten Wort gewordene Buchtitel von *Th. Eschenburg,* 1955. Vgl. im Näheren auch *W. Weber,* Das politische Kräftesystem in der wohlfahrtsstatlichen Massendemokratie, in dem von dem Autor herausgegebenen Band: Spannungen und Kräfte im westdeutschen Verfassungssystem, 2. Aufl. (1958), S. 139ff.

[13] Vgl. dazu: *K. Kröger,* Staat und Verbände, in: Aus Politik und Zeitgeschichte, Beilage zur Wochenzeitung „Das Parlament", B 6/1966, 3ff.

[14] *BVerfGE* 38, 281 (303).

einer spezifischen Vertrags- und Verhandlungsdemokratie geführt haben".[15]

Die bekannteste, wenn auch nicht die wichtigste institutionalisierte Einwirkungsmöglichkeit besteht für die Interessenverbände in den *öffentlichen Anhörungen* durch einen Ausschuß des Deutschen Bundestages nach § 70 GOBT:

> „Zur Information über einen Gegenstand seiner Beratung kann ein Ausschuß öffentliche Anhörungen von Sachverständigen, Interessenvertretern und anderen Auskunftspersonen vornehmen" (Abs. 1 S. 1) .... „Der Ausschuß kann in eine allgemeine Aussprache mit den Auskunftspersonen eintreten, soweit dies zur Klärung des Sachverhalts erforderlich ist..." (Abs. 4 S. 1).

Die öffentlichkeitswirksame Darstellung der Verbandsauffassungen ist zwar für eine Interessenvereinigung von Nutzen, hat aber in der Regel keinen Einfluß mehr auf die Fassung eines zu beschließenden Gesetzes.[16] Von größerem Gewicht sind daher für die Verbände die auf die *Entstehung* eines Gesetzes gerichteten Einwirkungsmöglichkeiten. Da über achtzig Prozent der Gesetzentwürfe von der Bundesregierung beim Bundestag eingebracht (Art. 76 I GG) und von den zuständigen Bundesministerien vorbereitet werden, sind die *Regierung* und die ihr nachgeordnete Ministerialbürokratie heute die wichtigsten Adressaten des Verbandseinflusses.

Die Bundesregierung hat über die *„Unterrichtung der beteiligten Fachkreise und Verbände"* in § 24 der Gemeinsamen Geschäftsordnung der Bundesministerien Teil II[17] selbst das Tor zur Verbandseinflußnahme geöffnet:

> „(1) Bei der Vorbereitung von Gesetzen können die Vertretungen der beteiligten Fachkreise oder Verbände unterrichtet und um Überlassung von Unterlagen gebeten werden sowie Gelegenheit zur Stellungnahme erhalten. Zeitpunkt, Umfang und Auswahl bleiben, wenn nicht Sondervorschriften bestehen, dem Ermessen überlassen. Soll der Entwurf vertraulich behandelt werden, so ist es zu vermerken.
>
> (2) Bei Gesetzentwürfen von besonderer politischer Bedeutung ist, bevor mit den Vertretern der Fachkreise oder Verbände Fühlung genommen wird, eine Entscheidung des Bundeskanzlers einzuholen. Im übrigen ist darauf zu achten, daß mit den Vertretungen der Fachkreise oder Verbände nicht in einer Weise Fühlung genommen wird, die dem Kabinett die Entscheidung erschwert."

In der Staatspraxis hat sich die Unterrichtung der Verbände mit der Gelegenheit zur Stellungnahme zu einer regelrechten *Anhörungspflicht* verdichtet.[18] Für die Spitzenverbände der Beamten besteht sogar ein Rechtsanspruch auf Anhörung (§ 58 BRRG; § 94 BBG).

---

[15] *R. Steinberg*, Parlament und organisierte Interessen, in: *H. P. Schneider-W. Zeh* (Hg.), Parlamentsrecht und Parlamentspraxis, 1989, S. 217ff. (251 Rdnr. 107).

[16] Siehe dazu vor allem: *H.J. Mengel*, Die Funktion der parlamentarischen Anhörung im Gesetzgebungsprozeß, in: DöV 1983, 226ff.

[17] In der Fassung der Bekanntmachung des Bundesministers des Innern vom 15. 10. 1976 (GMBl, S. 550ff.).

[18] Vgl. *H.H.v. Arnim*, Gemeinwohl und Gruppeninteressen, 1977, S. 142 m. Anm. 45.

Der zweite Weg, im Vorstadium des Gesetzgebungsverfahrens Einfluß zu nehmen, bietet sich den Interessenverbänden über die zahlreichen *beratenden Beiräte*, die im Laufe der Jahre bei der Bundesverwaltung errichtet worden sind und zu denen in der Regel Verbandsvertreter hinzugezogen werden.[19] Soweit es sich dabei um *ständige* Beratungsgremien handelt, verschaffen sie die Möglichkeit zu einer über Einzelfragen hinausgehenden fortdauernden Einwirkung auf staatliche Entscheidungen.

Die Bundesregierung eröffnet den Verbänden noch einen weiteren Weg institutionalisierter Einflußnahme: Die *Entsendung von Abordnungen* zu den Mitgliedern der Regierung gemäß § 10 GOBReg:

„(1) Abordnungen (Deputationen) sollen in der Regel nur von dem federführenden Fachminister oder seinem Stellvertreter empfangen werden. Sie sind vorher um Angabe des Verhandlungsgegenstandes zu ersuchen. Erscheint ein gemeinsamer Empfang angezeigt, so benachrichtigt der angegangene Bundesminister die außer ihm noch in Frage kommenden Bundesminister.

(2) Der Bundeskanzler empfängt Abordnungen nur in besonderen Fällen."

Auf diese Weise können die Interessenverbände von sich aus auf die Planung und Gestaltung von Gesetzesvorhaben Einfluß nehmen.

Die rechtliche Kanalisierung des Verbandseinflusses ist nicht nur für die Interessenverbände, sondern durchweg auch für die staatlichen Organe von Vorteil. Sie ermöglicht, bei den Beratungen die Erfahrung und den Sachverstand der Verbandsvertreter einzubringen, die Einwirkungen der Verbände zu lokalisieren, sichtbarer und berechenbarer zu machen, divergierende Gruppeninteressen frühzeitig aufeinander abzustimmen und Grenzen der Akzeptanz von Regelungen auszuloten – Vorteile, die einem künftigen Gesetz zugute kommen. Andererseits ist nicht zu leugnen, daß durch massiven Verbandseinfluß Gesetzesvorhaben auch behindert oder sogar vereitelt werden können.

Zahllos und unüberschaubar sind darüber hinaus die vielfältigen *informellen Kontakte* der Verbände mit Ministerialbeamten, Abgeordneten und Parteiführern.[20] Das gilt vor allem für die Spitzenverbände der einzelnen Wirtschaftszweige, die Berufsverbände, die Gewerkschaften und die Arbeitgeberverbände. Sie machen die Bemühungen staatlicher Organe, den Verbandseinfluß transparent zu machen, weithin wieder zunichte. Es kommt hinzu, daß mehr und mehr Funktionäre der genannten Vereinigungen Mitglieder des Deutschen Bundestages sind. Die *Verbandsfärbung des Parlaments* führt dazu, daß bestimmte Gruppeninteressen, insbesondere die der Unternehmerverbände, der Gewerkschaften, der Landwirte und der Beamten, überproportional zur Geltung ge-

---

[19] Siehe die Angaben bei: *W. Brohm*, Sachverständige Beratung des Staates, in: HdBStR Bd. II, 1987, S. 207ff. (223 Rdnr. 24).

[20] Vgl. dazu die Angaben bei: *R. Steinberg* (o. Fußn. 15), S. 226 (Rdnr. 32) und S. 234f. (Rdnrn. 46f.).

bracht werden und bestimmte Ausschüsse des Bundestages Gefahr laufen, zu regelrechten „Verbandsinseln" zu werden.[21]

Im ganzen gesehen ist der Einfluß der Verbände auf die Vorformung des politischen Willens[22] und auf die Träger der institutionalisierten Staatlichkeit immer stärker geworden. Parallellaufend haben die beiden *Volksparteien, CDU* und *SPD,* welche mit Rücksicht auf ihre breit gestreuten Wählerschichten sich in ihren Zielsetzungen immer ähnlicher geworden sind, *an Wirkkraft verloren.* Es gelingt ihnen zunehmend weniger, ihre Wählerschichten überzeugend anzusprechen und zu repräsentieren. Das ist nicht allein eine Folge einer fortschreitenden Nivellierung des materiellen und ideellen Abstandes zwischen Wählerschaft und ihren politischen Repräsentanten, sondern vor allem auch eine Auswirkung grundstürzend veränderter Lebensbedingungen der postmodernen Dienstleistungsgesellschaft mit ihrem vielberufenen Wertewandel und dem Schwinden dauerhafter politischer Verhaltensmuster. Das Vertrauen in die Leistungsfähigkeit der politischen Parteien, das durch neugegründete Parteien, wie die *Grünen* und die *Republikaner* in den achtziger Jahren, nicht gestärkt worden ist, ist fortlaufend geringer geworden. Die sich ausbreitende Vertrauenskrise, die ihren Niederschlag in sinkenden Mitgliederzahlen und einer um sich greifenden Wahlmüdigkeit der Bürger findet, ist freilich nicht ohne Zutun der etablierten Parteien selbst entstanden:[23]

„.... die Mängel, Auswüchse und Fehlentwicklungen des parteienstaatlichen Systems treten immer deutlicher zutage. Zu lange und zu selbstherrlich haben die politischen Parteien vom Selbstverständnis ihres Machtmonopols gezehrt, zu lange sind die Anzeichen der Enttäuschung, Verdrossenheit und Resignation ignoriert und die dadurch mitverursachte gefährliche Instabilität und Anfälligkeit gegenüber fundamentalistischen und irrationalistischen ‚Bewegungen' verkannt worden ....".[24]

Als Selbsthilfeorganisationen haben sich seit den späten sechziger Jahren *Bürgerinitiativen* gebildet. Sie richten sich sowohl gegen die Funktionsschwächen des heutigen Parteienstaates und den verstärkten Einfluß mächtiger Verbände als auch gegen die Verschlechterung der „sozioökologischen Situation". Mit meist spektakulären Aktionen wenden sie sich an die Öffentlichkeit, speziell an die Massenmedien, oder gezielt an Parlament und Regierung, um ihre Interessen und ihre „Betroffenheit" zur Geltung zu bringen und politische Maßnahmen oder eine Änderung der bisherigen Politik zu erzwingen.

---

[21] So bereits: *R. Breitling,* Die Verbände in der Bundesrepublik Deutschland, 1955, S. 137; *J. Weber,* Die Interessengruppen im politischen System der Bundesrepublik Deutschland, 1977, S. 288.

[22] Siehe dazu die Ausführungen oben S. 38f.

[23] Siehe dazu die Ausführungen oben S. 99ff.

[24] *H.H. Rupp,* Kritische Bemerkungen zum heutigen Verhältnis von Verfassungsrecht und Verfassungswirklichkeit, in: Festschrift für K. Carstens Bd. II, 1984, S. 773ff. (785).

Soweit sie sich dabei im Rahmen des freien und offenen Willensbildungsprozesses im vorparlamentarischen Raum bewegen und mit grundrechtlich geschützten Mitteln ihre Ziele verfolgen, betätigen sie sich im Sinne unserer Demokratie.[25] „Begrenzte Regelverstöße" oder Gewalt und Zwang sind indes als Mittel des Meinungskampfes vom Grundgesetz nicht gedeckt.

Die Losung „Mehr Demokratie wagen", die in den späten sechziger und den siebziger Jahren zur verheißungsvollen Vision wurde, hat zwar zur *Herabsetzung des Alters für das aktive und passive Wahlrecht* einheitlich auf achtzehn Jahre durch das 27. Gesetz zur Änderung des Grundgesetzes vom 31. 7. 1970 (BGBl I, 1161) beigetragen. Aber alle Tendenzen, die politischen Mitwirkungsrechte der Bürger durch Einfügung plebiszitärer Elemente in das Grundgesetz zu stärken, blieb der Erfolg versagt. Die Enquete-Kommission „Verfassungsreform" des Deutschen Bundestages hat eine entsprechende Empfehlung in ihrem Schlußbericht (BT-Dr 7/5924) nicht gegeben.

Die Einführung von Volksbegehren und Volksentscheiden in der Bundesrepublik wäre angesichts der immer komplexer, verwickelter und schwieriger werdenden Sachfragen im heutigen technokratischen Staat auch nicht sinnvoll. Der Bürger wäre regelmäßig überfordert.[26] Zudem würden durch plebiszitäre Elemente gravierende Probleme entstehen und die heutige demokratische Ordnung würde eher geschwächt:

> „Statt zur Akzeptanz und damit zur Stabilität beizutragen, tendiert die direkte Demokratie zu Gemeinwohlferne, Irrationalität, Inkonsistenz und Punktualität. Während der parlamentarische Gesetzgeber die Revision der einmal getroffenen Entscheidungen zu vertreten hat, d.h. plausible Gründe geltend machen muß, steht das Volk immer in Gefahr, Stimmungen zu folgen. Weil auch das Plebiszit Repräsentanten voraussetzt, die das Volksbegehren organisieren, die notwendigen Fragen stellen und für die ‚richtige' Entscheidung werben, wächst mit der Erweiterung unmittelbarer Demokratie schließlich der Einfluß informeller, wechselnder Repräsentanten, die den gewählten Repräsentanten in den Staatsorganen und in den Parteien Einfluß entziehen ....".[27]

Veränderungen im demokratischen Willensbildungsprozeß haben sich schließlich daraus ergeben, daß das dem Grundgesetz zugrunde liegende Konzept der *„streitbaren Demokratie"*[28] mehr und mehr verblaßt ist. Die präventiven und repressiven Sicherungen der Verwirkung von Grundrechten (Art. 18 GG), die Verbotsmöglichkeit politischer Parteien (Art. 21 II GG), der Treueklausel des Art. 5 III 2 GG sowie der Präsidenten- und Richteranklage (Art. 61, 98 II GG) haben in der über vierzigjäh-

---

[25] Vgl. dazu auch: *BVerfGE* 20, 56 (98f.); 27, 71 (81f.).

[26] Vgl. vor allem jetzt: *W. Schmitt Glaeser,* Die grundrechtliche Freiheit des Bürgers zur Mitwirkung an der Willensbildung, in: HdBStR Bd. II, 1987, S. 49ff. (68).

[27] *P. Krause,* Verfassungsrechtliche Möglichkeiten unmittelbarer Demokratie, in: HdBStR Bd. II, 1987, S. 313ff. (335 Rdnr. 27).

[28] Siehe vor allem die umfassende Darstellung von: *A. Sattler,* Die rechtliche Bedeutung der Entscheidung für die streitbare Demokratie, 1982.

rigen Geschichte des Grundgesetzes entweder keine oder nur vorübergehend eine Rolle gespielt.[29]

Von Bedeutung waren lediglich die beiden *Parteiverbote:* Am 23. 10. 1952 wurde die *Sozialistische Reichspartei* (SRP) und am 17. 8. 1956 die *Kommunistische Partei Deutschlands* (KPD) durch das *Bundesverfassungsgericht* verboten.[30]

So sehr die auf Erfahrungen in der Spätphase der Weimarer Republik zurückgehende Besorgnis, die demokratische Ordnung vor verfassungsfeindlichen Parteien zu schützen, verständlich ist, so wenig sind Parteiverbote geeignet, einen dauerhaften Schutz der demokratischen Ordnung zu bieten. Sie führen lediglich dazu, extremistische Parteien aus dem politischen Willensbildungsprozeß zu eliminieren und in die Illegalität abzudrängen. Dadurch werden die etablierten verfassungsmäßigen Parteien der Notwendigkeit enthoben, den Zielsetzungen verfassungswidriger Parteien in öffentlicher Auseinandersetzung entgegenzutreten. Das Parteienspektrum wird durch Parteiverbote um den hohen Preis der Verkürzung der politischen Freiheit verengt, und „die Lebenskraft der Verfassung, die auf Zustimmung und freier Aktualisierung, nicht auf Verboten und Zwangsmaßnahmen beruht, nicht gestärkt".[31]

In der politischen Diskussion hat sich in den letzten beiden Jahrzehnten die Auffassung durchgesetzt, daß ein Verbot extremistischer Parteien nicht sinnvoll ist.[32] Als im Herbst 1968 die *Deutsche Kommunistische Partei* (DKP) gegründet und unverhohlen die Zielsetzung der verbotenen KPD, die „sozialistische Gesellschafts- und Staatsordnung" zu verwirklichen, wieder aufgegriffen wurde, kam es nicht zu einem neuen Verbotsverfahren. Auch gegen andere extremistische Parteien, wie die *Nationaldemokratische Partei Deutschlands* (NPD), die *Republikaner* und die Nachfolgepartei der SED, die *Partei des Demokratischen Sozialismus* (PDS), ist kein Antrag auf Feststellung der Verfassungswidrigkeit beim *Bundesverfassungsgericht* gestellt worden.

---

[29] Ursprünglich gehörte noch der Straftatbestand des Hochverrats in Art. 143 aF GG dazu, der durch das Strafrechtsänderungsgesetz vom 30. 8. 1951 in das Strafgesetzbuch übernommen und im Grundgesetz gestrichen wurde (BGBl I, 739).

[30] *BVerfGE* 2, 1, und 5, 85.

[31] *K. Hesse,* Grundzüge des Verfassungsrechts der Bundesrepublik, 18. Aufl. (1991), S. 273 Rdnr. 694, auch: 282 Rdnr. 715.

[32] Statt weiterer Belege: *R. Schuster,* Relegalisierung der KPD oder Illegalisierung der NPD? Zur politischen und rechtlichen Problematik von Parteiverboten, in: ZfPol 1968, 417ff.

IV. Kapitel. Der soziale Rechtsstaat im Wandel

§ 15. Die gesteigerte Bedeutung der Grundrechte

Literatur: K. Hesse, Grundzüge des Verfassungsrechts der Bundesrepublik, 18. Aufl. (1991), S. 117ff. (Rdnrn. 277ff.); *ders.,* Bestand und Bedeutung der Grundrechte, in: HdBVerfR, 1983, S. 79ff.; *ders.,* Verfassungsrecht und Privatrecht, 1988; *E. W. Böckenförde,* Grundrechte als Grundsatznormen, in: Der Staat Bd. 29 (1990), 1ff.; *ders.,* Zur Lage der Grundrechtsdogmatik nach 40 Jahre Grundgesetz, 1990; *R. Alexy,* Grundrechte als subjektive Rechte und als objektive Normen, in: Der Staat Bd. 29 (1990), 49ff.; *K. Stern,* Staatsrecht der Bundesrepublik Bd. III/1, 1988, S. 897ff.; *A. Bleckmann,* Staatsrecht II: Die Grundrechte, 3. Aufl. (1989), S. 175ff., 197ff.; *H. H. Rupp,* Vom Wandel der Grundrechte, in: AöR Bd. 101 (1976), 161ff.; *H. Jarass,* Grundrechte als Wertentscheidung bzw. objektivrechtliche Prinzipien in der Rechtsprechung des Bundesverfassungsgerichts, in: AöR Bd. 110 (1985), 363ff.

R. Smend, Verfassung und Verfassungsrecht, 1928, jetzt in den Staatsrechtlichen Abhandlungen des Verfassers, 2. Aufl. (1968), S. 119ff. (260ff.); *ders.,* Bürger und Bourgeois im deutschen Staatsrecht, 1933, ebenda abgedruckt, S. 309ff.; *H. Krüger,* Allgemeine Staatslehre, 1964, S. 527ff.; *C. Schmitt,* Freiheitsrechte und institutionelle Garantien der Reichsverfassung, 1931, jetzt in den Verfassungsrechtlichen Aufsätzen des Verfassers, 2. Aufl. (1985), S. 140ff.; *P. Häberle,* Die Wesensgehaltsgarantie des Art. 19 Abs. 2 GG, 3. Aufl. (1983); *ders.,* Grundrechte im Leistungsstaat, in: VVDStRL H. 30 (1972), 43ff.; *H. Steiger,* Institutionalisierung der Freiheit, in: Zur Theorie der Institution (Hg. von *H. Schelsky*), 2. Aufl. (1973), S. 91ff.; *H. H. Klein,* Die Grundrechte im demokratischen Staat, 1972; *E. Grabitz,* Freiheit und Verfassungsrecht, 1976; *J. Schwabe,* Probleme der Grundrechtsdogmatik, 1977; *E. W. Böckenförde,* Grundrechtstheorie und Grundrechtsinterpretation, in: NJW 1974, 1529ff.; *H. Goerlich,* Wertordnung und Grundgesetz 1973; *B. Schlink,* Abwägung im Verfassungsrecht, 1976; *ders.,* Freiheit durch Eingriffsabwehr – Rekonstruktion der klassischen Grundrechtsfunktion, in: EuGRZ 1984, 457ff.; *K. Kröger,* Grundrechtstheorie als Verfassungsproblem, 1978; *L. H. Fohmann,* Konkurrenzen und Kollisionen im Grundrechtsbereich, in: EuGRZ 1985, 49ff.; *G. Hermes,* Das Grundrecht auf Schutz von Leben und Gesundheit, 1987, S. 43ff.; *E. Klein,* Grundrechtliche Schutzpflicht des Staates, in: NJW 1989, 1633ff.; *P. Preu,* Freiheitsgefährdung durch die Lehre von den grundrechtlichen Schutzpflichten, in: JZ 1991, 265ff.; *J. Dietlein,* Die Lehre von den grundrechtlichen Schutzpflichten, 1992.

Bei der Wiederbegründung der rechtsstaatlichen Ordnung durch das Grundgesetz der Bundesrepublik Deutschland ist den Grundrechten – nach einer Zeit der Mißachtung und Erniedrigung des Individuums während des nationalsozialistischen Regimes – von Anfang an eine herausragende Rolle zugewiesen worden. Es galt indes, nicht nur den Gefahren der jüngsten Vergangenheit zu begegnen, sondern auch zu verhindern, daß die Grundrechte in ihrer Geltung künftig ähnlich beschränkt sein würden wie unter der Weimarer Reichsverfassung.

Auf doppelte Weise wurde die *Grundrechtsgeltung ausgeweitet:* Zum einen durch die Bindung auch des Gesetzgebers an die Grundrechte, zum anderen dadurch, daß nunmehr alle Grundrechte unmittelbar geltendes Recht sind (Art. 1 III GG) statt wie in Weimar oft nur bloße Programmsätze für den Gesetzgeber. Durch den verfassungsgerichtlichen Schutz sind sie zudem besser durchsetzbar als je zuvor.

Doch damit nicht genug: In der über vierzigjährigen Geschichte des Grundgesetzes ist der Grundrechtsschutz sowohl durch den verfassungsändernden Gesetzgeber als auch durch die Rechtsprechung des *Bundesverfassungsgerichts* qualitativ verstärkt worden.

Bei der nachträglichen Einfügung der *Wehrverfassung* in das Grundgesetz durch die 7. Novelle vom 19. 3. 1956 (BGBl I, 111)[1] ist die Einschränkbarkeit von Grundrechten der Wehr- und Ersatzdienstleistenden enumerativ begrenzt worden (Art. 17a GG). Und das 17. Gesetz zur Ergänzung des Grundgesetzes vom 24. 6. 1968 (BGBl I, 709), durch das Regelungen für den *Notstandsfall* getroffen wurden,[2] gewährleistet die Koalitionsfreiheit des Art. 9 III GG auch in Zeiten äußerer Bedrohung (Art. 12a, 35 II, 87a IV, 91 GG) und bei Naturkatastrophen oder Unglücksfällen (Art. 35 III GG). Dasselbe verfassungsändernde Gesetz präzisiert ferner die Beschränkungsmöglichkeiten der Freizügigkeit durch einen qualifizierten Gesetzesvorbehalt (Art. 11 II GG).

Von weit größerem Gewicht ist indes der *Bedeutungszuwachs*, den die Grundrechte durch die Rechtsprechung des *Bundesverfassungsgerichts* erfahren haben, gestützt von der überwiegenden Meinung im staatsrechtlichen Schrifttum. Es ist nicht übertrieben, von einer gleichsam kopernikanischen Wende der Grundrechtsgeltung zu sprechen.

Schon Ende der fünfziger Jahre ging das Verfassungsgericht dazu über, in den Grundrechten nicht nur subjektive Freiheitsrechte auf Abwehr staatlicher Eingriffe, sondern auch *objektive Grundsatznormen* zu sehen, die alle Bereiche des Rechts durchdringen. Es begreift den Grundrechtsteil im Ganzen als objektive Wertordnung, aber auch die einzelnen Freiheitsrechte für sich werden als wertentscheidende Grundsatznormen verstanden:

„Ohne Zweifel sind die Grundrechte in erster Linie dazu bestimmt, die Freiheitssphäre des Einzelnen vor Eingriffen der öffentlichen Gewalt zu sichern; sie sind Abwehrrechte des Bürgers gegen den Staat ....

....Ebenso richtig ist aber, daß das Grundgesetz, das keine wertneutrale Ordnung sein will, in seinem Grundrechtsabschnitt auch eine objektive Wertordnung aufgerichtet hat und daß gerade hierin eine prinzipielle Verstärkung der Geltungskraft der Grundrechte zum Ausdruck kommt. Dieses Wertsystem, das einen Mittelpunkt in der innerhalb der sozialen Gemeinschaft sich frei entfaltenden menschlichen Persönlichkeit und ihrer Würde findet, muß als verfassungsrechtliche Grundentscheidung für alle Bereiche des Rechts gelten; Gesetzgebung, Verwaltung und Rechtsprechung empfangen von ihm Richtlinien und Impulse. So beeinflußt es

---

[1] Vgl. dazu die Ausführungen oben S. 64f.

[2] Siehe dazu die Ausführungen oben S. 66ff.

selbstverständlich auch das bürgerliche Recht; keine bürgerlich-rechtliche Vorschrift darf in Widerspruch zu ihm stehen, jede muß in seinem Geiste ausgelegt werden ...".[3]

Durch diese Interpretation, die an die wertorientierte Grundrechtstheorie *Rudolf Smends* aus der Weimarer Zeit anknüpft,[4] werden die Grundrechte aus ihrem traditionellen Staat-Bürger-Verhältnis herausgelöst und zu elementaren Ordnungsprinzipien der gesamten Rechtsordnung erhoben. Fortab kommt ihnen ein *Doppelcharakter* zu: Sie sind sowohl subjektive Freiheitsrechte auf Abwehr staatlicher Eingriffe als auch objektive Grundsatznormen der Rechtsordnung.

Die heutige Grundrechtsdogmatik wird dadurch vor neuartige Probleme gestellt, die allerdings bisher noch nicht zufriedenstellend gelöst sind. Folgerichtig ist die durch diese Grundrechtsauffassung bedingte *Ausweitung des Geltungsumfangs* der Grundrechte. Das *Bundesverfassungsgericht* hat den Gesetzesvorbehalt auch auf die Grundrechtseingriffe im *besonderen Gewaltverhältnis* erstreckt.[5] Verwirrend und noch zu undifferenziert ist seine *Wesentlichkeitstheorie*,[6] nach welcher der staatliche Gesetzgeber – losgelöst vom Merkmal des „Eingriffs" – in grundlegenden normativen Bereichen alle wesentlichen Entscheidungen selbst zu treffen hat:

> „In welchen Bereichen danach staatliches Handeln einer Rechtsgrundlage im förmlichen Gesetz bedarf, läßt sich nur im Blick auf den jeweiligen Sachbereich und die Intensität der geplanten oder getroffenen Regelung ermitteln. Die verfassungsrechtlichen Wertungskriterien sind dabei in erster Linie den tragenden Prinzipien des Grundgesetzes, insbesondere den vom Grundgesetz anerkannten und verbürgten Grundrechten zu entnehmen ....".[7]

Das *Gericht* ist sich der Unbestimmtheit des Wesentlichkeitsmerkmals und der Gefahr einer wenig differenzierten Ausdehnung parlamentarischer Befugnisse bewußt und vermag mit der Betonung der *„Grundrechtsrelevanz"* als maßgebendem Kriterium keine zureichende Lösungsformel anzubieten. Es bleibt eine hohe Ungewißheit – namentlich für den Gesetzgeber –, die zu lebhafter Kritik herausfordert.[8]

Eine weitere Ausweitung des Geltungsumfangs der Grundrechte ergibt sich aus der Interpretation des Art. 2 I GG durch das *Bundesverfassungsgericht*. Indem es dieses Grundrecht nicht als spezielles, sondern als *allge-*

---

[3] *BVerfGE* 7, 198 (204f.).

[4] *R. Smend,* Verfassung und Verfassungsrecht, 1928, jetzt in den Staatsrechtlichen Abhandlungen des Verfassers, 2. Aufl. (1968), S. 119ff. (260ff.); *ders.*, Das Recht der freien Meinungsäußerung, 1928, ebenda, S. 89ff., und – mit einigen Akzentuierungen – *ders.*, Bürger und Bourgeois im deutschen Staatsrecht, 1933, ebenda S. 309ff. – Siehe dazu auch: *K. Kröger,* Grundrechtstheorie als Verfassungsproblem, 1978, S. 17ff.

[5] Grundlegend: *BVerfGE* 33, 1 (11).

[6] Siehe den Nachweis oben S. 45 Fußn. 13.

[7] *BVerfGE* 49, 89 (127).

[8] Vgl. die zusammenfassende Kritik von: *E. Schmidt-Aßmann,* Der Rechtsstaat, in: HdBStR Bd. I, 1987, S. 987ff. (1020f.).

meines Freiheitsrecht versteht,[9] schafft es die Möglichkeit, den Grundrechtsschutz auf jedwede neuartige Bedrohung des Individuums und seiner Privatsphäre auszudehnen, wie etwa auf dem Gebiet des Datenschutzes durch die Ableitung des Rechts des Einzelnen auf *„informationelle Selbstbestimmung"*.[10]

Folgenreicher und auch problematischer ist die *Verstärkung der Geltungskraft der Grundrechte* durch die Judikatur des *Verfassungsgerichts.* Mit der Qualifizierung der Grundrechte als objektive Grundsatznormen oder Wertentscheidungen sind drei Folgeprobleme angesprochen, die seither die Grundrechtsdogmatik beschäftigen: die Ausstrahlungswirkung der Grundrechte auf alle Rechtsgebiete, die Drittwirkung der Grundrechte und deren Verständnis als Handlungsaufträge und Schutzpflichten für die staatlichen Organe.[11]

Das Verständnis der Grundrechte als objektive Wertordnung und ihre Geltung für alle Rechtsbereiche führt zu einer *Ausstrahlungswirkung* des Verfassungsrechts auf alle Rechtsmaterien. Diese werden in einer kaum allgemein festlegbaren Weise durch die Grundrechte als objektive Grundsatznormen überlagert. Besonders folgenschwer sind die Auswirkungen auf das *Privatrecht,* dessen auf dem Grundprinzip der Privatautonomie beruhende Eigenständigkeit bedroht wird:

> „Rechtsklarheit und Rechtsgewißheit, die gerade für den Privatrechtsverkehr notwendig sind, werden nicht unwesentlich beeinträchtigt. Gesteigert wird die Unklarheit durch die Besonderheit der Grundrechtskonstellation. Denn bei einem Rechtsstreit zwischen Privaten haben *alle* Beteiligten am Schutz der Grundrechte teil .... Wirken aber die Grundrechte zugunsten und zu Lasten aller an einem Privatrechtsverhältnis Beteiligten, so wird sich im Regelfall eine Kollision von Grundrechten ergeben. Bei einem Streit steht dann der Zivilrichter vor der äußerst schwierigen Aufgabe, die Art und das Ausmaß des grundrechtlichen Einflusses in einem Ausgleich oder einer Abwägung der in Betracht kommenden Grundrechte selbst zu finden. Dies aber ist mit der Aufgabe eines rechtsstaatlichen Anforderungen genügenden Privatrechts nur schwer vereinbar, das die Gestaltung von Rechtsbeziehungen und richterliche Problemlösung grundsätzlich durch klare, detaillierte und bestimmte Regelungen ermöglichen soll ....".[12]

Es kommt hinzu, daß die Ausstrahlungswirkung der Grundrechte nach Inhalt, Intensität und Umfang weithin unbestimmt ist. Das *Bundesverfassungsgericht* bedient sich in seiner Judikatur höchst unterschiedlicher Grundrechtstheorien, deren Verhältnis zueinander offen ist:[13] mal steht

---

[9] In ständiger Rechtsprechung seit: *BVerfGE* 6, 32.

[10] *BVerfGE* 65, 1 (43).

[11] Den besten Überblick gibt: *E. W. Böckenförde,* Grundrechte als Grundsatznormen, in: Der Staat Bd. 29 (1990), 1 ff. (8 ff.).

[12] *K. Hesse,* Verfassungsrecht und Privatrecht, 1988, S. 24 f. mit weiterführenden Überlegungen auf den folgenden Seiten.

[13] Grundlegend: *E. W. Böckenförde,* Grundrechtstheorie und Grundrechtsinterpretation, in: NJW 1974, 1529 ff.

das institutionelle,[14] mal das funktional-demokratische,[15] mal das sozialstaatliche Grundrechtsverständnis[16] im Vordergrund, zuweilen auch eine nicht näher bestimmte werttheoretische Grundrechtsauffassung. Das Gericht sucht die jeweils gebotene Lösung durch eine *Güterabwägung* zu finden, bei der Praktikabilitäts- und Effektivitätserwägungen offenbar ausschlaggebend zu sein scheinen.[17] Nicht ohne Berechtigung ist dagegen eingewandt worden, daß Abwägungen im Verfassungsrecht, welche Werte und Rechtsgüter miteinander vergleichen und rangmäßig gewichten, zum Scheitern verurteilt sind, weil die Verfassung nur einen geringen Bestand an Wertungen aufweist und die methodischen Schwierigkeiten, Wertungen intersubjektiv gültig zu treffen, nicht lösbar sind.[18] Hier mag eine Textprobe genügen, um die Fragwürdigkeit der Argumentation des Gerichts zu belegen:

> „Bei der Güterabwägung auftretende Konflikte lassen sich nur lösen, indem ermittelt wird, welche Verfassungsbestimmung für die konkret zu entscheidende Frage das höhere Gewicht hat. Die schwächere Norm (!) darf nur soweit zurückgedrängt werden, wie das logisch und systematisch zwingend (!) geboten erscheint; ihr sachlicher Grundwertgehalt muß in jedem Fall respektiert werden ....".[19]

Wie läßt sich eine konkrete Rangordnung begründen? Können Verfassungsbestimmungen überhaupt einen unterschiedlichen Rang haben, wo doch die Verfassung eine Rangordnung ihrer Normen generell nicht kennt? Und wann ist eine Norm „schwächer", wann darf sie – wie weit – „zurückgedrängt" werden und was ist im konkreten Fall „logisch und systematisch zwingend geboten"? Unternimmt das Gericht hier nicht eine höchst fragwürdige Gratwanderung, bei der die Entscheidungen allzu leicht in bloße Situationsgerechtigkeit abzugleiten drohen? Es kann kaum wundernehmen, wenn von dem Wertordnungsbegriff des *Bundesverfassungsgerichts* als einem Arcanum der Verfassungsinterpretation gesprochen und die Werttheorie des Gerichts als apokryphe Argumentationsfigur bezeichnet wird.[20]

Intensität und Umfang der Ausstrahlungswirkung der Grundrechte bringen besondere Probleme, insbesondere auch für das Verfassungsgericht selbst, mit sich. Um der Gefahr zu entgehen, zu einer Art Super-Revisionsinstanz zu werden, enthält es sich jeglicher rechtlicher Nach-

---

[14] Vgl. z.B. *BVerfGE* 28, 191 (200ff.).

[15] Siehe z.B. *BVerfGE* 69, 315 (345ff.).

[16] Vgl. z.B. *BVerfGE* 33, 303 (329ff.).

[17] Siehe dazu: *K. Kröger* (o. Fußn. 4), S. 22f.

[18] *B. Schlink*, Abwägung im Verfassungsrecht, 1976, insb. S. 152, 17ff., 128ff.

[19] *BVerfGE* 28, 243 (261).

[20] *H. Goerlich*, Wertordnung und Grundgesetz, 1973, S. 140ff.; demgegenüber betont die vorherrschende Auffassung im staatsrechtlichen Schrifttum die Notwendigkeit, das Verhältnismäßigkeitsprinzip als Abwägungsgrundlage anzuwenden – vgl. die Nachweise bei *E. W. Böckenförde* (o. Fußn. 11), S. 19ff.

prüfung, soweit nicht „Auslegungsfehler sichtbar werden, die auf einer grundsätzlich unrichtigen Anschauung von der Bedeutung eines Grundrechts, insbesondere vom Umfang seines Schutzbereichs, beruhen".[21] Diese dehnbare Formel eröffnet dem Verfassungsgericht die fallbezogene Entscheidung, seine Nachprüfung davon abhängig zu machen, ob und inwieweit es grundrechtliche Wertgehalte für tangiert hält.[22]

Das zweite Folgeproblem betrifft die sogenannte *Drittwirkung der Grundrechte,* das heißt die Frage, ob, in welchem Umfang und in welcher Weise Privatpersonen gegenüber anderen Individuen an die Grundrechte gebunden sind.[23] Sie geht unvermeidlich mit der Ausstrahlungswirkung der Freiheitsrechte als objektiven Grundsatznormen einher. Soweit die objektiv-rechtlichen Gehalte der Grundrechte über Generalklauseln Eingang in die einzelnen gesetzlich geregelten Rechtsbereiche finden, spricht man von *mittelbarer* Drittwirkung. Fehlt es an solchen Anknüpfungspunkten, wirken die Grundrechte *unmittelbar* auf die Rechtsmaterien mit der Folge ein, daß die Privatpersonen aus den objektiv-rechtlichen Gehalten der Grundrechte direkt berechtigt oder verpflichtet werden (unmittelbare Drittwirkung). Die Problematik der Drittwirkung liegt vor allem in deren hoher Ungewißheit und Unbestimmtheit, wodurch insbesondere, wie oben gezeigt, das Privatrecht in seiner Eigenständigkeit bedroht wird.

Das dritte Folgeproblem, die Herleitung *staatlicher Handlungsaufträge* und staatlicher *Schutzpflichten,*[24] geht ebenfalls mit der Ausstrahlungswirkung der Grundrechte als objektiven Grundsatznormen oder Wertentscheidungen einher. Wenn der Staat an die Grundrechtsgehalte unmittelbar gebunden ist, so ergeben sich für ihn daraus Verpflichtungen zum Tätigwerden und zum Schutz dieser Gehalte. Das *Verfassungsgericht* hat diese Konsequenz erst vergleichsweise spät in seiner Entscheidung zur Vereinbarkeit des § 218a StGB mit dem Grundgesetz gezogen:

„Die Pflicht des Staates, jedes menschliche Leben zu schützen, läßt sich .... bereits unmittelbar aus Art. 2 II 1 GG ableiten .... Die Schutzpflicht des Staates ist umfassend. Sie verbietet nicht nur – selbstverständlich – unmittelbare staatliche Eingriffe in das sich entwickelnde Leben, sondern gebietet dem Staat auch, sich schützend und fördernd vor dieses Leben zu stellen, das heißt vor allem, es auch vor rechtswidrigen Eingriffen von seiten anderer zu bewahren. An diesem Gebot haben sich die einzelnen Bereiche der Rechtsordnung, je nach ihrer besonderen Aufgabenstellung, auszurichten. Die Schutzverpflichtung des Staates muß umso ernster genommen werden, je höher der

---

21 *BVerfGE* 18, 85 (92f.).

22 Siehe dazu jetzt: *L.H. Fohmann,* Konkurrenzen und Kollisionen im Grundrechtsbereich, in: EuGRZ 1985, 49ff. (59ff.).

23 Siehe den Überblick bei: *A. Bleckmann,* Staatsrecht II – Die Grundrechte, 3. Aufl. (1989), S. 175ff.; zur Problematik vor allem: *E. W. Böckenförde* (o. Fußn. 11), S. 10f.

24 Die beste Übersicht bietet die Darstellung von: *G. Hermes,* Das Grundrecht auf Schutz von Leben und Gesundheit, 1987, S. 43ff.

Rang des in Frage stehenden Rechtsgutes innerhalb der Wertordnung des Grundgesetzes anzusetzen ist . . . .".[25]

An dieser Rechtsprechung hat das Gericht seither festgehalten und mehrfach bestätigt, daß aus dem objektiv-rechtlichen Gehalt der Grundrechte die „Pflicht der staatlichen Organe (folgt), sich schützend und fördernd vor die darin genannten Rechtsgüter zu stellen und sie insbesondere vor rechtswidrigen Eingriffen von seiten anderer zu bewahren".[26] So klar dieser Grundsatz auch ist, so schwierig erweist sich seine Konkretisierung im Einzelfall. Aus den Grundrechtsgehalten lassen sich allenfalls Zielvorgaben entnehmen, aber kaum Maßstäbe und Wege zu ihrer Verwirklichung. Diese Ungewißheiten, die mit der Herleitung staatlicher Handlungsaufträge und staatlicher Schutzpflichten unvermeidlich verbunden sind, können kaum aufgelöst werden. Dessen eingedenk hat das *Bundesverfassungsgericht* auf generelle Festlegungen weithin verzichtet und dem Gesetzgeber einen weiten Beurteilungs- und Gestaltungsspielraum überlassen, Handlungsaufträge und Schutzpflichten in die Tat umzusetzen.[27] Das Gericht beschränkt sich darauf, das staatliche Handeln auf offenkundige Fehlentscheidungen hin zu überprüfen (Evidenzkontrolle).[28]

Mit der Qualifizierung der Grundrechte als objektive Grundsatznormen oder Wertentscheidungen ist der Endpunkt der Verstärkung der Geltungskraft der Grundrechte noch nicht erreicht. In konsequenter Weiterentwicklung hat das *Verfassungsgericht* es zugelassen, den *objektiv-rechtlichen Gehalt* der Grundrechte – ungeachtet des subjektiven Abwehrrechts der Freiheitsrechte – auch *subjektiv-rechtlich* geltend zu machen.[29]

Während das Gericht die Ausstrahlungswirkung der Grundrechte in die gesetzlich ausgestalteten Rechtsmaterien als Inhalt des *subjektiven* Freiheitsrechts ansieht,[30] hat es für die aus den *objektiv-rechtlichen* Grundrechtsgehalten abgeleiteten staatlichen Schutzpflichten und Handlungsaufträge eine *eigenständige* subjektiv-rechtliche Geltendmachung anerkannt.[31] Die schwierige Gemengelage des Neben- und Miteinanders von subjektiv-rechtlichem und objektiv-rechtlichem Gehalt der Grundrechte ist kaum zu durchschauen. Der Spielraum grundrechtlicher Ent-

---

[25] *BVerfGE* 39, 1 (41f.).

[26] Außer der in Fußn. 25 erwähnten Entscheidung vgl. ferner: *BVerfGE* 46, 160 (164); 49, 89 (142); 53, 30 (57f.); 56, 54 (78); 77, 381 (403); 79, 174 (201, 202). Siehe aus der neueren Literatur vor allem: *P. Preu*, Freiheitsgefährdung durch die Lehre von den grundrechtlichen Schutzpflichten, in: JZ 1991, 265ff.

[27] Vgl. insb.: *BVerfGE* 79, 174 (201f.).

[28] *BVerfGE* 56, 54 (81).

[29] Siehe dazu – und zum Folgenden – vorzüglich: *E. W. Böckenförde* (o. Fußn. 11), S. 13ff.

[30] *BVerfGE* 7, 198 (206f.).

[31] *BVerfGE* 76, 1 (49f.), und 77, 170 (214f.).

scheidungsmöglichkeiten wird damit nicht unbeträchtlich erweitert. Ob damit der Grundrechtsdogmatik allerdings ein Dienst erwiesen wird, muß bezweifelt werden; denn sie droht sich in esoterische Höhenflügen zu verflüchtigen. Und das *Verfassungsgericht* setzt sich der Gefahr aus, sich durch die Variation des Verhältnisses von objektiv-rechtlichem und subjektiv-rechtlichem Gehalt der Grundrechte in juristischen Glasperlenspielen zu verlieren.

§ 16. Der wachsende Einfluß der „dritten Gewalt", insbesondere der Verfassungsgerichtsbarkeit

Literatur: K.A. Bettermann, Die rechtsprechende Gewalt, in: HdBStR Bd. III, 1988, S. 775 ff.; *K. Stern,* Staatsrecht der Bundesrepublik Bd. II, 1980, S. 889 ff.; *K. Hesse,* Grundzüge des Verfassungsrechts der Bundesrepublik, 18. Aufl. (1991), S. 221 ff. (Rdnrn. 547 ff.); *P. Kirchhof,* Der Auftrag des Grundgesetzes an die rechtsprechende Gewalt, in: Festschrift der Juristischen Fakultät zur 600-Jahr-Feier der Heidelberger Universität, 1986, S. 11 ff.; *W. Zeidler,* Gedanken zur Rolle der dritten Gewalt im Verfassungsstaat, ebenda S. 645 ff.; *R. Wassermann,* Die richterliche Gewalt, 1985.

G. Roellecke – C. Starck, Die Bindung des Richters an Gesetz und Verfassung, in: VVDStRL H. 34 (1976), 7 ff., 43 ff.; *Freiherr-vom-Stein-Gesellschaft* (Hg.), Der Zustand des Rechtsstaates. Ein Cappenberger Gespräch, Bd. 21 (1986); *R. Mußgnug,* Das allgemeine Verwaltungsrecht zwischen Richterrecht und Gesetzesrecht, in: Festschrift der Juristischen Fakultät zur 600-Jahr-Feier der Heidelberger Universität, 1986, S. 203 ff.; *F. Werner,* Das Problem des Richterstaates, 1960.

K. Schlaich, Das Bundesverfassungsgericht, 1985, S. 217 ff.; *G. Roellecke,* Aufgaben und Stellung des Bundesverfassungsgerichts im Verfassungsgefüge, in: HdBStR Bd. II, 1987, S. 665 ff.; *K. Hesse,* Funktionelle Grenzen der Verfassungsgerichtsbarkeit, in: Festschrift für H. Huber, 1981, S. 261 ff.; *ders.,* Verfassungsrecht und Privatrecht, 1988, S. 24 ff.; *G.F. Schuppert,* Funktionell-rechtliche Grenzen der Verfassungsgerichtsbarkeit, 1980; *B.-O. Bryde,* Verfassungsentwicklung, 1982, S. 147 ff., 325 ff., 364 ff.; *H.P. Schneider,* Verfassungsgerichtsbarkeit und Gewaltenteilung, in: NJW 1980, 2103 ff.; *B. Schlink,* Die Entthronung der Staatsrechtswissenschaft durch die Verfassungsgerichtsbarkeit, in: Der Staat Bd. 28 (1989), 161 ff.; *E. W. Böckenförde,* Grundrechte als Grundsatznormen, in: Der Staat Bd. 29 (1990), 1 ff. (21 ff.); *ders.,* Zur Lage der Grundrechtsdogmatik nach 40 Jahren Grundgesetz, 1990.

Nach einer Zeit tiefer Depravation des Rechts durch das nationalsozialistische Regime hat das Grundgesetz die Rechtsprechung als eigenständige („dritte") Gewalt besonders hervorgehoben (Art. 92). Es weist ihr die „Aufgabe autoritativer und damit verbindlicher, verselbständigter Entscheidung in Fällen bestrittenen oder verletzten Rechts in einem besonderen Verfahren"[1] durch unabhängige (Art. 97) und gesetzliche Richter (Art. 101 I) zu. Die verstärkte Bedeutung der Rechtsprechung liegt vor allem in den umfassenden Rechtsschutz- und Kontrollfunktionen, die ihr das Grundgesetz überträgt. Die Rechtsweggarantie des Art. 19 IV GG gewährleistet eine nahezu lückenlose gerichtliche Überprüfung der voll-

---

[1] *K. Hesse,* Grundzüge des Verfassungsrechts der Bundesrepublik, 18. Aufl. (1991), S. 222 (Rdnr. 548).

ziehenden („zweiten") Gewalt. Diese Kontrolle wird durch die weit ausgefächerte Verfassungsgerichtsbarkeit (Art. 93 GG) zur umfassenden verfassungsrechtlichen Überprüfung aller staatlichen Akte, auch der Gesetzgebung (der „ersten Gewalt"), ausgeweitet.[2]

Von dieser Ausgangslage her war schon früh erkennbar, daß die „dritte Gewalt" zunehmend an Gewicht gewinnen würde. Begünstigt wurde diese Entwicklung durch eine intensive *Methodendiskussion* am Ende der fünfziger und zu Beginn der sechziger Jahre: Es setzte sich die Auffassung durch, daß *Rechtsprechen* kein bloßes „Rechtsanwenden" von abschließend formulierten Rechtssätzen, kein nur logisches Ableiten aus einem geschlossenen logisch-axiomatischen Rechtssystem, sondern in erster Linie das Ausgestalten von konkretisierungsbedürftigen Normen ist. Rechtsetzung und Rechtsprechung nähern sich einander an; neben das Gesetzesrecht tritt das *Richterrecht*.[3]

„... Indessen fehlt der Rechtsprechung das politische Element der Gesetzgebung. Richterrecht entsteht nicht im politischen Willensbildungsprozeß; es vermag daher nicht das im demokratischen Gesetzgebungsverfahren entstandene Recht zu ersetzen, und es ist nicht im gleichen Maße demokratisch legitimiert wie das vom Parlament beschlossene Recht. Die rationalisierenden und stabilisierenden Wirkungen des Richterspruchs reichen an die der Gesetze kaum heran. Zwar vermag richterliche Entscheidung sorgfältiger zu differenzieren, erleichtert sie die Anpassung an wechselnde Problemlagen und vermag sie eher den für die Gegenwart kennzeichnenden Forderungen einer konkreten und fallbezogenen Gerechtigkeit Genüge zu tun; aber selbst eine gefestigte Judikatur kann nicht die gleichen rationalisierenden und stabilisierenden Wirkungen entfalten wie eine klare gesetzliche Regelung".[4]

Der wachsende Einfluß der „dritten Gewalt" im heutigen Verfassungssystem ist vor allem bedingt durch zunehmende *Defizite der Gesetzgebung und der vollziehenden Gewalt*.[5] Der zur Gegensteuerung im Einzelfall angerufenen Gerichtsbarkeit fällt nicht selten die Aufgabe des Lückenbüßers zu. Die sich verdichtenden, komplizierter werdenden Lebensverhältnisse in der heutigen Industriegesellschaft erfordern ein zunehmend engmaschigeres Netz differenzierter gesetzlicher Regelungen, die in immer kürzeren Abständen fortentwickelt werden müssen. Das führt zu Überforderungen des parlamentarischen *Gesetzgebers*, der zudem häufig unter vielfältigen Erwartungs- und Forderungsdruck gesellschaftlicher Kräfte gerät. Wichtige Reformvorhaben werden zugunsten drängender aktueller Bedürfnisse hintangesetzt; tagespolitische Rücksichten auf Interessengruppen und gesellschaftliche Bewußtseinslagen er-

---

[2] Statt weiterer Belege: *K. Schlaich*, Das Bundesverfassungsgericht, 1985, S. 217ff.; *G. Roellecke*, Aufgaben und Stellung des Bundesverfassungsgerichts im Verfassungsgefüge, in: HdBStR Bd. II, 1987, S. 665ff. (678ff.).

[3] Stellvertretend für viele: *K. Larenz*, Methodenlehre der Rechtswissenschaft, 6. Aufl. (1991), S. 366ff.

[4] *K. Hesse* (o. Fußn. 1), S. 222 (Rdnr. 549).

[5] Zu weiteren Defiziten des heutigen Rechtsstaates siehe die Ausführungen unten S. 127f.

zwingen Abstriche an notwendigen Entscheidungen. Manche gebotene Regelung unterbleibt angesichts oft auch emotionaler Gegenströmungen der öffentlichen Meinung. Unvollkommenheiten, Unklarheiten, dilatorische Formelkompromisse und interpretationsbedürftige Generalklauseln in den Gesetzen nehmen zu und verstärken die Tendenz, Abhilfe im Einzelfall bei den Gerichten zu suchen.

Auch im Bereich der *vollziehenden Gewalt* führen Defizite zu einer wachsenden Inanspruchnahme der Gerichte. Die vielberufene Normenflut des Gesetzgebers setzt sich in einer Vielzahl von Rechts- und Verwaltungsverordnungen fort. Die Normenüberfülle bringt Verzögerungen der Verwaltungsverfahren und die Zunahme von fehlerhaften Entscheidungen der Verwaltungsbehörden mit sich. Mangelnde Standfestigkeit und fehlende Entschlossenheit, rechtswidrigen Handlungen von Bürgern entgegenzutreten, haben das Vertrauen in die Verläßlichkeit der Exekutivbehörden ebenso geschwächt wie das informelle Verwaltungshandeln mit einstweiligen Duldungen nicht ganz rechtmäßigen Verhaltens. In den letzten Jahren ist zudem die Neigung vieler Bürger gewachsen, belastende Verwaltungsakte nicht mehr widerspruchslos hinzunehmen. Alles in allem ist eine sprunghafte Zunahme der Anrufung von Gerichten festzustellen.

Damit geht ein *qualitativer* Bedeutungszuwachs der „dritten Gewalt“ einher. Er äußert sich vor allem in einer immer stärkeren Kontrolldichte der gesetzgeberischen und der Verwaltungsentscheidungen. Die Handlungsspielräume der „ersten“ und der „zweiten Gewalt“ werden mehr und mehr eingeengt durch präventive Folgewirkungen gerichtlicher Entscheidungen.

Bei den erwähnten Defiziten fällt den Gerichten zum einen die Aufgabe der Konkretisierung allgemeiner Regeln, der Anpassung an den zu entscheidenden Einzelfall zu, zum anderen aber auch der Fortentwicklung rechtlicher Materien und deren Anpassung an veränderte Umstände. Fehlende rechtliche Maßstäbe muß sich die „dritte Gewalt“ nicht selten selbst schaffen, weil sie sich ihrer Aufgabe, im Einzelfall Recht zu sprechen und damit Gerechtigkeit zu gewähren, nicht entziehen kann.[6] Die *Rechtsfortbildung* durch die „dritte Gewalt“ ist somit das notwendige Surrogat für die fehlende legislatorische und administrative Anpassung des Rechts an die sich wandelnden Lebensverhältnisse der heutigen Gesellschaft. Geglückte und weniger geglückte Rechtsentwicklungen durch Richterrecht halten sich durchaus die Waage. Hier nur zwei Beispiele: Das bewährte, heute gesetzlich ausgestaltete allgemeine Verwaltungsrecht stützt sich in seinen wesentlichen Regelungen auf eine Kette von

---

[6] So treffend: *W. Zeidler*, Gedanken zur Rolle der dritten Gewalt im Verfassungsstaat, in: Festschrift der Juristischen Fakultät zur 600-Jahr-Feier der Universität Heidelberg, 1986, S. 645ff. (647).

Erkenntnissen, die Richterrecht hervorgebracht hat.[7] Demgegenüber zeigt sich, daß das arbeitsrechtliche Richterrecht die dringend erforderliche befriedende und stabilisierende Kraft gegenüber dem sich stets verändernden sozialen Geschehen mehr und mehr verliert.[8] Den Gründen für diese unterschiedliche Entwicklung kann hier indessen nicht nachgegangen werden.

Die *Grenzen richterlicher Rechtsfortbildung* sind im Grundgesetz markiert: Alle Rechtsprechung ist an „Gesetz und Recht" (Art. 20 III GG) und an die Grundrechte „als unmittelbar geltendes Recht" (Art. 1 III GG) gebunden.[9] Es kann keinem Zweifel unterliegen, daß Recht-Sprechen – das Wort sagt es bereits – nur in den Grenzen des *Rechts* als Ausdruck der materialen Gerechtigkeit stattfinden kann – alles andere wäre Unrecht und illegitim. Da das formelle *Gesetz* in der Regel geltendes Recht verdeutlicht und konkretisiert, stützt sich die richterliche Rechtsfindung insoweit auch auf das Gesetz, mag sie auch durch Auslegung über den bisher anerkannten Inhalt eines Gesetzes hinausgehen.[10] Richterliche *Rechtsfortbildung* kann sich nur im Rahmen der Recht-Sprechung entfalten. Grundlegend für jede richterliche Tätigkeit ist die prinzipielle Bindung an den *Text* der Rechtssätze, deren Dichte und Inhalte außerordentlich verschieden sein können. Am striktesten ist der Strafrichter gebunden, weil eine Tat nur bestraft werden kann, wenn die Strafbarkeit *gesetzlich* bestimmt war, *bevor* die Tat begangen wurde (Art. 103 II GG). In allen Bereichen des staatlichen Eingriffsrechts hat sich jede Rechtsprechung an die gesetzlich bestimmten Eingriffstatbestände zu halten, an die die Rechtsfolgen geknüpft sind. In Rechtsbereichen, in denen der Gesetzgeber sich lediglich auf Grenzziehungen beschränkt, wie insbesondere im kollektiven Arbeitsrecht, ist der Spielraum für richterliche Rechtsfortbildung am größten.

Darüber hinaus gibt es allgemeine Schranken gestaltender Rechtsfortbildung, die sich aus dem Auftrag und der Stellung des Richters in der heutigen Rechtsordnung ergeben:

„... Der *Entscheidungsauftrag des Richters* wird durch die vier Prinzipien der Entscheidungspflicht, der Unbefangenheit, des Willkürverbots und der Kontinuitätsgewähr definiert. Die Entscheidungspflicht verhindert, daß der Richter neuartige Anfragen an das Recht ruhen, das Gesetzesrecht damit absterben läßt. Die Unbefangenheit

---

[7] Vgl. dazu jetzt: *R. Mußgnug*, Das allgemeine Verwaltungsrecht zwischen Richterrecht und Gesetzesrecht, in: Festschrift der Juristischen Fakultät zur 600-Jahr-Feier der Universität Heidelberg, 1986, S. 203ff.

[8] Statt vieler: *M. Heinze*, in: Der Zustand des Rechtsstaates. Ein Cappenberger Gespräch der Freiherr-vom-Stein-Gesellschaft, Bd. 21 (1986), 57ff.

[9] Zu der Formel „Gesetz und Recht" im einzelnen: Vgl. insbesondere *E. Schmidt-Aßmann*, Der Rechtsstaat, in: HdBStR Bd. I, 1987, S. 987ff. (1004ff. Rdnrn. 33ff.).

[10] *P. Kirchhof*, Der Auftrag des Grundgesetzes an die rechtsprechende Gewalt, in: Festschrift der Juristischen Fakultät zur 600-Jahr-Feier der Heidelberger Universität, 1986, S. 11ff. (13).

ist positiv eine Parteinahme für das Gesetzesrecht und eine Offenheit für die Entwicklung der Wirklichkeit, der Gewohnheiten und verhaltensbestimmenden Wertungen. Das Willkürverbot stellt sicher, daß die Aussagen von Gesetz und Recht nicht durch die Rechtsvorstellungen des Richters überlagert oder ersetzt werden. Die Kontinuitätsgewähr vermeidet den abrupten Bruch mit Herkömmlichem; die sprunghafte, überraschende Entscheidung widerspricht der klassischen Erkenntnisquelle für Recht, der guten Gewohnheit. Kontinuitätswahrende, rechtswahrende Rechtssatzinterpretation macht die Rechtsprechung auch für die Entscheidung zu einem Rechtsbehelf berechenbar und für die wissenschaftliche Kritik kontrollierbar“.[11]

Von besonderem Gewicht ist die zunehmende Bedeutung der *Verfassungsgerichtsbarkeit.* Die weitgespannten Zuständigkeiten des *Bundesverfassungsgerichts* und seine methodische Großzügigkeit bei der Interpretation der Verfassung und in der Festlegung der Reichweite seiner Rechtsprechung haben es ermöglicht, das Gericht in das Ringen der politischen Handlungsorgane um verbindliche Entscheidungen hineinzuziehen. Fast alle zentralen innen- und außenpolitischen Weichenstellungen der Bundesregierung und der Mehrheit des Deutschen Bundestages sind von der jeweiligen Opposition dem *Verfassungsgericht* zur Überprüfung auf ihre Verfassungsmäßigkeit vorgelegt worden. Das Verfassungsgericht hat dabei unvermeidlich über politische Machtfragen mitentschieden, ohne über andere politische Machtmittel zu verfügen als die Anerkennung, die es in Staat und Gesellschaft findet. „So kann es nicht verwundern, daß es an billigen, politisch akzeptablen, die Parteien befriedenden und das eigene Ansehen wahrenden Entscheidungen ebenso und manchmal stärker interessiert ist als an Entscheidungen, die gesetzestreu, methodisch klar und dogmatisch stimmig sind“.[12]

Diese Entwicklung ist nicht ungefährlich. Das *Bundesverfassungsgericht* bringt sich angesichts seiner vielfältigen Abwägungen von diversen Werten und Rechtsgütern[13] zunehmend in eine prekäre Lage, da es immer schwieriger wird, seine Entscheidungen in einen dogmatischen Gesamtzusammenhang einzuordnen.[14] Ein Abgleiten in bloße Situationsgerechtigkeit aber müßte auf Dauer zu einem rapiden Verlust seines Ansehens in Staat und Gesellschaft führen.

Es hat daher nicht an Versuchen gefehlt, die *Grenzen der Verfassungsgerichtsbarkeit* klarer zu ziehen. Wenig hilfreich ist indessen die Empfehlung an das *Gericht,* den *Grundsatz richterlicher Selbstbeschränkung* (judicial-self-restraint) zu befleißigen. Das Gericht hat sich gelegentlich selbst zu diesem Prinzip und damit zum Offenhalten des den anderen Staatsorganen gewährten Entscheidungsraums bekannt.[15] Damit ist nicht viel gewonnen. Die Verfassungsgerichtsbarkeit ist Rechtsprechung nach

---

[11] *P. Kirchhof* (o. Fußn. 10), S. 37.

[12] *B. Schlink,* Die Entthronung der Staatsrechtswissenschaft durch die Verfassungsgerichtsbarkeit, in: Der Staat, Bd. 28 (1989), 161 ff. (169).

[13] Siehe dazu bereits die Ausführungen oben S. 113 f.

[14] Zutreffend: *B. Schlink* (o. Fußn. 12), S. 170.

[15] *BVerfGE* 36, 1 (14).

verfassungsrechtlichen Maßstäben; das bedeutet Verfassungsauftrag und Bindung des Gerichts an Kompetenzen[16] – für eine „Selbst-Beschränkung" ist nach unserem Verfassungsverständnis kein Raum.

Aber gerade die Bindung an die Verfassung als Kontrollmaßstab für die Abgrenzung der Verfassungsgerichtsbarkeit von dem Handlungsbereich der politischen Führungsorgane reicht nach weit verbreiteter Auffassung im Schrifttum[17] nicht aus. „Es bedarf der Entfaltung und Konkretisierung des Grundsatzes, daß das Verfassungsgericht sich im Rahmen der ihm von der Verfassung aufgetragenen Funktion zu halten hat", und der „Entwicklung eines Bündels von normativen Grundsätzen, die in ihrer Gesamtheit die neben den institutionellen Grenzen entscheidenden Grenzen der Verfassungsgerichtsbarkeit markieren".[18]

Diese *funktionsrechtliche Betrachtungsweise* sucht zu einer sachgemäßen Rollenverteilung zwischen den Staatsorganen beizutragen.[19] Sie will, ausgehend von der Gerichtsförmigkeit der Verfassungsgerichtsbarkeit, vor allem dem Gesichtspunkt der Gewaltenteilung stärker Rechnung tragen.

In dem Zusammenwirken der verschiedenen Gewalten „hat jedes Organ die Aufgaben des anderen zu respektieren und sein Wirken auf dasjenige anderer Organe abzustimmen; es trägt Verantwortung für den aufgegebenen Erfolg des Zusammenwirkens. Deshalb ist es verpflichtet, ergänzend und stützend tätig zu werden, wo ein anderes Organ zur vollen Erfüllung seiner Aufgaben nicht bereit oder in der Lage ist, während es selbst kraft seiner andersartigen Struktur tätig werden kann".[20]

Es ist indessen zu bezweifeln, ob es mit Hilfe einer funktionell-rechtlichen Betrachtungsweise gelingen kann, die Grenzen der Verfassungsgerichtsbarkeit klarer zu bestimmen. Durch sie werden neue auslegungsbedürftige Formeln eingeführt, über deren Interpretation im Zweifelsfalle das Verfassungsgericht selbst entscheiden würde. Ob damit viel gewonnen wäre? Mehr noch aber wiegt, daß alle funktionell-rechtlichen Erwägungen nicht mehr zur Grenzziehung zwischen dem Tätigkeitsbereich der aktiv handelnden staatlichen Organe und dem des *Bundesverfassungsgerichts* beitragen können, als sich aus den *Kompetenzzuweisungen* des Grundgesetzes ergibt. Der Prüfungsmaßstab verfassungsgerichtlicher Entscheidungen wird allein durch die materiellen Regelungen der Verfassung festgelegt.[21] So sieht es auch das *Gericht* selbst: „Allein dort, wo verfassungsrechtliche Maßstäbe für politisches Verhalten normiert sind, kann das Bundesverfassungsgericht ihrer Verletzung entgegentre-

---

[16] *K. Schlaich* (o. Fußn. 2), S. 220.

[17] Siehe die Schrifttumsnachweise bei: *K. Schlaich* (o. Fußn. 2), S. 221 m. Anm. 22.

[18] *K. Hesse*, Funktionelle Grenzen der Verfassungsgerichtsbarkeit, in: Festschrift für H. Huber, 1981, S. 261 ff. (265).

[19] *K. Schlaich* (o. Fußn. 2), S. 220 f.

[20] *K. Hesse* (o. Fußn. 18), S. 265 f.

[21] So mit Recht: *E. W. Böckenförde*, Grundrechte als Grundsatznormen, in: Der Staat Bd. 29 (1990), 1 ff. (26 f.); *K. Schlaich* (o. Fußn. 2), S. 228 f.

ten ...".[22] Wer den Wirkungsbereich des Gerichts eingegrenzt wissen möchte, muß auf die Änderung der Kompetenz- und Befugnisregelungen des Grundgesetzes hinwirken.

Aber auch dieser Weg ist kein Allheilmittel, wie die im vorigen Paragraphen dargestellte *Grundrechts-Rechtsprechung* des *Bundesverfassungsgerichts* gezeigt hat. Das Verständnis der Grundrechte als objektivrechtliche Grundsatz-Normen hat unvermeidliche Folgewirkungen auf das Verhältnis vom *Verfassungsgericht zum Gesetzgeber:* In dem Maße, in dem die Grundrechte vom *Bundesverfassungsgericht* als Prinzipien-Normen begriffen werden, wird aus der Grundrechtsinterpretation eine *Konkretisierung* von Normen im Sinne von schöpferischer Ausfüllung von etwas nur dem Prinzip nach Festgelegten, das näherer Ausgestaltung bedarf.[23] Aus dieser Sicht ist der Gesetzgeber nicht mehr frei in seiner Rechtsetzung, sondern – ebenso wie das Verfassungsgericht – zur Konkretisierung der Grundrechte als Grundsatz-Normen verpflichtet. Insoweit nähern sich Gesetzgebung und Verfassungsgerichtsbarkeit einander an, da beide Rechtsbildung in Form der Konkretisierung betreiben. Der qualitative Unterschied zwischen beiden geht verloren; sie treten in ein „Konkurrenzverhältnis", in dem „der Gesetzgeber die Vorhand, das Verfassungsgericht aber den Vorrang hat".[24]

Die weiteren Auswirkungen sind nicht zu übersehen: Mit der Veränderung in der Zuordnung beider Gewalten vollzieht sich „ein gleitender *Übergang vom parlamentarischen Gesetzgebungsstaat zum verfassungsgerichtlichen Jurisdiktionsstaat*".[25] Soweit das *Verfassungsgericht* an der Vorstellung der Grundrechte als objektiven Grundsatz-Normen festhalten wird, ist diese sich schrittweise vollziehende Entwicklung nicht aufzuhalten. Das Verfassungsgefüge des Grundgesetzes wird insofern eine völlig andersgeartete Qualität gewinnen. „Das Netz verfassungsrechtlicher Vorgaben für den Gesetzgeber wird sowohl ausgreifender und fortschreitend auch enger geknüpft; der Gesetzgeber gerät – bezogen auf seine Rechtsgestaltungsmacht – je länger je mehr in die Rolle eines Verordnunggebers".[26]

---

[22] *BVerfGE* 62, 1 (51).

[23] *E. W. Böckenförde* (o. Fußn. 21), S. 22.

[24] *E. W. Böckenförde* (o. Fußn. 21), S. 25.

[25] *E. W. Böckenförde,* Gesetz und gesetzgebende Gewalt, 2. Aufl. (1981), S. 402; *ders.* (o. Fußn. 21), S. 25.

[26] *E. W. Böckenförde* (o. Fußn. 21), S. 29; siehe auch: *K. Hesse,* Verfassungsrecht und Privatrecht, 1988, S. 24 ff.; *ders.* (o. Fußn. 18), S. 270.

§ 17. Der Zustand des Rechtsstaats im Wandel

Literatur: D. Merten, Rechtsstaat und Gewaltmonopol, 1975; *R. Wassermann*, Ist der Rechtsstaat noch zu retten?, 1985; *E. Benda*, Der Rechtsstaat in der Krise, 1972; *J. Isensee*, Die Friedenspflicht der Bürger und das Gewaltmonopol des Staates, in: Festschrift für K. Eichenberger, 1982, S. 23ff.; *ders.*, Das staatliche Gewaltmonopol als Grundlage und Grenze der Grundrechte, in: Festschrift für H. Sendler, 1991, S. 39ff.; *K. Kröger*, Die vernachlässigte Friedenspflicht des Bürgers, in: JuS 1984, 172ff.; *R. Scholz*, Rechtsfrieden im Rechtsstaat, in: NJW 1983, 705ff.; *M. Kriele*, Die Rechtfertigungsmodelle des Widerstands, in: Aus Politik und Zeitgeschichte. Beilage zum „Parlament" B 39/83, 1983, 12ff.; *O. Kimminich* u.a., Rechtsfrieden im Rechtsstaat, 1984; *W. Schmitt Glaeser*, Private Gewalt im politischen Meinungskampf, 2. Aufl. (1992); *R. Dreier*, Widerstandsrecht im Rechtsstaat?, in: Festschrift für H.U. Scupin, 1983, S. 573ff.

H. Sendler, 40 Jahre Rechtsstaat des Grundgesetzes: Mehr Schatten als Licht?, in: DöV 1989, 482ff.; *R. Wassermann*, Rechtsstaat ohne Rechtsbewußtsein?, 1988; *Freiherr-v.-Stein-Gesellschaft* (Hg.), Der Zustand des Rechtsstaates. Ein Cappenberger Gespräch, Bd. 21, 1986; *H. Jellinek*, Ursachen und Reduktionsmöglichkeiten der Überfülle von Rechtsvorschriften, in: Verwaltung und Fortbildung, Schriften der Bundesakademie für Öffentliche Verwaltung, 1978, S. 62ff.; *F. Wagener*, Der öffentliche Dienst im Staat der Gegenwart, in: VVDStRL H. 37 (1979), 215ff.; *H. Hill*, Das Verhältnis des Bürgers zum Gesetz, in: DöV 1988, 666ff.

T. Würtenberger, Zeitgeist und Recht, 1987; *H. Otto*, Der Niedergang der Rechtsidee im utilitaristischen Zeitgeist, 1981; *B.-O. Bryde*, Verfassungsentwicklung, 1982, S. 262ff.; *O. W. Gabriel*, Politische Kultur, Postmaterialismus und Materialismus in der Bundesrepublik, 1986; *K.D. Bracher*, Politik und Zeitgeist. Tendenzen der siebziger Jahre, in: *K.D. Bracher*, *T. Eschenburg* u.a. (Hg.), Geschichte der Bundesrepublik Deutschland Bd. 5, I, 1986, S. 283ff.; *K. Weigelt* (Hg.), Freiheit – Recht – Moral, 1988; *H.D. Hiersche* (Hg.), Euthanasie. Probleme der Sterbehilfe, 1975; *W. Uhlenbruck*, Recht auf den eigenen Tod?, in: ZRP 1986, 209ff.; *J. Möllering*, Schutz des Lebens – Recht auf Sterben, in der Reihe: Medizin und Recht Bd. 3, 1977; *R. Zippelius*, An den Grenzen des Rechts auf Leben, in: JuS 1983, 659ff.; *H. Tröndle*, Der Schutz des ungeborenen Lebens in unserer Zeit, in: ZRP 1989, 54ff.; *H. Reis*, Das Lebensrecht des ungeborenen Kindes als Verfassungsproblem, 1984; *D. Lorenz*, Recht auf Leben und körperliche Unversehrtheit, in: HdBStR Bd. VI, 1989, S. 3ff.; *B. Büchner*, Abtreibung: Das Versagen des Rechtsstaats, in: Aus Politik und Zeitgeschichte. Beilage zum „Parlament" B 14/90, 1990, 3ff.; *G. Kaiser*, Was wissen wir über den Schwangerschaftsabbruch?, ebenda S. 21ff.; *G. Roellecke*, Lebensschutz, „Schutz von Ehe und Familie" und Abtreibung, in: JZ 1991, 1045ff.; *A. Frhr. v. Campenhausen – H. Steiger*, Verfassungsgarantie und sozialer Wandel. Das Beispiel von Ehe und Familie, in: VVDStRL H. 45 (1987), 7ff., 55ff.; *R. Zippelius*, Verfassungsgarantie und sozialer Wandel. Das Beispiel von Ehe und Familie, in: DöV 1986, 805ff.; *H. Lecheler*, Verfassungsgarantie und sozialer Wandel. Das Beispiel von Ehe und Familie, in: DVBl 1986, 905ff.; *ders.*, Schutz von Ehe und Familie, in: HdBStR Bd. VI, 1989, S. 211ff.; *H. Klages*, Wertorientierungen im Wandel, 1984; *M. Wingen*, Nichteheliche Lebensgemeinschaften. Formen – Motive – Folgen, 1984; *P. Krause*, Ehe und Familie im sozialen Sicherungssystem, in: Essener Gespräche zum Thema Staat und Kirche, Bd. 21 (1986), 72ff.; *P. Kirchhof*, Ehe und Familie im staatlichen und kirchlichen Steuerrecht, ebenda S. 117ff.

Der verzweigte und verfeinerte Ausbau des Rechtsstaates in den letzten viereinhalb Jahrzehnten hat nicht unbedingt zu mehr Rechtsstaatlichkeit geführt. Der *tatsächliche Zustand* des Rechtsstaates weist „mehr Schatten als Licht" auf.[1] Der Normenbestand für sich allein vermag nichts zu bewirken, wenn nicht bei den Staatsbürgern „die Bereitschaft besteht, das eigene Verhalten durch die von der Verfassung normierte Ordnung bestimmen zu lassen".[2]

Seit den ausgehenden sechziger Jahren ist eine zunehmende *Mißachtung des Rechts* durch verschiedene Bürgergruppierungen zu beobachten. Sie äußert sich in Rechtsverweigerungen, Ausschreitungen bei Demonstrationen, Gewalttätigkeiten, verbotener Eigenmacht, Beschädigungen von Eigentum der öffentlichen Hand oder privater Großunternehmen. Die gemeinsam verabredete und begangene Verletzung der Rechtsgehorsams- und der Friedenspflicht des Bürgers[3] durch die verschiedensten Gruppierungen ist ein Phänomen der gegenwärtigen Gesellschaft. Von der Studentenrevolte des Jahres 1968 über die Aussteiger-Mentalitäten der späten siebziger und der beginnenden achtziger Jahre bis zu den radikalen Bürgerbewegungen spannt sich ein vielfältiges, breitgefächertes Spektrum sozialen Protestes, politischer Auflehnung und Distanziertheit gegenüber Staat und Gesellschaft unserer Tage.

Ursachen und Anlässe dieser Entwicklung brauchen hier nicht dargelegt zu werden, wohl aber die Versuche der Protestbewegungen, die *prinzipielle* Infragestellung von Teilen der Rechtsordnung zu rechtfertigen. Zwei Ansatzpunkte stehen dabei im Vordergrund: die Lehre von der „strukturellen Gewalt" und die These vom „zivilen Ungehorsam".

Die Lehre von der *„strukturellen Gewalt"* negiert den traditionellen Grundkonsens über den Friedens- und Gewaltbegriff, auf dem der moderne Verfassungsstaat und seine Rechtsordnung beruhen. Für sie ist Frieden nicht mehr bestimmt durch Abwesenheit von Gewalt; und Gewalt ist nicht länger nur der gezielt und unmittelbar angewendete Zwang. Statt im Rahmen der bestehenden Rechtsordnung den Frieden zu bewahren will diese Lehre – orientiert an einer utopischen Friedensvorstellung – eine qualitativ andere, weil vermeintlich bessere Ordnung herbeiführen.

Frieden dürfe nicht länger mit den bestehenden Zuständen in Verbindung gebracht werden, die zutiefst ungerecht und daher in jedem Fall zu verändern seien. Ebenso erfährt der Gewaltbegriff eine grundstürzende Umdeutung und grenzenlose Ausdehnung. Gewalt liege immer bereits vor, „wenn Menschen so beeinflußt werden, daß ihre tatsächliche und geistige Selbstverwirklichung hinter ihrer möglichen Selbstverwirkli-

---

[1] Vgl. die Überschrift des Aufsatzes von *H. Sendler,* DöV 1989, 482ff.: „40 Jahre Rechtsstaat des Grundgesetzes: Mehr Schatten als Licht"?

[2] *K. Hesse,* Die normative Kraft der Verfassung, 1959, S. 12ff.

[3] Vgl. dazu vor allem: *J. Isensee,* Die Friedenspflicht der Bürger und das Gewaltmonopol des Staates, in: Festschrift für K. Eichenberger, 1982, S. 23ff.; *K. Kröger,* Die vernachlässigte Friedenspflicht des Bürgers, in: JuS 1984, 172ff.

chung zurückbleibt".[4] Damit wird jedes aus der subjektiven Perspektive der Einzelnen empfundene Hemmnis der Selbstverwirklichung zur „strukturellen Gewalt", der mit „Gegen-Gewalt" zu begegnen sei.

Der Begriff der „strukturellen Gewalt" erweist sich als polemische Formel, ja als „Kriegs- und Revolutionsbegriff",[5] mit dem jede politische und soziale Ordnungsform als gewaltsam disqualifiziert werden kann. Er wird zum Schlüssel für jedwede Gewalttätigkeit gegenüber dem Staat und seiner Rechtsordnung. „Rechtsstaat ist demnach immer Gewaltstaat"; im Grunde ist es jeder wie auch immer geartete Staat. „Die Grenze zwischen Recht und Gewalt fällt, eine Grenze, der humane Ordnung und zivilisatorischer Fortschritt seit je zu verdanken sind".[6] Durch diesen radikalen Bruch mit dem traditionellen Grundkonsens über den Friedens- und Gewaltbegriff wird bezweckt, die Legitimität der geltenden Ordnung durch ein Konzept selbsternannter revolutionärer Eliten zu verdrängen, die sich eine neue Legitimität zu verschaffen suchen.

Der zweite Ansatzpunkt vermeintlicher Rechtfertigung von rechtswidrigen Aktionen einzelner Gruppierungen der Protestbewegung gegen rechtmäßig zustande gekommene staatliche Entscheidungen wird in dem *„Recht zum zivilen Ungehorsam"* gesehen. „Ziviler Ungehorsam" wird als öffentliche, gewaltlose, gewissensbestimmte, aber gesetzwidrige Handlung verstanden, die eine Änderung bestehender Gesetze oder von Regierungsentscheidungen herbeiführen soll.[7] Im Grunde handelt es sich dabei um nichts anderes als um ein „Widerstandsrecht zweiter Klasse"[8] oder um „ein kleines Widerstandsrecht der Normallage".[9]

Die sich hier offenbarende Verharmlosung des Widerstandsrechts (Art. 20 IV GG) dient dem strategischen Ziel, über das Fehlen der Voraussetzungen dieses Notrechts hinwegzutäuschen und die Bürger zu verunsichern, als ob illegitime staatliche Entscheidungen getroffen worden seien. Es ist bezeichnend, daß die einzelnen Begriffsmerkmale des „zivilen Ungehorsams" schillernd und unbestimmt sind. Mit diesem Instrumentarium will eine sich moralisch überlegen fühlende, entschlossene Minderheit das staatliche Entscheidungsmonopol und demokratisch zustande

---

[4] *J. Galtung*, Violence, peace and peace research, in: Journal of Peace Research Bd. 6 (1969), 167ff. (168); *ders.*, Gewalt, Frieden und Friedensforschung, in: Kritische Friedensforschung (hg. von *D. Senghaas*), 1971, S. 55ff.

[5] *E. W. Böckenförde*, Der Staat als sittlicher Staat, 1978, S. 18 m. Anm. 16.

[6] *H. Oberreuter*, Abgesang auf einen Verfassungstyp? in: Aus Politik und Zeitgeschichte. Beilage zur Wochenzeitung „Das Parlament", B 2/1983, 19ff. (26).

[7] Wegbereitend: *J. Rawls*, A Theory of Justice, Cambridge/Mass. 1971, S. 363ff., 371ff.; siehe dazu: *R. Dreier*, Widerstandsrecht im Rechtsstaat?, in: Festschrift für H.U. Scupin, 1983, S. 573ff.

[8] *R. Scholz*, Rechtsfrieden im Rechtsstaat, in: NJW 1983, 705ff. (708).

[9] *R. Dreier* (o. Fußn. 7), S. 590.

gekommene Mehrheitsentscheidungen aushebeln, die ihren eigenen Vorstellungen zuwider sind.[10]

Die dargelegte Mißachtung des Rechts durch verschiedene Bürgergruppierungen ist nicht ohne manche Versäumnisse der Parlamente, der Regierungen und der zuständigen Verwaltungsbehörden zu erklären. Allzuoft sind in den vergangenen zweieinhalb Jahrzehnten Gewalttätigkeiten verharmlost, bagatellisiert oder beschwichtigend übergangen worden, was nicht selten als Ermutigung zu weiteren rechtswidrigen Aktionen von interessierter Seite gedeutet worden ist.[11] Nicht minder problematisch ist es, wenn Richter, deren gesetzlicher Auftrag in der Kontrolle der Wahrung des Rechts liegt, selbst gegen Rechtsvorschriften verstoßen und sich an rechtswidrigen Aktionen beteiligen.[12]

Der Rechtsstaat nimmt ferner Schaden durch die schon erwähnten *Überforderungen des Gesetzgebers* als auch durch die vielbeschworene *Normenflut* der Gesetz- und der Verordnunggeber.[13]

„Der Rechtsstaat leidet unter dem Übermaß, in dem sein Name, seine Merkmale und seine Idee heute traktiert werden. Das beginnt bei der Gedankenlosigkeit, für jede Forderung den sozialen Rechtsstaat zu bemühen und bei deren Abweisung den Untergang des Rechtsstaats zu beschwören. Fortgesetzt werden diese Fehlentwicklungen in den Rechtsstäben der Parlamente, Ministerien und Gerichte, die unablässig, in bester Absicht und oft durch die Rechtswissenschaft dazu aufgerufen, rechtsstaatliches Filigran produzieren: Gesetze, Verwaltungsvorschriften, höchst differenzierte Rechtsprechungsbestände – für sich genommen regelmäßig nicht schlechthin unvernünftig, in ihrer Massierung jedoch ein Netz, das alle Beweglichkeit nimmt ....“.[14]

Die Normenflut muß zwangsläufig zu erheblichen Schwierigkeiten auf der *Durchführungsebene* der öffentlichen Verwaltung führen. Verwaltungsfachleute beklagen, daß eine genaue Beachtung aller einschlägigen Gesetze, Verordnungen, Richtlinien und Erlasse die Verwaltungstätigkeit auf nahezu jedem Gebiet zum Erliegen bringen würde[15] – eine erschrekkende Feststellung. Wenn trotzdem die öffentliche Verwaltung noch einigermaßen funktioniert, so offenbar deshalb, weil nicht mehr alles erledigt wird, was eigentlich getan werden müßte.

Mit großer Flexibilität suchen die Verwaltungsstellen aus der Not eine Tugend zu machen: Eilbedürftiges und Kurzfristiges werden Längerfristigem vorgezogen; in der Öffentlichkeit Angeprangertem wird der Vorrang eingeräumt; die Effizienz des Verwaltungshandelns vor anderen Gesichtspunkten in den Vordergrund gerückt; Überwa-

---

10 Siehe dazu vor allem: *M. Kriele*, Die Rechtfertigungsmodelle des Widerstands, in: Aus Politik und Zeitgeschichte, Beilage zur Wochenzeitung „Das Parlament“ B 39/1983, 12ff. (18ff.).

11 Vgl. dazu: *K. Kröger* (o. Fußn. 3), S. 175f.

12 Siehe statt weiterer Nachweise: *H. Sendler* (o. Fußn. 1), S. 487f.

13 Vgl. die Ausführungen oben S. 118f.

14 *E. Schmidt-Aßmann*, Der Rechtsstaat, in: HdBStR Bd. I, 1987, S. 987ff. (1040 Rdnr. 97).

15 So bereits – auch zum Folgenden: *F. Wagener*, Der öffentliche Dienst im Staat der Gegenwart, in: VVDStRL H. 37 (1979), 215ff. (244).

chungen und Kontrollen werden eingeschränkt; öffentlichkeitswirksame Entscheidungen mit Nachdruck herausgestellt.

Die dargestellten Mängel der gegenwärtigen rechtsstaatlichen Verhältnisse offenbaren einen *Verlust an Steuerungskraft des Rechts* in der heutigen Gesellschaft. Mit Appellen, organisatorischen Maßnahmen und einer deutlichen Reduktion der bestehenden Gesetze, Verordnungen, Richtlinien und Erlasse allein ist dieser Entwicklung kaum zu begegnen. Die Ursachen liegen tiefer. In dem Maße, in dem das Recht in der parteienstaatlichen Demokratie zum Mittel der Interessensicherung und des Interessenausgleichs der gesellschaftlichen Gruppierungen, bisweilen sogar der Verfolgung eigennütziger Zielsetzungen wird, verliert es unvermeidlich an Unverbrüchlichkeit, Verläßlichkeit und Vorhersehbarkeit. Tendenzen, den heutigen Staat zu entlegitimieren, erhalten dadurch Auftrieb. Es bedarf heute mehr denn je der Rückbesinnung darauf, daß der moderne Staat nicht nur notwendig eine *gesellschaftliche* Funktion zur Organisierung und Aktivierung des gebietsgesellschaftlichen Zusammenwirkens, sondern ebenso notwendig auch eine *Rechtsfunktion* hat, das heißt den existentiellen Anspruch erheben muß, „Rechtsmacht" zu sein, „als berechtigte, den Willen sittlich verpflichtende Autorität zu gelten".

„Nicht weil der Staat ‚irgendeine' gebietsgesellschaftliche Ordnung sichert, sondern nur sofern er eine gerechte Ordnung erstrebt, sind seine ungeheuren Ansprüche gerechtfertigt. Nur durch Beziehung der Staatsfunktion auf die Rechtsfunktion ist die Sanktion des Staates möglich".[16]

Es ist heute eine der vordringlichsten Aufgaben, die durch die Verfassung normierte Ordnung gegenüber allen Infragestellungen und Anfechtungen durch augenblickliche Nützlichkeitserwägungen zu behaupten und durchzusetzen und insbesondere das Bewußtsein der für das Verfassungsleben Verantwortlichen zu schärfen, daß „nicht nur der Wille zur Macht, sondern vor allem der Wille zur Verfassung lebendig" bleibt.[17]

Die in der Verfassung normierten Grundwertentscheidungen sind allerdings keine von Raum und Zeit unabhängigen, absoluten Konstanten. Sie sind nur wirksame Kraft, soweit sie im *Rechtsbewußtsein der Bürger* lebendig sind. Gerade in den letzten beiden Jahrzehnten sind Schwankungen und Veränderungen im Rechtsbewußtsein unter dem Einfluß des Zeitgeistes festzustellen.[18] Sie haben zu dem vielberufenen *Wertewandel* in der heutigen Gesellschaft geführt.

Das Verblassen des traditionellen, von den christlichen Kirchen bestimmten Moral- und Sittenkodexes hat das Vordringen postmaterialistischer Werte und Vorstellungen in der gegenwärtigen Gesellschaft ermöglicht. Das heute herausragende Leitziel wird mehr und mehr die *Selbst-*

[16] *H. Heller,* Staatslehre, 1934, S. 216ff. (217).
[17] *K. Hesse* (o. Fußn. 2), S. 12.
[18] Grundlegend: *T. Würtenberger,* Zeitgeist und Recht, 1987, insb. S. 125ff.

verwirklichung, die Ichbezogenheit des postmaterialistischen Individuums,[19] die zum Abbau emotionaler, sozialer und moralischer Bindungen führt. Der sich selbst genügende Einzelne erstrebt die Emanzipation von allen Verpflichtungen und Bindungen, die seiner individuellen Bedürfnisbefriedigung entgegenstehen. Ein hedonistisches Selbst- und Weltverständnis breitet sich aus.

Auf diesem Hintergrund muß man die veränderten Einstellungen in der Bevölkerung der Bundesrepublik zur Sterbehilfe, zum Schutz des werdenden Lebens und zu Ehe und Familie begreifen. Sie zwingen den heutigen Staat, rechtsstaatliche Gewährleistungen einzuschränken oder nicht unerheblich zu relativieren, dürfen aber nicht zu deren völliger Preisgabe führen.

Mit dem Schwinden christlicher Sozialethik und Moralvorstellungen in breiten Bevölkerungskreisen wächst die Zahl der Befürworter der *lebensverkürzenden Sterbehilfe* durch unterlassene Hilfeleistung oder durch aktives Tun,[20] die auf die Annahme eines Rechts des Einzelnen zur autonomen Entscheidung über sein eigenes Leben gestützt wird. Nicht selten wird der Gedanke der Verfügbarkeit über das eigene Leben durch den Hinweis relativiert, daß es ausschließlich um das würdige Sterben, also um die Menschenwürde und die Respektierung des Selbstbestimmungsrechts des Sterbenden gehe.[21] Die weitgehende Verdrängung des Todes in der modernen Gesellschaft begünstigt die Vorstellung von einem schnellen und schmerzlosen Tod, der nötigenfalls durch Sterbehilfe des Arztes herbeigeführt werden soll. Es mehren sich in den letzten Jahren die Stimmen, die eine gesetzliche Neuregelung aufgrund des gewandelten sozialethischen Bewußtseins breiter Bevölkerungskreise in der Bundesrepublik verlangen.[22]

Ebenso haben sich die Einstellungen der Bürger zum *Schutz des werdenden Lebens* in den letzten drei Jahrzehnten stark verändert. Der sozialethische Bewußtseinswandel findet seinen Niederschlag in den dramatisch angestiegenen Zahlen der jährlich vorgenommenen Abtreibungen.[23] Mit der vordringenden Moralauffassung, daß die werdende Mutter in den ersten Wochen ihrer Schwangerschaft autonom über ihre Leibes-

---

[19] Vgl. die treffende Kennzeichnung bei: *H. Otto,* Der Niedergang der Rechtsidee im utilitaristischen Zeitgeist, 1981, S. 21, 25f.

[20] Vgl. die Nachweise bei: *T. Würtenberger* (o. Fußn. 18), S. 115 m. Anm. 66 und 68.

[21] Anknüpfend an die ständige Rechtsprechung des *BVerfG* zum Selbstbestimmungsrecht des Menschen, vgl. *BVerfGE* 4, 7 (15); 6, 32 (41); 12, 45 (54); 27, 1 (6); 27, 344 (350f.).

[22] Vgl. statt vieler: *J. Möllering,* Schutz des Lebens – Recht auf Sterben, 1977, S. 81ff.; *W. Uhlenbruck,* Recht auf den eigenen Tod?, in: ZRP 1986, 209ff. (mit weiteren Nachweisen).

[23] Vgl. dazu die näheren Angaben bei: *B. Büchner,* Abtreibung: Das Versagen des Rechtsstaats, in: Aus Politik und Zeitgeschichte. Beilage zur Wochenzeitung „Das Parlament" B 14/1990, 3f.

frucht entscheiden könne, verbindet sich der ideologisch geprägte Emanzipationsanspruch unbegrenzter Verfügbarkeit der Schwangeren über den heranwachsenden Embryo.

Kein anderes Schutzgut unserer Rechtsordnung ist gegenwärtig so schutzlos wie das ungeborene Leben[24] – ungeachtet dessen verfassungsrechtlichen Schutzanspruchs nach Art. 2 II 1 GG. Nachdem sich der § 218 StGB schon in den sechziger Jahren weitgehend als unwirksam zum Schutz des werdenden Lebens erwiesen hatte, schlug auch die Reform des Abtreibungsparagraphen in den siebziger Jahren[25] fehl, weil die exzessive Praxis der Notlagen-Indikation einen besseren Schutz der nascituri verhindert hat.[26]

Die vom Deutschen Bundestag am 26. 6. 1992 beschlossene neue Fassung der §§ 218ff. StGB reduziert den strafrechtlichen Schutz des werdenden Lebens noch weiter. Sie führt nicht nur die vom *Bundesverfassungsgericht* verworfene Fristenlösung[27] wieder ein, sondern inauguriert einen unserer Rechtsordnung fremden, rein *subjektiven* Rechtfertigungsgrund für die Schwangere, die ihre Leibesfrucht von einem Arzt abtreiben läßt.

Nach Absatz 1 des neu gefaßten § 218a StGB ist nunmehr „der Schwangerschaftsabbruch nicht rechtswidrig (!), wenn

1. die Schwangere den Schwangerschaftsabbruch verlangt (!) und dem Arzt durch eine Bescheinigung nach § 219 Absatz 3 nachgewiesen hat, daß sie sich mindestens drei Tage vor dem Eingriff hat beraten lassen (Beratung der Schwangeren in einer Not- und Konfliktlage),
2. der Schwangerschaftsabbruch von einem Arzt vorgenommen wird und
3. seit der Empfängnis nicht mehr als zwölf Wochen vergangen sind".

Ob und inwieweit eine Not- und Konfliktlage konkret besteht, entscheidet allein die Schwangere. Die obligatorische Beratung ist nach § 219 I 3 nF StGB nur „die umfassende medizinische, soziale und juristische *Information* der Schwangeren". Deren Entscheidung ist jeglicher rechtlichen Nachprüfung entzogen, ob der Schwangerschaftsabbruch notwendig oder vertretbar war. Darin liegt die verfassungswidrige Preisgabe des in Art. 2 II 1 GG gewährleisteten Schutzanspruchs des nasciturus.

Seit den sechziger Jahren haben sich auch die Einstellungen der Bürger der Bundesrepublik zu *Ehe und Familie* gewandelt; jedoch sind die Auswirkungen im Blick auf den Rechtsstaat nicht in gleichem Maße manifest.

Zwar ist die Zahl der Eheschließungen seit 1963 rückläufig, die der

---

[24] *H. Tröndle*, Der Schutz des ungeborenen Lebens in unserer Zeit, in: ZRP 1989, 54.

[25] Siehe das 5. Strafrechtsreformgesetz vom 18. 6. 1974 (BGBl I, 1297) – und dazu *BVerfGE* 39, 1 (51ff.) – sowie das 5. Strafrechtsänderungsgesetz vom 18. 5. 1976 (BGBl I, 1213).

[26] Vgl. dazu: *G. Kaiser*, Was wissen wir über den Schwangerschaftsabbruch?, in: Aus Politik und Zeitgeschichte. Beilage zur Wochenzeitung „Das Parlament" B 14/1990, 21ff.

[27] *BVerfGE* 39, 1 (51ff.).

Ehescheidungen seither erheblich gestiegen, und der Personenkreis, der in nichtehelicher Gemeinschaft lebt, zunehmend gewachsen. Zwar wird auch von einem Viertel der Bürger im heiratsfähigen Alter die Ehe überhaupt als überholt bezeichnet. Aber der sich hierin offenbarende Wandel hat offenbar das Wesen, die Strukturprinzipien, die Funktion und die spezifische Leistung der Ehe nicht ergriffen.[28] Gleiches kann man auch von der Familie sagen, die heute durch ein verändertes Rollenverhalten der Ehepartner und gewandelte familiäre Beziehungen gekennzeichnet ist.

Schwierigkeiten bereitet dem heutigen Rechtsstaat nicht allein der sozialethische Bewußtseinswandel von Ehe und Familie, sondern auch die Gewährleistung des Art. 6 I GG selbst, nach der Ehe und Familie unter dem besonderen Schutz der staatlichen Ordnung stehen. Am greifbarsten sind die Defizite im Steuer- und im Sozialrecht. In diesem Zusammenhang genügt es, auf einige Beispiele hinzuweisen.[29]

Unser *Steuerrecht,* das – vom Grundsatz der Individualbesteuerung ausgehend – sich an der Leistungsfähigkeit des Einzelnen orientiert, ist den Institutionen von Ehe und Familie bislang nicht gerecht geworden. Mit dem Ehegattensplitting wird zwar der Lage der nichtberufstätigen Ehefrau Rechnung getragen, aber die einseitige Förderung nur der Ehe ohne Rücksicht auf die Kinderzahl hat sich gegen die Familie ausgewirkt. Das Steuerrecht begünstigt Aufwendungen zur Sicherung der Erwerbsgrundlage, nicht aber in gleichem Maße Ausgaben zur Sicherung der Existenz der Familie. Die finanziellen Belastungen, welche den Eltern durch die Unterhaltsverpflichtungen gegenüber ihren Kindern entstehen, werden bei der Berechnung der Steuer nicht hinreichend berücksichtigt.

> „Der soziale Wandel (ist) auch eine Folge staatlicher Fehlgriffe bei der Konkretisierung des in Art. 6 I GG versprochenen besonderen Schutzes. Kinder zu wollen, ist unter den vom Gesetzgeber gestalteten Verhältnissen eine Entscheidung für relative Verarmung. Der moderne Sozialstaat vernachlässigt die Familie, ganz besonders die Familienmutter. Die nicht erfolgte Ausweitung des Ehegattensplitting zu einem Familiensplitting bedeutet eine nicht zu rechtfertigende Förderung der kinderlosen und kinderarmen Ehe zu Lasten der kinderreichen Familie. Die finanzielle Diskriminierung der Familie ist mit Art. 6 GG nicht vereinbar ....“[30]

Im *Sozialrecht* werden Ehe und Familie durch die moderne Rentenversicherung erheblich benachteiligt. Gegenüber der berufstätigen Frau wird die nichtberufstätige Ehefrau und Mutter im heutigen *Rentensystem* de-

---

[28] *A. Frhr. v. Campenhausen,* Verfassungsgarantie und sozialer Wandel ..., in: VVDStRL H. 45 (1987), 3ff. (10); dort auch die erwähnten tatsächlichen Angaben (9).

[29] Siehe zum Folgenden vor allem: *P. Kirchhof,* Ehe und Familie im staatlichen und kirchlichen Steuerrecht, in: Essener Gespräche zum Thema Staat und Kirche Bd. 21 (1986), 117ff.; und *P. Krause,* Ehe und Familie im sozialen Sicherungssystem, ebenda, S. 72ff.

[30] *A. Frhr. v. Campenhausen* (o. Fußn. 28), S. 49.

klassiert,[31] weil sie eine geringere Alterssicherung erhält; ihre soziale Leistung durch die Versorgung ihrer heranwachsenden Kinder bleibt weithin unberücksichtigt. Das Rentenversicherungsrecht läßt die finanziellen Aufwendungen der Familien mit Kindern, die als nachwachsende Generation die Rentenzahlungen von morgen erbringen sollen, völlig außer Betracht. „Die Kinderlast ist im Gegensatz zur Alterslast nicht kollektiviert worden. Sie wird nur von denjenigen getragen, die tatsächlich Kinder haben, während die Kinderlosen ihre Zukunft auf die Kinder der anderen aufbauen".[32] Es ist ein – im Blick auf die Gewährleistung des Art. 6 I GG – unhaltbarer Zustand, die Sicherung der Versorgungsansprüche zum großen Teil den kinderreichen Familien und der nachwachsenden Generation bei Begünstigung der kinderarmen Eltern und vor allem der Kinderlosen aufzubürden.

§ 18. Grundzüge der rechtlichen Ausgestaltung des Sozialstaates

Literatur: K. Hesse, Grundzüge des Verfassungsrechts der Bundesrepublik, 18. Aufl. (1991), S. 85 ff. (Rdnrn. 208 ff.); *H.F. Zacher,* Das soziale Staatsziel, in: HdBStR Bd. I, 1987, S. 1045 ff.; *ders.,* Vierzig Jahre Sozialstaat. Schwerpunkte der rechtlichen Ordnung, in: 40 Jahre Sozialstaat Bundesrepublik Deutschland (hg. v. *N. Blüm/H.F. Zacher*), 1989, S. 19 ff.; *P. Badura,* Der Sozialstaat, in: DöV 1989, 491 ff.; *K. Stern,* Staatsrecht der Bundesrepublik Bd. I, 2. Aufl. (1984), S. 892 ff.; *P. Häberle,* „Leistungsrecht" im sozialen Rechtsstaat, in: Festschrift für G. Küchenhoff, 1972, S. 453 ff.; *P. Lerche,* Finanzausgleich und Einheitlichkeit der Lebensverhältnisse, in: Festschrift für F. Berber, 1973, S. 299 ff.; *R.U. Schlenker,* Soziales Rückschrittsverbot und Grundgesetz, 1986; *J. Isensee,* Der Sozialstaat in der Wirtschaftskrise, in: Festschrift für J. Broermann, 1982, S. 365 ff.; *R. Scholz,* Sozialstaat zwischen Wachstums- und Rezessionsgesellschaft, 1981; *M. Spieker,* Legitimitätsprobleme des Sozialstaats, 1986; *E. v. Hippel,* Grundfragen der sozialen Sicherheit, 1979; *H. Bogs,* Die Sozialversicherung im Staat der Gegenwart, 1973; *B. Schulin,* Soziale Entschädigung als Teilsystem kollektiven Schadensausgleichs, 1981; *U. Karpen,* Das Recht auf Chancengleichheit, insbesondere in der Bildung, in: JA 1985, 562 ff.; *R. Schmidt,* Wirtschaftspolitik und Verfassung, 1971, insb. S. 180 ff.

Während der Kernaussagen des Rechtsstaatsprinzips verfassungsrechtlich bestimmt sind,[1] ist das Sozialstaatsprinzip lediglich als Zielvorgabe determiniert. Es ist in erster Linie Aufgabe des *Gesetzgebers,* anknüpfend an die vor dem Grundgesetz geschaffenen sozialen Gewährleistungen das soziale Staatsziel zu konkretisieren und zu verwirklichen.

„Der Staat soll durch Sozialgestaltung im Wege der Gesetzgebung und der Finanzpolitik fortdauernd in den gesellschaftlichen Verhältnissen und in der Lage der einzelnen und der großen sozialen Gruppen eine sozial gerechte Ordnung gewährleisten. Mit der Formel der ‚sozialen Gerechtigkeit' wird die zeitlose Maxime der Gerechtigkeit als Grund und Grenze des Rechts auf eine bestimmte geschichtliche und politische Lage

---

[31] Vgl. dazu jetzt: die Entscheidung des *BVerfG* vom 7. 7. 1992 (NJW 1992, 2213 ff.).
[32] *A. Frhr. v. Campenhausen* (o. Fußn. 28), S. 43.
[1] Siehe dazu die Ausführungen oben S. 42 ff.

bezogen, nämlich auf die besondere Bedürftigkeit und Hilfsbedürftigkeit des einzelnen in der entwickelten Industrie- und Arbeitsgesellschaft".[2]

Im Rahmen dieser Darstellung genügt es, die drei vordringlichen *sozialstaatlichen Aufgabenfelder* zu umreißen: Die Ermöglichung einer menschenwürdigen Existenz jedes Einzelnen, die Gewährleistung sozialer Sicherheit bei Bedürftigkeit und die Herstellung eines Optimums an sozialer Gleichheit. Zur wirksamen Erfüllung dieser Aufgaben sind bestimmte gesamtgesellschaftliche Rahmenbedingungen erforderlich, auf die noch einzugehen ist.[3]

Vergleichbar mit der in der Weimarer Reichsverfassung enthaltenen „Gewährleistung eines menschenwürdigen Daseins für alle" (Art. 151 I 1), garantiert der heutige Sozialstaat jedermann ein *Existenzminimum.* Das Grundgesetz übernimmt die traditionelle Gesetzgebungszuständigkeit der „öffentlichen Fürsorge" (Art. 74 Nr. 7); der Gesetzgeber spricht jetzt – moderner – von *„Sozialhilfe"*:

„Wer nicht in der Lage ist, aus eigenen Kräften seinen Lebensunterhalt zu bestreiten oder in besonderen Lebenslagen sich selbst zu helfen, und auch von anderer Seite keine ausreichende Hilfe erhält, hat ein Recht auf persönliche und wirtschaftliche Hilfe, die seinem besonderen Bedarf entspricht, ihn zur Selbsthilfe befähigt, die Teilnahme am Leben in der Gemeinschaft ermöglicht und die Führung eines menschenwürdigen Lebens sichert" (§ 9 SGB-AT).

Dem Sozialstaat obliegt allerdings nur eine *subsidiäre* Verantwortung zur Sozialhilfe.[4] Grundsätzlich hat jeder erwachsene Bürger den Unterhalt für sich und seine unterhaltsberechtigten Angehörigen selbst zu verdienen, auch wenn es ein förmliches Recht des Einzelnen auf Arbeit nach dem Grundgesetz nicht gibt. Seine Selbstverantwortung in der heutigen freiheitlichen Gesellschaft wird gestützt durch das Recht, Beruf und Arbeitsplatz frei zu wählen (Art. 12 I GG), den Schutz seines Eigentums (Art. 14 I GG) und durch das Recht zur freien Entfaltung seiner Persönlichkeit (Art. 2 I GG). Flankierend tritt der besondere Schutz seiner Ehe und Familie durch die staatliche Ordnung (Art. 6 GG) hinzu.

Der zweite sozialstaatliche Aufgabenbereich umfaßt die Gewährleistung *sozialer Sicherheit* bei Bedürftigkeit. Schon in ihrer ursprünglichen Form, die der heutige Sozialstaat weitgehend übernommen hat, diente sie dazu, die typischen Lebensrisiken des für sich und seine Angehörigen sorgenden Berufstätigen (Krankheit, Invalidität, Arbeitslosigkeit, Alter, Tod) abzufedern, damit dieser und seine Angehörigen nicht der Sozialhilfe anheimfallen. Ihr liegt der Gedanke zugrunde, durch *soziale Vorsorge*

---

[2] *P. Badura,* Der Sozialstaat, in: DöV 1989, 491 ff. (492).

[3] Zum Folgenden grundlegend: *H.F. Zacher,* Das soziale Staatsziel, in: HdBStR Bd. I, 1987, S. 1045 ff.; *ders.*, Vierzig Jahre Sozialstaat ..., in: 40 Jahre Sozialstaat Bundesrepublik Deutschland (hg. von *N. Blüm – H.F. Zacher*), 1989, S. 19 ff.

[4] Vgl. statt weiterer Nachweise vor allem: *J. Isensee,* Subsidiaritätsprinzip und Verfassungsrecht, 1968, S. 191 ff., 268 ff.

der Solidargemeinschaft in Form von Pflichtbeiträgen aller dazu beizutragen, daß im Risikofall die Bedürftigen ihren bisherigen Lebensstandard einigermaßen halten können.

Das Grundgesetz bekennt sich zu dieser sozialen Vorsorge, wie sie sich im vorigen Jahrhundert als *Sozialversicherung* herausgebildet hat: Die Sozialversicherung ist Gegenstand der konkurrierenden Gesetzgebung (Art. 74 Nr. 12 GG); die sozialen Versicherungsträger, deren Zuständigkeitsbereich sich über das Gebiet eines Landes hinaus erstreckt, werden als bundesunmittelbare Körperschaften des öffentlichen Rechts geführt (Art. 87 II GG), und nach Art. 120 I 4 GG trägt der Bund die Zuschüsse zu den Lasten der Sozialversicherung mit Einschluß der Arbeitslosenversicherung und der Arbeitslosenhilfe.[5]

Mit der Gewährleistung sozialer Sicherheit im Wege sozialer Vorsorge lassen sich indes nur lebenstypische Risiken abmildern. Der heutige Sozialstaat hat auch Verantwortung für die durch nicht oder schwer voraussehbare Ereignisse entstandenen Schäden zu übernehmen, die bestimmte Personengruppen erlitten und besonders hart getroffen haben. Der Ausgleich erfolgt durch *soziale Entschädigung*.[6] In den ersten beiden Jahrzehnten der Bundesrepublik waren vor allem die Personen- und Vermögensschäden zu kompensieren, die durch den Zweiten Weltkrieg, durch nationalsozialistische Verfolgung oder durch Vertreibung aus den Ostgebieten entstanden waren. Andere Beispiele sind Entschädigungen für Tumultschäden und für Opfer von Gewaltverbrechen.

Das Grundgesetz ist sich der besonderen Verantwortung des Staates für diese Geschädigten bewußt und hat spezielle Regelungen getroffen, die auch soziale Entschädigung ermöglichen: für Flüchtlinge und Vertriebene (Art. 74 Nr. 6 GG), für Kriegsschäden und nationalsozialistisches Unrecht (Wiedergutmachung) gemäß Art. 74 Nr. 9 GG, für die Kriegsbeschädigten und die -hinterbliebenen und die ehemaligen Kriegsgefangenen (Art. 74 Nr. 10 GG) sowie für die Kriegsfolgelasten (Art. 120 GG).

Ein weiterer sozialstaatlicher Aufgabenkreis hat die Herstellung eines *Optimums an sozialer Gleichheit* zum Gegenstand. Er ist der umfassendste und unterliegt vielfältigen Wandlungen. Im Grunde umschließt er auch die beiden bisher behandelten speziellen Aufgabenbereiche.

In der freiheitlichen Erwerbsgesellschaft verschärft sich die natürliche Ungleichheit der Einzelnen wegen der unterschiedlichen freiheitlichen Betätigungen der Bürger zur *besitzbestimmten sozialen Ungleichheit*. Der Sozialstaat ist daher dazu aufgerufen, durch soziale Sicherung, Intervention in die Wirtschaftsabläufe und durch Umverteilung der gesell-

---

[5] Vgl. im Näheren besonders: *H. Bogs*, Die Sozialversicherung im Staat der Gegenwart, 1973. Zu den neueren gesetzlichen Regelungen siehe: *H. Zacher*, Vierzig Jahre Sozialstaat (o. Fußn. 3), S. 44ff., 69ff., 101ff.

[6] Siehe vor allem: *B. Schulin*, Soziale Entschädigung als Teilsystem kollektiven Schadensausgleichs, 1981.

schaftlichen Ungleichheit entgegenzuwirken, „um nicht die von den rechtsstaatlichen Gewährleistungen intendierte individuelle Freiheit und rechtliche Gleichheit für eine immer wachsende Zahl der Bürger zur leeren Formel werden zu lassen".[7]

Der *Abbau* sozialer Ungleichheit hat sich in der Bundesrepublik in den letzten vier Jahrzehnten in *zwei Etappen* vollzogen:[8] Die erste ist gekennzeichnet durch die Bemühungen, die durch die nationalsozialistische Gewaltherrschaft, den verlorenen Zweiten Weltkrieg und die Vertreibung aus den Ostgebieten entstandenen sozialen Ungleichheiten auszugleichen. Besondere Maßnahmen wurden für die Kriegsopfer, die heimgekehrten Kriegsgefangenen, die Flüchtlinge und Vertriebene, die Verfolgten des nationalsozialistischen Regimes vorwiegend in der Form sozialer Entschädigung getroffen. Damit einher ging der Wiederaufbau der Arbeitsverfassung und des Arbeitsschutzes sowie der Sozialleistungssysteme, um der sozialen Ungleichheit im Erwerbsleben zu begegnen.

Die zweite Etappe wurde mit der sich ausbreitenden Wohlstandsgesellschaft seit Ende der fünfziger Jahre erreicht, in der Armut und Not zwar nicht beseitigt waren, aber nicht mehr im Vordergrund sozialstaatlicher Bemühungen standen. In den Mittelpunkt rückten die *„Besser-Schlechter-Relationen"* in der heutigen Gesellschaft.

> „Der Sozialstaat ist immer einer unendlichen Zahl miteinander konkurrierender, personell oder situationell definierter Forderungen gegen ein soziales ‚Schlechter' und für ein soziales ‚Besser' ausgesetzt. Das Ensemble dieser Forderungen ... wechselt von Gruppe zu Gruppe, letztlich von Subjekt zu Subjekt. Es wechselt je nach der Erfahrung und Artikulation eines drohenden sozialen ‚Schlechter' oder eines möglichen sozialen ‚Besser' .... Jedes Ensemble (wird) in sich nach einem gemeinsamen Prinzip geformt: der Grundannahme einer sozialen Normalität. Wo immer diese Normalität liegen mag: die sozialen Forderungen orientieren sich an ihr ....".[9]

Abbau sozialer Ungleichheit bedeutet nunmehr auch *Aufhebung von Schlechterstellung*. In den öffentlichen Haushalten weiten sich die sozialen Leistungen zugunsten sozial schwächerer Gruppen oder Personenkreise immer mehr aus (Mieter, junge Familien, Kinder, Jugendliche, Studenten etc.); auch spielt die Ermöglichung des Zugangs zur „sozialen Normalität" durch Gewährung von Chancengleichheit eine zunehmend größere Rolle.[10] Hinzutreten sozialstaatliche Einwirkungen auf bestehende Rechtsverhältnisse (z.B. Mieterschutz, Verbraucherschutz, verbesserter Arbeitsschutz, erweiterter Mutterschutz etc.). Eine Vielzahl anderer Beispiele des Ausgleichs sozialer Nachteile durchzieht unsere heutige

---

[7] *E.W. Böckenförde,* Entstehung und Wandel des Rechtsstaatsbegriffs, in: Festschrift für A. Arndt, 1969, S. 53ff. (67).

[8] Vgl. dazu die detaillierte Studie von *H.F. Zacher,* Vierzig Jahre Sozialstaat (o. Fußn. 3), S. 19ff.

[9] Siehe: *H.F. Zacher,* Vierzig Jahre Sozialstaat (o. Fußn. 3), S. 120f.

[10] Beispielhaft: *U. Karpen,* Das Recht auf Chancengleichheit, insbesondere in der Bildung, in: JA 1985, 562ff.

Rechtsordnung.[11] Und je mehr sich die Wohlstandsgesellschaft ausbreitet und der Standard „sozialer Normalität" in der Bevölkerung wächst, desto höher werden die sozialen Forderungen auf Kompensation sozialer Ungleichheiten.

Vor allem diese Überlegung zeigt, wie sehr die Wahrnehmung sozialstaatlicher Aufgaben von der Erfüllung bestimmter *gesamtgesellschaftlicher Rahmenbedingungen* abhängig ist. Die Ausweitung der modernen Sozialpolitik läßt es nicht mehr zu, daß sich der Staat auf die Lösung allgemeiner Ordnungsaufgaben des Wirtschaftsablaufs beschränkt. Sie erfordert die Orientierung der staatlichen Wirtschafts- und Finanzpolitik an der finanziellen Stabilität, an Wirtschaftswachstum und an „globaler Wirtschaftssteuerung".[12] Mit der *Stabilitätsnovelle* vom 8.6. 1967 (BGBl I, 581) hat das Grundgesetz sich dieser Notwendigkeit geöffnet. Die staatliche Finanz- und Wirtschaftspolitik wurde dadurch verpflichtet, den Erfordernissen des *gesamtwirtschaftlichen Gleichgewichts* Rechnung zu tragen (Art. 109 II GG). Das *Stabilitätsgesetz* vom gleichen Tage (BGBl I, 582) formuliert die dabei zu berücksichtigenden vier Teilziele: Stabilität des Preisniveaus, hoher Beschäftigungsstand, außenwirtschaftliches Gleichgewicht und stetiges, angemessenes Wirtschaftswachstum (das *„magische Viereck"*). Es gibt dem Staat ein Bündel von Mitteln an die Hand, diese Zielsetzungen zu erreichen: Steuererhöhung oder -senkung durch Rechtsverordnung, Kreditbeschränkung, Konjunkturausgleichsrücklagen, Finanzplanung, Orientierungsdaten, „Konzertierte Aktion".[13]

Durch die beiden Grundgesetz-Novellen vom 12. 5. 1969 (BGBl I, 357 und 359) wurde die Zielvorgabe des gesamtwirtschaftlichen Gleichgewichts weiter verfestigt:

> „Der Bund kann den Ländern Finanzhilfen für besonders bedeutsame Investitionen der Länder und Gemeinden (Gemeindeverbände) gewähren, die zur Abwehr einer Störung des gesamtwirtschaftlichen Gleichgewichts oder zum Ausgleich unterschiedlicher Wirtschaftskraft im Bundesgebiet oder zur Förderung des wirtschaftlichen Wachstums erforderlich sind ..." (Art. 104a IV 1 GG). Auf gleicher Ebene liegt die Ausweitungsmöglichkeit der Kreditbeschaffung des Bundes bei einer Störung des gesamtwirtschaftlichen Gleichgewichts (Art. 115 I 2 GG).

Immer mehr Bedeutung erlangten die Zielsetzungen der *Wirtschaftsförderung* (z.B. Art. 74 Nr. 17; 91a I Nr. 2 und 3 GG) und der Mehrung des *Wirtschaftswachstums* (Art. 104a IV 1 GG). In diesem Zusammenhang ist auch die seit den ausgehenden sechziger Jahren einsetzende vermehrte *staatliche Planung* zu sehen. Die bisherige Haushalts- und Finanzplanung wurde flankiert von der Rahmenplanung (Art. 91a III GG), der

---

[11] Siehe z.B. die Aufzählung bei *H.F. Zacher,* Das soziale Staatsziel (o. Fußn. 3), S. 1066f. Rdnrn. 33 und 34.

[12] Vgl. dazu vor allem: *K. Stern,* Staatsrecht der Bundesrepublik Bd. I, 2. Aufl. (1984), S. 902ff.

[13] Siehe statt weiterer Nachweise: *R. Schmidt,* Wirtschaftspolitik und Verfassung, 1971, S. 180ff.

Bildungsplanung (Art. 91 b GG) bis hin zu einer umfassenden staatlichen Aufgaben- und Ressourcenplanung.[14]

Bei alledem darf indessen nicht außer acht gelassen werden, daß alle sozialen Eingriffe und die Steuerung des Wirtschaftsablaufs die Ordnung der *sozialen Marktwirtschaft* nicht aufheben oder umgestalten, sondern sie vielmehr erhalten und fördern sollen. Die freiheitlich orientierte Wirtschaftsverfassung ist eine elementare Bedingung eines effizienten sozialen Rechtsstaates:

> „Marktwirtschaft leistet die primäre Verteilung, Sozialpolitik die Umverteilung. Marktwirtschaft zielt direkt auf Freiheit. Sie nimmt Freiheit auch in den Dienst, um eine hohe Produktion von Gütern zu erzielen. Sozialpolitik muß wollen, was in der Gesellschaft nicht ‚von selbst' geschieht. In der Marktwirtschaft ist die Freiheit des Schwächeren in Gefahr, konsumiert zu werden. Durch die Sozialpolitik wird die Freiheit des Stärkeren vom Gemeinwesen zugunsten der Freiheit des Schwächeren verkürzt .... Wachstum ist die Funktion der Marktwirtschaft. Wachsender Wohlstand verändert das Gesicht der Sozialpolitik. Bei geringerem Wohlstand steht Sozialpolitik vor allem in der Abwehr von Not, in der Gewährleistung des Existenzminimums. Mit steigendem Wohlstand verlagert sich die Aufgabe der Sozialpolitik auf die Vermittlung von Wohlstandsteilhabe".[15]

Die staatliche Sozialpolitik und mit ihr die staatliche Haushaltswirtschaft sind in nicht geringem Maße vom konjunkturellen Verlauf der Wirtschaftsentwicklung abhängig. In Zeiten knapper werdender Finanzmittel des Staates – wie z.B. Ende der siebziger, Anfang der achtziger Jahre – sind Kürzungen von Sozialleistungen unvermeidlich. Die Berufung der Betroffenen auf *„soziale Besitzstände"* trägt in der Regel nicht weit: Zum einen weil die Verfassung außer dem Sozialstaatsprinzip und dem allgemeinen Gleichheitssatz (Art. 3 I GG) keine weiteren Maßstäbe zur Beantwortung dieser Frage enthält; zum anderen weil die effektiv vorhandene „Verteilungsmasse" jeder juristischen Beurteilung eine „außerrechtliche Grenze" setzt.[16]

---

[14] Stellvertretend für viele: *R. Wahl*, Notwendigkeit und Grenzen langfristiger Aufgabenplanung, in: Der Staat Bd. 11 (1972), 459ff.

[15] *H.F. Zacher*, Das soziale Staatsziel (o. Fußn. 3), 1081f. Rdnr. 55.

[16] So mit Recht: *J. Isensee*, Der Sozialstaat in der Wirtschaftskrise, in: Festschrift für J. Broermann, 1982, S. 365ff. (368); ihm folgend: *P. Badura* (o. Fußn. 2), S. 496.

V. Kapitel. Veränderungen im bundesstaatlichen Gefüge

§ 19. Die Entwicklung zum „unitarischen" und „kooperativen" Bundesstaat

Literatur: H. Hofmann, Die Entwicklung des Grundgesetzes nach 1949, in: HdBStR Bd. I, 1987, S. 259 ff. (304 ff.); *O. Kimminich,* Der Bundesstaat, ebenda, S. 1113 ff. (1143 ff.); *F. Ossenbühl,* Föderalismus und Regionalismus in Europa (Länderbericht Bundesrepublik Deutschland), in dem gleichnamigen, von dem Autor herausgegebenen Sammelband, 1990, S. 117 ff.; *H. P. Ipsen,* 40 Jahre Grundgesetz der Bundesrepublik Deutschland, in: JöR NF Bd. 38 (1989), 1 ff. (31 ff.); *W. Thieme,* Vierzig Jahre Bundesstaat, in: DöV 1989, 499 ff.

K. Hesse, Der unitarische Bundesstaat, 1962; *E. Deuerlein,* Föderalismus, 1972, S. 264 ff.; Gutachten über die Finanzreform in der Bundesrepublik Deutschland *(„Troeger-Kommission"),* 1966; *U. Scheuner,* Wandlungen im Föderalismus der Bundesrepublik, in: DöV 1966, 513 ff.; *ders.,* Kooperation und Konflikt. Das Verhältnis von Bund und Ländern im Wandel, in: DöV 1972, 585 ff.; *H. Liebrecht,* Der kooperative Föderalismus, in: DVBl 1967, 72 ff.; *R. Kunze,* Kooperativer Föderalismus in der Bundesrepublik, 1968; *K. Hesse,* Aspekte des kooperativen Föderalismus in der Bundesrepublik, in: Festschrift für G. Müller, 1970, S. 141 ff.; *G. Kisker,* Kooperation im Bundesstaat, 1971; *ders.,* Neuordnung des bundesstaatlichen Kompetenzgefüges und Bund-Länder-Planung, in: Der Staat Bd. 14 (1975), 169 ff.; *C. Heinze,* „Kooperativer Föderalismus" und die Umbildung der Verfassung, in: Festschrift für E. Forsthoff, 1972, S. 119 ff.; *T. Maunz,* Die Fortentwicklung des bundesstaatlichen Systems, in: Festschrift für F. Berber, 1973, S. 351 ff.; *R. Grawert,* Zusammenarbeit und Steuerung im Bundesstaat, in: Der Staat Bd. 14 (1975), 229 ff.; *Verwaltungshochschule Speyer* (Hg.), Politikverflechtung zwischen Bund, Ländern und Gemeinden, 1975; *J. Pietzcker,* Zusammenarbeit der Gliedstaaten im Bundesstaat, in: *C. Starck* (Hg.), Zusammenarbeit der Gliedstaaten im Bundesstaat, 1988, S. 17 ff.; *M. Bullinger,* Ungeschriebene Kompetenzen im Bundesstaat, in AöR Bd. 96 (1971), 237 ff.; *H. Schneider,* Gesetzgebung, 1982; *J. A. Frowein,* Gemeinschaftsaufgaben im Bundesstaat, in: VVDStRL H. 31 (1973), 13 ff.; *W. Rudolf,* Kooperation im Bundesstaat, in: HdBStR Bd. IV, 1990, S. 1091 ff.

Bundesrat (Hg.), Dreißig Jahre Bundesrat. 1949–1979, 1979; *Bundesrat* (Hg.), Vierzig Jahre Bundesrat, 1989; *R. Herzog,* Stellung des Bundesrates im demokratischen Bundesstaat, in: HdBStR Bd. II, 1987, S. 467 ff.; *H. Schäfer,* Der Bundesrat, 1955; *G. Ziller,* Der Bundesrat, 7. Aufl. (1984); *Bundesrat* (Hg.), Der Bundesrat als Verfassungsorgan und politische Kraft, 1974; *M. Antoni,* Zustimmungsvorbehalte des Bundesrates zu Rechtsetzungsakten des Bundes – Die Zustimmungsbedürftigkeit von Bundesgesetzen, in: AöR Bd. 113 (1988), 329 ff.

H. Klatt, Interföderale Beziehungen im kooperativen Bundesstaat, in: VerwA Bd. 78 (1987), 186 ff.; *ders.,* Reform und Perspektiven des Föderalismus in der Bundesrepublik Deutschland ..., in: Aus Politik und Zeitgeschichte. Beilage zur Wochenzeitung „Das Parlament", B 28/1986, 3 ff.; *H. Schneider,* Verträge zwischen Gliedstaaten im Bundesstaat, in: VVDStRL H. 19 (1961), 1 ff.; *R. Grawert,* Verwaltungsabkommen zwischen Bund und Ländern in der Bundesrepublik Deutschland, 1967; *T. Knoke,* Die Kultusministerkonferenz und die Ministerpräsidentenkonferenz, 1966; *H. Schulze-Fielitz,* Der informale Verfassungsstaat, 1984, 57 ff.; *B. Tiemann,* Gemeinschaftsaufgaben von Bund und Ländern in verfassungsrechtlicher Sicht, 1970; *S. Marnitz,* Die Gemeinschaftsaufgaben des Art. 91 a GG als Versuch einer verfassungsrechtlichen Institutionalisierung der bundesstaatlichen Kooperation, 1974; *K. Hesse,* Bundesstaatsreform und

Grenzen der Verfassungsänderung, in: AöR Bd. 98 (1973), 1ff.; *F. Rietdorf,* Die Gemeinschaftsaufgaben – Ein Schritt zur gemeinsamen Aufgabenplanung von Bund und Ländern?, in: DöV 1972, 513ff.; *A. Köttgen,* Fondsverwaltung in der Bundesrepublik, 1965; *M. Ronellenfitsch,* Die Mischverwaltung im Bundesstaat, 1975.

K. Stern, Das Staatsrecht der Bundesrepublik Bd. II, 1980, S. 1047ff.; *K. Vogel,* Grundzüge des Finanzrechts des Grundgesetzes, in: HdBStR Bd. IV, 1990, S. 3ff.; *R. Wendt,* Finanzhoheit und Finanzausgleich, ebenda, S. 1021ff.; *K. M. Hettlage – T. Maunz,* Die Finanzverfassung im Rahmen der Staatsverfassung, in: VVDStRL H. 14 (1956), 2ff., 37ff.; *J. Hinnendahl,* Die Steuerverteilung zwischen Bund und Ländern in der Bundesrepublik Deutschland, 1974; *K.H. Friauf,* Die Finanzverfassung in der Rechtsprechung des Bundesverfassungsgerichts, in: Festgabe für das Bundesverfassungsgericht Bd. II, 1976, S. 300ff.; *ders.,* Das Verhältnis von Bund und Ländern im Bereich der Finanzverfassung, in: *W. Kewenig* (Hg.), Deutsch-Amerikanisches Verfassungsrechtssymposium 1976, 1978, S. 117ff.; *P. Kirchhof,* Besteuerungsgewalt und Grundgesetz, 1973; *C. Starck,* Die Bundesstaatlichkeit im Spiegel der Finanzverfassung, in: Steuer und Wirtschaft 1974, 242ff.; *R. Mußgnug,* Der horizontale Finanzausgleich auf dem Prüfstand des Bundesverfassungsgerichts, in: JuS 1986, 872ff.; *F. Ossenbühl,* Verfassungsrechtliche Grundfragen des Länderfinanzausgleichs gemäß Art. 107 II GG, 1984; *M. Küssner,* Die Abgrenzung der Kompetenzen des Bundes und der Länder im Bereich der Steuergesetzgebung sowie der Begriff der Gleichartigkeit von Steuern, 1992; *H.E. Böttcher,* Wir brauchen eine neue Finanzverfassung!, in: ZRP 1989, 340ff.; *K.H. Friauf,* Öffentlicher Haushalt und Wirtschaft, in: VVDStRL H. 27 (1969), 1ff.; *U. Scheuner,* Die Erhaltung des gesamtwirtschaftlichen Gleichgewichts, in: Festschrift für H. Schäfer, 1975, S. 109ff.; *R. Zuck,* Wirtschaftsverfassung und Stabilitätsgesetz, 1975.

W. Schmitt Glaeser, Die Stellung der Bundesländer bei einer Vereinigung Deutschlands, 1990; *E. Klein,* Bundesstaatlichkeit im vereinten Deutschland, in: *P. Kirchhof, E. Klein,* u.a., Die Wiedervereinigung und damit zusammenhängende Rechtsprobleme, 1991, S. 23ff.; *C. Degenhart,* Verfassungsfragen der deutschen Einheit, in: DVBl 1990, 973ff.; *H.P. Schneider,* Die bundesstaatliche Ordnung im vereinigten Deutschland, in: NJW 1991, 2448ff.

Der Bundesstaat der Bundesrepublik hat sich in den über vierzig Jahren seines Bestehens sowohl in quantitativer als auch in qualitativer Hinsicht erheblich verändert. Er ist nicht nur durch den Beitritt neuer Länder erweitert worden, sondern hat sich auch in seiner Struktur grundlegend gewandelt. Ging das Grundgesetz in seiner ursprünglichen Fassung noch von einer klar gegliederten *bundesstaatlichen Ordnung auf zwei Ebenen* aus, nämlich der des Bundes und der davon strikt getrennten der Länder, so hat sich seit den fünfziger Jahren eine *dritte,* und seit Ende der sechziger Jahre eine *vierte Ebene* herausgebildet, die beide miteinander verzahnt sind.

Die dritte Ebene ist durch eine fortschreitende Selbstkoordinierung der Länder gekennzeichnet, mit der eine zunehmende Konzentration des Schwergewichts der staatlichen Aufgaben beim Bund sowie eine wachsende Verlagerung der politischen Wirksamkeit der Länder auf den Bundesrat einhergehen. Diese unitarisierenden Tendenzen haben schon früh zur Charakterisierung des heutigen Bundesstaates als *„unitarischen Bundesstaates"* geführt.[1]

---

[1] *K. Hesse,* Der unitarische Bundesstaat, 1962, S. 14ff.; *E. Deuerlein,* Föderalismus, 1972, S. 264ff.

Die vierte Ebene wurde geschaffen, weil die finanzielle Leistungsfähigkeit der Länder zur Erfüllung ihrer Aufgaben auf Gebieten, die in ihrer alleinigen Zuständigkeit verblieben sind, nicht ausreichte. Diesem Mißstand wurde durch institutionelles und prozedurales Zusammenwirken von Bund und Ländern begegnet, für das sich der aus dem angelsächsischen Rechtskreis stammende Terminus *„kooperativer Föderalismus"* eingebürgert hat.[2]

Ehe auf diese strukturellen Wandlungen einzugehen ist, sind die *äußeren Veränderungen* des Bundesstaates kurz zu erwähnen. Gemäß Art. 23 S. 2 aF GG traten zum 1. 1. 1957 das *Saarland*[3] und zum 3. 10. 1990 die neugebildeten Länder *Brandenburg, Mecklenburg-Vorpommern, Sachsen, Sachsen-Anhalt* und *Thüringen*[4] der Bundesrepublik bei. Seither ist der Kreis der Länder auf sechzehn angewachsen. Um den großen Bundesländern Bayern, Baden-Württemberg, Niedersachsen und Nordrhein-Westfalen auch nach dem Beitritt der neuen Länder eine Sperrminorität bei Verfassungsänderungen (Art. 79 II GG) zu erhalten, wurde der Art. 51 II GG durch den Zusatz ergänzt, daß Länder mit mehr als sieben Millionen Einwohnern nunmehr im Bundesrat über sechs Stimmen verfügen (Art. 4 Ziff. 3 des Einigungsvertrages vom 31. 8. 1990 – BGBl II, 889). Dadurch erhöhten sich die Bundesratsstimmen auf insgesamt 68.

Wenn auch die Gliederung des Bundes in Länder und deren grundsätzliche Mitwirkung bei der Gesetzgebung jeder Verfassungsänderung entzogen sind (Art. 79 III GG), so sind doch die einzelnen Länder nicht vor Veränderungen ihres Gebietsbestandes geschützt,[5] wie sich aus Art. 29 und 118 GG ergibt.

Von der Neugliederung im südwestdeutschen Raum, die zur Bildung des Landes *Baden-Württemberg* aus den früheren Ländern Baden, Württemberg-Baden und Württemberg-Hohenzollern geführt hatte, ist bereits die Rede gewesen.[6] Allen anderen Bemühungen, die territoriale Gliederung in der Bundesrepublik zu ändern, haben bisher keinen Erfolg gehabt.

In den Landesteilen *Oldenburg* und *Schaumburg-Lippe* erbrachte zwar nach erfolgreichen Volksbegehren ein aufgrund des geänderten Art. 29 GG[7] durchgeführter

[2] Zuerst übernommen von dem Gutachten über die Finanzreform in der Bundesrepublik Deutschland *(„Troeger-Kommission")*, 1966, Ziff. 73ff.; *U. Scheuner*, Wandlungen im Föderalismus der Bundesrepublik, in: DöV 1966, 513ff.; *H. Liebrecht*, Der kooperative Föderalismus, in: DVBl 1967, 72ff.; *K. Hesse*, Aspekte des kooperativen Föderalismus in der Bundesrepublik, in: Festschrift für G. Müller, 1970, S. 141ff.; *G. Kisker*, Kooperation im Bundesstaat, 1971.

[3] Siehe dazu die Ausführungen oben S. 63.

[4] Vgl. dazu die Ausführungen oben S. 77.

[5] So auch: *BVerfGE* 1, 14 (48); 5, 34 (38).

[6] Siehe dazu die Ausführungen oben S. 57.

[7] Vgl. das 25. Gesetz zur Änderung des Grundgesetzes vom 19. 8. 1969 (BGBl I, 1241).

Volksentscheid im Januar 1975 eine Mehrheit für eine Gebietsänderung, aber das Bundesgesetz vom 9. 1. 1976 (BGBl I, 45) bestätigte gemäß Art. 29 III 2 nF GG den Bestand des Landes Niedersachsen. – In den Gebietsteilen *Montabaur, Koblenz, Trier* und *Rheinhessen* fand sich beim Volksentscheid keine Mehrheit für die erstrebten territorialen Änderungen, weshalb das Land Rheinland-Pfalz erhalten blieb.

Mehr und mehr haben die ursprünglichen Neugliederungsgesichtspunkte „landsmannschaftliche Verbundenheit“ sowie „geschichtliche und kulturelle Zusammenhänge“ in der Bevölkerung offenbar an Bedeutung verloren, so daß das 33. Gesetz zur Änderung des Grundgesetzes vom 23. 8. 1976 (BGBl I, 2381) im Art. 29 I den verpflichtenden Auftrag zur Neugliederung in eine Kann-Bestimmung umgewandelt hat. Seither bedarf jede territoriale Bestandsänderung nach Art. 29 III nF GG der Zustimmung *aller* betroffenen Bevölkerungskreise. Daher kann eine Gebietsänderung gegen den Willen der Mehrheit eines bestehenden Landes nicht mehr herbeigeführt werden.[8] In praxi bedeutet dies eine weitgehende Bestandsgewähr der jetzigen Länder.

Die komplexen, miteinander verzahnten *strukturellen Veränderungen* im heutigen Bundesstaat sind aus Gründen der Übersichtlichkeit in ihren Teilphänomenen zu beschreiben. Die Gliederung der folgenden Darstellung bezweckt weder eine zeitliche noch eine nach der Bedeutung abgestufte Reihenfolge.

Die zunehmende *Konzentration* des Schwergewichts *der staatlichen Aufgaben beim Bund* erstreckt sich – freilich in unterschiedlichem Maße – sowohl auf die Gesetzgebung als auch auf Verwaltung und Rechtsprechung.

Am stärksten zeigt sich diese Entwicklungstendenz bei der *Gesetzgebung*. Der Zuständigkeitsbereich des Bundes ist erheblich erweitert worden: Zu den neu aufgenommenen Gegenständen der *ausschließlichen* Gesetzgebung des Bundes gehören die Verteidigung einschließlich des Schutzes der Zivilbevölkerung (Art. 73 Nr. 1 GG)[9] sowie die Zusammenarbeit des Bundes und der Länder in der Kriminalpolizei, beim Verfassungsschutz und zum Schutz gegen Bestrebungen im Bundesgebiet, die durch Anwendung von Gewalt auswärtige Belange der Bundesrepublik gefährden, sowie die Einrichtung eines Bundeskriminalpolizeiamtes und die internationale Verbrechensbekämpfung (Art. 73 Nr. 10a–c GG).[10] Auf dem Gebiet der *konkurrierenden* Gesetzgebung, bei der dem Bund der Vorrang zukommt, sind allein elf Materien durch Verfassungsände-

[8] Siehe dazu vor allem: *H. Hofmann*, Die Entwicklung des Grundgesetzes nach 1949, in: HdBStR Bd. I, 1987, S. 259ff. (311ff. Rdnrn. 71f.).

[9] Vgl. das 4. Gesetz zur Ergänzung des Grundgesetzes vom 26. 3. 1954 (BGBl I, 45) geändert durch das 17. Gesetz zur Ergänzung des Grundgesetzes vom 24. 6. 1968 (BGBl I, 709).

[10] Neu gefaßt durch das 31. Gesetz zur Änderung des Grundgesetzes vom 28. 7. 1972 (BGBl I, 1305).

rungen neu eingefügt oder neu gefaßt worden (Art. 74 Ziff. 4a, 10, 10a, 11a, 13, 19a, 20, 22, 24, Art. 74a, Art. 105 GG).

Dabei handelt es sich im einzelnen um das Waffen- und das Sprengstoffrecht (Ziff. 4a); die Versorgung der Kriegsbeschädigten und Kriegshinterbliebenen und die Fürsorge für die ehemaligen Kriegsgefangenen (Ziff. 10); die Kriegsgräber und Gräber anderer Opfer des Krieges und Opfer der Gewaltherrschaft (Ziff. 10a); die Erzeugung und Nutzung der Kernenergie zu friedlichen Zwecken, die Errichtung und den Betrieb von Anlagen, die diesen Zwecken dienen, den Schutz gegen Gefahren, die bei Freiwerden von Kernenergie oder durch ionisierende Strahlen entstehen, und die Beseitigung radioaktiver Stoffe (Ziff. 11a); die Regelung der Ausbildungsbeihilfen und die Förderung der wissenschaftlichen Forschung (Ziff. 13); die wirtschaftliche Sicherung der Krankenhäuser und die Regelung der Krankenhauspflegesätze (Ziff. 19a); den Schutz beim Verkehr mit Lebens- und Genußmitteln, Bedarfsgegenständen, Futtermitteln und land- und forstwirtschaftlichen Saat- und Pflanzengut, den Schutz der Pflanzen gegen Krankheiten und Schädlinge sowie den Tierschutz (Ziff. 20); den Straßenverkehr, das Kraftfahrwesen, den Bau und die Unterhaltung von Landstraßen für den Fernverkehr sowie die Erhebung und Verteilung von Gebühren für die Benutzung öffentlicher Straßen mit Fahrzeugen (Ziff. 22); die Abfallbeseitigung, die Luftreinhaltung und die Lärmbekämpfung (Ziff. 24). Nach Art. 74a GG erstreckt sich die konkurrierende Gesetzgebung auch auf die Besoldung und Versorgung für die nicht im Dienst des Bundes stehenden öffentlichen Bediensteten und nach 105 II GG auf die Steuern, wenn dem Bund das Aufkommen ganz oder zum Teil zusteht oder die Voraussetzungen des Art. 72 II GG vorliegen.

Die *Rahmengesetzgebung* des Bundes ist durch das 28. Verfassungsänderungsgesetz vom 18. 3. 1971 (BGBl I, 206) auf die „allgemeinen Grundsätze des Hochschulwesens" ausgeweitet worden (Art. 75 Ziff. 1a GG). Neu in das Grundgesetz aufgenommen wurde die *Grundsatzgesetzgebung* des Bundes für das Haushaltsrecht, eine konjunkturgerechte Haushaltswirtschaft und eine mehrjährige Finanzplanung von Bund und Ländern (Art. 109 III) durch das 15. Gesetz zur Änderung des Grundgesetzes vom 8. 6. 1967 (BGBl I, 581)[11] sowie ferner für die Erfüllung der – noch darzustellenden – Gemeinschaftsaufgaben nach Maßgabe des Art. 91a II 2 GG, eingeführt durch das 21. Gesetz zur Änderung des Grundgesetzes vom 12. 5. 1969 (BGBl I, 359). Im Unterschied zur Rahmengesetzgebung sind für die Inanspruchnahme der Grundsatzgesetzgebungskompetenz nicht die Voraussetzungen des Art. 72 GG zu erfüllen. Die Besonderheit der Grundsatzgesetzgebung des Bundes liegt darin, daß sie im Prinzip nur Organe des Bundes und der Länder zu Adressaten hat.[12]

Neben den ausdrücklich zugewiesenen Kompetenzen hat sich der Bund zunehmend auch auf *ungeschriebene Bundeszuständigkeiten* berufen, wie die „kraft Natur der Sache" oder „kraft Sachzusammenhangs".[13]

[11] Art. 109 III GG wurde durch das 20. Grundgesetzänderungsgesetz vom 12. 5. 1969 (BGBl I, 357) neu gefaßt.

[12] *K. Hesse*, Grundzüge des Verfassungsrechts der Bundesrepublik, 18. Aufl. (1991), S. 99 Rdnr. 242.

[13] Vgl. dazu insbesondere: *M. Bullinger*, Ungeschriebene Kompetenzen im Bundesstaat, in: AöR Bd. 96 (1971), 237ff.

Das *Bundesverfassungsgericht* hat beide Arten ungeschriebener Bundeskompetenzen grundsätzlich anerkannt.[14]

Die *tatsächliche* Verlagerung der Gesetzgebungskompetenzen auf den Bund ist nicht zuletzt eine Folge des intervenierenden, vorsorgenden und verteilenden Sozialstaats der Gegenwart, der immer stärker auf einheitliche Regelungen dringt. Auch dort, wo Möglichkeiten differenzierender Landesgesetzgebung bestehen, wie auf dem Gebiet der konkurrierenden und der Rahmengesetzgebung, hat der Bund seine Gesetzgebungsbefugnisse voll ausgeschöpft[15] unter Berufung auf ein – weit ausgelegtes – „Bedürfnis nach bundesgesetzlicher Regelung" (Art. 72 II GG). Er konnte dies umso eher tun, als das *Bundesverfassungsgericht* die Bedürfnisfrage in das gerichtlich nicht nachprüfbare Ermessen des Bundesgesetzgebers gestellt hat.[16]

Auf dem Gebiet der *vollziehenden Gewalt* liegt das Schwergewicht der Aufgabenerfüllung zwar nach wie vor bei den Ländern, aber auch hier haben die *Kompetenzen des Bundes* in den letzten vier Jahrzehnten erheblich zugenommen.

Von der verfassungsrechtlichen Ausgestaltung der *Wehrordnung* durch die Grundgesetz-Novellen vom 19. 3. 1956 (BGBl I, 111) und vom 24. 6. 1968 (BGBl I, 709) ist an anderer Stelle bereits die Rede gewesen ebenso wie von den Exekutivbefugnissen des Bundes beim *äußeren und inneren Notstand,* die durch das 17. Gesetz zur Ergänzung des Grundgesetzes vom 24. 6. 1968 (BGBl I, 709) begründet wurden.[17]

Ausgeweitet wurde die *Bundesauftragsverwaltung* durch eine Reihe von Grundgesetznovellen:

Auf den Vollzug von Wehrgesetzen (Art. 87b II GG), von Regelungen über die Erzeugung und Nutzung der Kernenergie zu friedlichen Zwecken (Art. 87c GG) gemäß der 10. Novelle vom 23. 12. 1959 (BGBl I, 813), von Aufgaben der Luftverkehrsverwaltung (Art. 87d II GG) nach dem 11. Grundgesetzänderungsgesetz vom 6. 3. 1961 (BGBl I, 141), von Geldleistungsgesetzen, wenn der Bund mindestens die Hälfte der Ausgaben trägt (Art. 104a III GG) gemäß der 21. Novelle vom 12. 5. 1969 (BGBl I, 359), bei der Verwaltung von Steuern, die ganz oder zum Teil dem Bund zufließen (Art. 108 III GG), ebenfalls geregelt durch die 21. Grundgesetznovelle, sowie auf den Vollzug von Gesetzen zur Durchführung des Lastenausgleichs (Art. 120a GG) nach dem zweiten Gesetz zur Ergänzung des Grundgesetzes vom 14. 8. 1952 (BGBl I, 445).

Auch die *Bundeseigenverwaltung* wurde in den letzten Jahrzehnten schrittweise ausgebaut. Neben der Bundeswehrverwaltung (Art. 87b

---

[14] Zur Zuständigkeit *kraft Natur der Sache* siehe: *BVerfGE* 11, 89 (96ff.); 22, 180 (216ff.); 26, 246 (257); zur Zuständigkeit *kraft Sachzusammenhangs* vgl.: *BVerfGE* 3, 407 (421); 11, 192 (199), 12, 205 (237f.); 15, 1 (20); 26, 246 (256).

[15] Statt weiterer Nachweise: *F. Ossenbühl,* Föderalismus und Regionalismus in Europa (Länderbericht Bundesrepublik Deutschland) in dem gleichnamigen, von dem Autor herausgegebenen Sammelband, 1990, S. 117ff. (133).

[16] *BVerfGE* 2, 213 (224f.); 4, 115 (127); 10, 234 (245); 13, 230 (233f.); 26, 338 (382f.); 33, 224 (229); 34, 9 (39); 39, 96 (114f.), und in späteren Entscheidungen.

[17] Vgl. die Ausführungen oben S. 64ff.

GG) und der Luftverkehrsverwaltung (Art. 87d I GG)[18] ist der Kreis der bundeseigenen Verwaltungsbehörden aufgrund der Ermächtigung des Art. 87 I 2 GG – neugefaßt durch die 31. Novelle vom 28. 7. 1972 (BGBl I, 1305) – vermehrt worden.[19] Außerdem sind für Angelegenheiten, für die dem Bund die Gesetzgebung zusteht, gemäß Art. 87 III GG zahlreiche selbständige Bundesoberbehörden und neue bundesunmittelbare Körperschaften und Anstalten des öffentlichen Rechts errichtet worden.[20]

In engen Grenzen erkennt das *Bundesverfassungsgericht* auch bei den Verwaltungskompetenzen ungeschriebene Bundeszuständigkeiten an;[21] sie spielen, wie noch zu zeigen ist, bei den Finanzleistungen des Bundes eine besondere Rolle.

Auch auf dem Gebiet der *rechtsprechenden Gewalt* ist das Schwergewicht der Aufgabenerfüllung bei den Gerichten der Länder verblieben. *Spezielle Bundesgerichte* – neben dem Bundesverfassungsgericht (Art. 94 GG) und den obersten Gerichtshöfen des Bundes (Art. 95 GG) – sind aufgrund des neu in das Grundgesetz eingefügten Art. 96a[22] gebildet worden, der durch die 16. Novelle vom 18. 6. 1968 (BGBl I, 657) in Art. 96 umbenannt wurde, nachdem der bisherige Artikel 96 aufgehoben worden war.

Es handelt sich im einzelnen um: das Bundespatentgericht für Angelegenheiten des gewerblichen Rechtsschutzes; die Wehrstrafgerichte für die Streitkräfte; diese Gerichte sind nur im Verteidigungsfall sowie darüber hinaus in Strafsachen von Angehörigen der Streitkräfte zuständig, die in das Ausland entsandt oder an Bord von Kriegsschiffen eingeschifft sind; die Bundesdisziplinargerichte und die Truppendienstgerichte für Disziplinar- und Beschwerdeverfahren über Personen, die zum Bund in einem öffentlichrechtlichen Dienstverhältnis stehen.

Allerdings ist heute das materielle Recht, das den Entscheidungen aller Gerichte zugrunde liegt, ebenso wie das Verfahrensrecht ganz überwiegend *Bundesrecht*. Die höchstrichterliche Rechtsprechung, die allein von Bundesgerichten ausgeübt wird und auch für die Gerichte der Länder maßgebend ist, tut ein übriges, die Gestaltungsmöglichkeiten der Landesgerichte einzuengen.[23]

---

[18] Das Grundgesetzänderungsgesetz vom 14. 7. 1992 (BGBl I, 1254) hat den Bundesgesetzgeber ermächtigt, die Luftverkehrsverwaltung in eine privatrechtliche Organisationsform zu überführen. Vgl. dazu das Luftverkehrsgesetz i. d. F. vom 23. 7. 1992 (BGBl I, 1370).

[19] Vgl. z. B. die *Bundesgrenzschutzbehörden* (Gesetz vom 18. 8. 1972 [BGBl I, 1834]), das *Bundeskriminalamt* (Gesetz vom 8. 3. 1951 i. d. F. vom 29. 6. 1973 [BGBl I, 704]), das *Bundesamt für Verfassungsschutz* (Gesetz vom 27. 9. 1950 [BGBl I, 682], ersetzt durch das Gesetz vom 20. 12. 1990 [BGBl I, 2970]).

[20] Eine Zusammenstellung der wichtigsten Bundesbehörden nach Art. 86 und 87 GG ist in der Gesetzessammlung Sartorius unter Nr. 1 am Ende des Grundgesetztextes (S. 55f.) abgedruckt.

[21] Vgl. *BVerfGE* 11, 6 (17ff.); 11, 89 (98ff.); 22, 180 (216f.); 41, 291 (312).

[22] Durch das 7. Gesetz zur Ergänzung des Grundgesetzes vom 19. 3. 1956 (BGBl I, 111).

[23] *K. Hesse* (o. Fußn. 12), S. 103 Rdnr. 252.

Zu den unitarischen Tendenzen im heutigen Bundesstaat gehört ferner die verstärkte Bedeutung, die der *Bundesrat* erlangt hat.[24] Das gilt nicht nur für seine ausgedehnte Mitwirkung bei der Ausführung von Bundesgesetzen, sondern in besonderem Maße auch bei der Bundesgesetzgebung. Die Zahl der Gesetze, die der Zustimmung des Bundesrates bedürfen, hat in den meisten Legislaturperioden des Bundestages annähernd 50% betragen, in der zehnten sogar 60%. Bei 63,5% aller Zustimmungsgesetze stützte sich die Zustimmungsbedürftigkeit auf Art. 84 I GG – eine Ausnahmevorschrift, die dem Bundesgesetzgeber im Blick auf die Ausführung der Bundesgesetze durch landeseigene Verwaltung das Recht einräumt, mit Zustimmung des Bundesrates Verfahrensrecht der Landesbehörden zu regeln. Bei weiteren 23,5% der Zustimmungsgesetze handelte es sich um Regelungen über die Verteilung der Steuern auf Bund und Länder (Art. 105 III, 106, 107 GG).[25]

Das Zustimmungserfordernis des Bundesrates für eine wachsende Zahl von Bundesgesetzen bedeutet ein *Gegengewicht* gegen die zunehmende Verstärkung der Kompetenzen des Bundes, eine Art „schadensbegrenzende Klausel",[26] um sonst eintretende föderale „Systemverschiebungen" einigermaßen abzufangen.[27] Nach der Praxis des Bundesrates drohte zeitweilig die Zahl der Zustimmungsgesetze weiter auszuufern, weil sich die Auffassung durchsetzte, daß ein Gesetz in allen seinen Teilen der Zustimmung bedürfe, auch wenn nur einzelne Regelungen zustimmungsbedürftig seien. Jede Änderung eines solchen Gesetzes erfordere die Zustimmung des Bundesrates, selbst wenn die zustimmungsbedürftigen Teile gar nicht tangiert würden.

Dieser Ansicht ist das *Bundesverfassungsgericht* 1974 entgegengetreten. Es hat entschieden, daß für die Änderung eines Zustimmungsgesetzes nur dann wiederum die Zustimmung des Bundesrates erforderlich ist, wenn das Änderungsgesetz selbst neue Vorschriften enthält, die ihrerseits die Zustimmungsbedürftigkeit auslösen.[28] Allerdings hat das Gericht im Blick auf Art. 84 I GG festgestellt, daß ein Änderungsgesetz auch dann der Zustimmung des Bundesrates bedarf, wenn sich die Regelung zwar auf rein materiell-rechtliche Fragen beschränkt, dadurch aber „den nicht ausdrücklich geänderten Vorschriften über das Verwaltungsverfahren eine wesentlich andere Bedeutung und Tragweite" verliehen wird.[29]

Die Praxis ist seither auf den durch das *Verfassungsgericht* gewiesenen

---

[24] Siehe dazu bereits: *K. Hesse* (o. Fußn. 1), S. 21 ff.

[25] Siehe die Zahlenangaben bei: *M. Antoni*, Zustimmungsvorbehalte des Bundesrates zu Rechtsetzungsakten des Bundes ..., in: AöR Bd. 113 (1988), 329 ff. (332 m. Anm. 8).

[26] *P. Lerche*, Zustimmungsgesetze, in: Bundesrat (Hg.), Vierzig Jahre Bundesrat, S. 183 ff. (187).

[27] Siehe insbesondere: *BVerfGE* 37, 363 (379 f.); 55, 274 (319).

[28] *BVerfGE* 37, 363 (383); 39, 1 (33); 48, 127 (178). Siehe im Näheren die Ausführungen bei: *M. Antoni* (o. Fußn. 25), 341 ff.

[29] Siehe die Nachweise in der vorhergehenden Anmerkung.

Weg eingeschwenkt. Eine *zwangsläufige* Zunahme der Zustimmungsgesetze ist nicht mehr zu erwarten. Vieles liegt in der Hand von Bundesregierung und Bundestag, ein weiteres Anwachsen der Zahl der Zustimmungsgesetze zu verhindern.

Bewegte sich die bisher dargestellte Entwicklung des Bundesstaates auf den beiden traditionellen Ebenen von Bund einer- und den unverbunden nebeneinander stehenden Ländern andererseits, so ist nunmehr das Augenmerk auf die dritte, seit den fünfziger Jahren entstandene Ebene zu richten, die *Selbstkoordinierung der Länder*.[30]

> „Die ‚dritte Ebene' ist die Bühne für höchst unterschiedliche und farbenprächtige Darbietungen der Kommunikation, Kooperation und Gemeinschaftsaktionen der Länder. Hier wird Länderpolitik abgesprochen, abgestimmt, formuliert, präjudiziert und realisiert. Das alles geschieht durch Zusammenarbeit der Exekutivinstanzen. Kooperation im Bereich der Legislativinstanzen und der Gerichte spielen praktisch eine untergeordnete Rolle ...".[31]

In den letzten Jahrzehnten hat sich ein dichtes Netz unterschiedlichster *Koordinierungs- und Kooperationsgremien der Exekutive* auf allen Ebenen und nahezu in allen Sachbereichen gebildet, das im heutigen Bundesstaat nicht mehr wegzudenken ist. An der Spitze steht die seit 1954 zusammentretende *Ministerpräsidentenkonferenz*,[32] deren Sitzungen vielfach durch *Ressortministerkonferenzen* vorbereitet werden.[33] Für fast alle Geschäftsbereiche sind solche Ministerkonferenzen heute eingerichtet; am bekanntesten ist die Kultusministerkonferenz.[34] Bei allen diesen Kooperationsgremien stehen informelle Absprachen und – fast immer einstimmige – Empfehlungen im Vordergrund; sofern Beschlüsse gefaßt werden, die meistens nicht rechtsverbindlich sind, ist in der Regel die Zustimmung aller Länder erforderlich.

Unterhalb der Regierungsebene arbeitet ein ganzer Kranz von Fachkonferenzen der Abteilungsleiter oder Referenten aus den Ressorts der Länder, die die Ministerkonferenzen vorbereiten, Verwaltungsabkommen sowie gemeinsame Musterentwürfe für parallele Gesetzgebungsvorhaben entwerfen und die dem gegenseitigen Erfahrungsaustausch dienen.

Es ist bemerkenswert, daß diese Form der Länderkooperation im Grundgesetz nicht vorgesehen ist. Zwar werden durch sie die Kompetenzen und die Stellung des Bundesrates nicht tangiert, da dieser für die

---

[30] Den besten Überblick gibt : *J. Pietzcker*, Zusammenarbeit der Gliedstaaten im Bundesstaat, in: *C. Starck* (Hg.), Zusammenarbeit der Gliedstaaten im Bundesstaat, 1988, S. 17ff.

[31] *F. Ossenbühl* (o. Fußn. 15), 141.

[32] Vgl. dazu: *R. Kunze*, Kooperativer Föderalismus in der Bundesrepublik, 1968, S. 50ff.

[33] Siehe insbesondere: *H.Klatt*, Interföderale Beziehungen im kooperativen Bundesstaat, in: VerwA Bd. 78 (1987), 186ff.

[34] Vgl. etwa: *T. Knoke*, Die Kultusministerkonferenz und die Ministerpräsidentenkonferenz, 1966.

Angelegenheiten der Länder untereinander nicht zuständig ist, wohl aber verändert sich die Gestalt des heutigen Bundesstaates nicht unbeträchtlich. Verfassungsrechtliche Bedenken sind indessen erst dann zu erheben, wenn durch die Selbstkoordinierung die Entscheidungsfreiheit eines jeden Landes oder die grundgesetzliche Zuständigkeitsverteilung zwischen Bund und Ländern berührt wäre.

Auf einer qualitativ anderen Ebene liegt die Zusammenarbeit der Länder in *Gemeinschaftseinrichtungen,* die als organisatorisch verselbständigte Verwaltungseinheiten eine gemeinsame Sachaufgabe erfüllen.[35]

Zum einen handelt es sich um Institutionen, die interne staatliche Dienstleistungsaufgaben wahrnehmen, wie z.B. die Hochschule für Verwaltungswissenschaften in Speyer, die Zentralstelle der Landesjustizverwaltungen zur Aufklärung nationalsozialistischer Verbrechen in Ludwigsburg oder das Institut für medizinische und pharmazeutische Prüfungsfragen in Mainz. Zum anderen haben die Länder Gemeinschaftseinrichtungen geschaffen, die Hoheitsaufgaben zu erfüllen haben, wie die Zentralstelle für die Vergabe von Studienplätzen (ZVS) in Dortmund, die Filmbewertungsstelle in Wiesbaden oder das Institut für Baustoffzulassung in Berlin. – Zu den Gemeinschaftseinrichtungen gehört ferner das Zweite Deutsche Fernsehen (ZDF).

Die Schaffung von Gemeinschaftseinrichtungen der Länder entspricht einem berechtigten Gebot der Kooperation. Das *Bundesverfassungsgericht* hat sogar eine Verpflichtung der Länder zur Koordination aus dem Gleichheitssatz[36] oder aus dem Grundsatz der Bundestreue[37] abgeleitet. Die Grenze dieser Form der Zusammenarbeit liegt indessen dort, wo die verfassungsrechtlich festgelegte Kompetenzordnung des Bundesstaates tangiert wird.

Eng verzahnt mit der dritten ist die vierte Ebene des heutigen Bundesstaates: die *Kooperation von Bund und Ländern.* Sie berührt in elementarer Weise die herkömmliche bundesstaatliche Ordnung und ist nur in begrenztem Rahmen zulässig, soweit das Grundgesetz dafür eine spezielle Grundlage enthält.

Schon in den fünfziger Jahren entwickelte sich die Praxis, den Ländern zweckgebundene Finanzhilfen des Bundes zu gewähren. Man sprach von einer *„Fondsverwaltung“*,[38] für die es allenfalls ungeschriebene Verwaltungszuständigkeiten des Bundes gab.[39] Erst das 21. Gesetz zur Änderung des Grundgesetzes vom 12. 5. 1969 (BGBl I, 359) schuf in den Art. 91a und 91b sowie in Art. 104a ausdrückliche Kompetenzen für eine sachlich begrenzte Kooperation von Bund und Ländern.[40]

---

[35] Siehe dazu und insbesondere zu den folgenden Beispielen: *J. Pietzcker* (o. Fußn. 30), S. 29ff.

[36] *BVerfGE* 33, 303 (357).

[37] *BVerfGE* 73, 118 (196f.).

[38] Siehe vor allem: *A. Köttgen,* Fondsverwaltung in der Bundesrepublik, 1965.

[39] Siehe die Nachweise o. S. 144 Fußn. 21.

[40] Vgl. dazu: *BVerfGE* 39, 96 (107ff.).

Nach Art. 91 a GG „wirkt der Bund auf folgenden Gebieten bei der Erfüllung von Aufgaben der Länder mit, wenn diese Aufgaben für die Gesamtheit bedeutsam sind und die Mitwirkung des Bundes zur Verbesserung der Lebensverhältnisse erforderlich ist (Gemeinschaftsaufgaben):

1. Ausbau und Neubau von Hochschulen einschließlich der Hochschulkliniken,
2. Verbesserung der regionalen Wirtschaftsstruktur,
3. Verbesserung der Agrarstruktur und des Küstenschutzes."

Die nähere Bestimmung der Gemeinschaftsaufgaben ist durch Bundesgesetze zu regeln.[41]

Nach Art. 91 b GG ist ferner ein Zusammenwirken von Bund und Ländern bei der Bildungsplanung und der Förderung der Forschung vorgesehen.

Neben den in Art. 91 a und 91 b GG geregelten Gemeinschaftsaufgaben gibt es eine Reihe weiterer Kooperationen von Bund und Ländern. Hierzu zählen *gemeinsame Dienstleistungseinrichtungen*, wie die Polizeiführungsakademie Hiltrup (Münster), die Grenzschutzpolizeischule in Hamburg, die Schule für Verfassungsschutz beim Bundesamt für Verfassungsschutz. In mannigfacher Weise sind Bund und Länder auch an *privatrechtlichen* Einrichtungen beteiligt, z.B. an der Deutschen Forschungsgemeinschaft, der Max-Planck-Gesellschaft, der Stiftung Volkswagenwerk sowie an zahlreichen Großforschungseinrichtungen.[42]

Wie sehr sich die Gestalt des Bundesstaates in den letzten vierzig Jahren verändert hat, zeigt sich mit besonderer Eindringlichkeit an den Wandlungen der *Finanzverfassung*, die hier in aller Kürze darzustellen sind.[43]

In seiner ursprünglichen Fassung ging das Grundgesetz von einer strikten Trennung der Aufgaben und Ausgaben von Bund und Ländern aus. Das Steueraufkommen wurde gemäß Art. 106 aF GG zwischen Bund und Ländern aufgeteilt, allerdings wurde eine endgültige Verteilung der der konkurrierenden Gesetzgebung unterliegenden Steuern, insbesondere der Umsatz- und der Einkommensteuer, einer bundesgesetzlichen Regelung spätestens bis zum 31. 12. 1952[44] vorbehalten (Art. 107 aF GG). Das dieser Finanzordnung zugrunde liegende *Trennungsprinzip* wurde lediglich in einem Punkte durchbrochen: Nach Art. 106 IV aF GG konnte der Bund steuerschwachen Ländern auf Kosten steuerstärkerer Zuschüsse gewähren.

Die sechste Grundgesetz-Novelle – das *Finanzverfassungsgesetz* vom 23. 12. 1955 (BGBl I, 817) – schränkte den Trennungsgrundsatz ein, in-

[41] Vgl. das Hochschulbauförderungsgesetz vom 1. 9. 1969 (BGBl I, 1556), das Gesetz über die Gemeinschaftsaufgabe „Verbesserung der Agrarstruktur und des Küstenschutzes" i.d.F. vom 21. 7. 1988 (BGBl I, 1055) sowie das Gesetz über die Gemeinschaftsaufgabe „Verbesserung der regionalen Wirtschaftsstruktur" vom 6. 10. 1969 (BGBl. I, 1861).

[42] Zu den erwähnten Beispielen siehe : *J. Pietzcker* (o. Fußn. 30), S. 30, 33f.

[43] Vgl. dazu den Überblick bei: *H. Hofmann* (o. Fußn. 8), S. 304ff. (Rdnrn. 62ff.).

[44] Diese Frist wurde durch die Grundgesetz-Novellen vom 20. 4. 1953 (BGBl I, 130) und vom 25. 12. 1954 (BGBl I, 517) zweimal verlängert – endgültig bis zum 31. 12. 1955.

dem sie für die Einkommen- und die Körperschaftssteuer einen *Steuerverbund zwischen Bund und Ländern* schuf (Art. 106 nF GG). Zudem wurde nach Art. 107 nF GG der *horizontale Finanzausgleich* zwischen leistungsfähigen und leistungsschwachen Ländern ausgebaut und dem Bund weiterhin zugestanden, Ergänzungszuweisungen zu leisten *(vertikaler Finanzausgleich).*

Eine weitere Abschwächung des Trennungsprinzips brachte die seit den fünfziger Jahren entwickelte *„Fondsverwaltung"* des Bundes mit sich, für die eine ausdrückliche verfassungsrechtliche Grundlage nicht bestand:[45] Der Bund finanzierte mehr und mehr spezifische Länderaufgaben durch Zuschüsse.[46] Die Kritik aus den Ländern an dieser Finanzierungspraxis und der Ruf nach einer dauerhaft geordneten zeitgerechten Finanzverfassung führten zur Einsetzung der *„Troeger-Kommission" für die Finanzreform,* deren 1966 vorgelegtes Gutachten[47] die Grundlage für das 21. Gesetz zur Änderung des Grundgesetzes vom 12. 5. 1969 (BGBl I, 359), *das Finanzreformgesetz,* lieferte. Diese Grundgesetznovelle sanktionierte die Kooperation von Bund und Ländern durch die Regelung der oben dargestellten Gemeinschaftsaufgaben (Art. 91 a, 91 b) und durch die Anerkennung bestimmter Formen der Mischfinanzierung. Zugleich wurden die Steuern und die Lasten zwischen Bund und Ländern neu verteilt.

Der neu eingeführte Art. 104 a GG hält zwar am Grundsatz der *Aufgaben- und Ausgabentrennung* von Bund und Ländern fest (Abs. 1), regelt aber zugleich drei *Durchbrechungen* dieses Prinzips: Die Finanzierung der Sachaufgaben der Bundesauftragsverwaltung trägt der Bund allein (Abs. 2), die Mischfinanzierung bei Geldleistungsgesetzen wird näher präzisiert (Abs. 3) und drittens kann der Bund den Ländern zum Zweck der Konjunktursteuerung für besonders bedeutsame Investitionen Finanzhilfen gewähren (Abs. 4).[48] Als weitere Durchbrechungen treten die gemeinsame Finanzierung der Gemeinschaftsaufgaben (Art. 91 a, 91 b GG) sowie die Ausgleichsleistungen des Bundes bei Sonderbelastungen der Länder oder Gemeinden nach Maßgabe des Art. 106 VIII GG hinzu.

Bei der *bedarfsgerechteren Verteilung der Steuern* in Art. 106 und 107 nF GG sind hervorzuheben: die Festlegung der Anteile von Bund und Ländern an der Einkommen- und Körperschaftssteuer (Art. 106 III 2 nF GG), die Einbeziehung der Umsatzsteuer in diesen Steuerverbund (Art. 106 III S. 3 und 4 sowie IV nF GG) und die Neuordnung des horizontalen Finanzausgleichs zwischen leistungsfähigen und leistungsschwachen Ländern sowie des vertikalen Finanzausgleichs zwischen Bund und Ländern im Wege von Ergänzungszuweisungen des Bundes an finanzschwache

---

[45] Siehe den Nachweis S. 147 Fußn. 38.

[46] Vgl. die Einzelheiten bei: *J. Kölble,* Finanzreform und Bundesstaatsprinzip, in: DöV 1967, 1 ff.

[47] Siehe den Nachweis S. 140 Fußn. 2.

[48] Siehe dazu: *BVerfGE* 39, 96 (107 ff.); 41, 291 (306 ff.).

Länder (Art. 107 I, II nF GG). Neu geregelt wurde auch der Anteil der Gemeinden am Steueraufkommen (Art. 106 V–VIII GG).

Das Finanzreformgesetz von 1969 hat ferner die *Gesetzgebungszuständigkeiten des Bundes* in Art. 105 II nF GG dahingehend erweitert, daß nunmehr der Bund die konkurrierende Gesetzgebung über alle „übrigen" (in Art. 106 nF GG genannten) Steuern hat, wenn ihm das Aufkommen dieser Steuern ganz oder zum Teil zusteht oder die Voraussetzungen des Art. 72 II GG vorliegen.[49] Da der Bund von seinen Kompetenzen ergiebig Gebrauch gemacht hat, sind heute alle wichtigen Steuergesetze Bundesgesetze.

Auch die Regelungen über die *Finanzverwaltung* sind durch das Finanzreformgesetz von 1969 neugefaßt worden. Zölle, Finanzmonopole, die bundesgesetzlich geregelten Verbrauchssteuern und die Abgaben im Rahmen der Europäischen Gemeinschaften werden durch Bundesfinanzbehörden, die übrigen Steuern durch Landesfinanzbehörden verwaltet (Art. 108 I, II nF GG). Abweichungen von diesen Bestimmungen können durch Bundesgesetz beschlossen werden, wenn dadurch der Vollzug der Steuergesetze erheblich verbessert oder erleichtert wird (Art. 108 IV nF GG).

Von zunehmender Bedeutung für die moderne Wirtschafts- und Finanzpolitik sind die *Haushaltsplanung und Haushaltswirtschaft* im heutigen Bundesstaat. Die ursprüngliche Regelung des Art. 109 GG, daß Bund und Länder in ihrer Haushaltswirtschaft selbständig und voneinander unabhängig sind, erwies sich in den sechziger Jahren als ergänzungsbedürftig. Das 15. Gesetz zur Änderung des Grundgesetzes vom 8. 6. 1967 (BGBl I, 581) hat den Art. 109 um Bestimmungen zur Koordinierung der Haushaltswirtschaft von Bund und Ländern erweitert, um den Erfordernissen des *gesamtwirtschaftlichen Gleichgewichts* Rechnung zu tragen. Das gleichzeitig erlassene *Stabilitätsgesetz* (BGBl I, 582) umschreibt in seinem § 1 dieses Gleichgewicht mit dem sogenannten *magischen Viereck:* Stabilität des Preisniveaus, hoher Beschäftigungsstand, außenwirtschaftliches Gleichgewicht und stetiges angemessenes Wirtschaftswachstum. Nach Art. 109 IV GG kann der Bund durch Gesetz besondere finanzpolitische Maßnahmen zur Abwehr einer Störung des gesamtwirtschaftlichen Gleichgewichts erlassen.[50]

Das 20. Gesetz zur Änderung des Grundgesetzes vom 12. 5. 1969 (BGBl I, 357) hat den Art. 109 III im Zusammenhang mit der Reform der *Haushaltsverfassung* (Art. 110, 112 bis 115 GG) neugefaßt. Der Bund wurde ermächtigt, durch Bundesgesetz für Bund und Länder gemeinsam geltende Grundsätze für das Haushaltsrecht aufzustellen.[51]

---

[49] Vgl. zur Steuergesetzgebungshoheit des Bundes im näheren: *R. Wendt*, Finanzhoheit und Finanzausgleich, in: HdBStR Bd. IV, 1990, S. 1021 ff. (1034 ff. Rdnrn. 16 ff.).

[50] Siehe ergänzend die Ausführungen oben S. 136.

[51] Vgl. das Haushaltsgrundsätzegesetz vom 19. 8. 1969 (BGBl I, 1273).

In der Praxis haben sich die Neuerungen des Finanzverfassungsrechts im großen ganzen als tragfähig erwiesen, wenn auch einzelne Regelungen lebhaft umstritten sind. So sind die Grundsätze und Maßstäbe für die Festsetzung der Anteile von Bund und Ländern an der Umsatzsteuer (Art. 106 III nF GG) schwer zu handhaben und oft zum Gegenstand erbittersten Streits zwischen Bund und Ländern geworden.[52] Schwer lösbare Interpretationsprobleme wirft der Finanzausgleich nach Art. 107 II nF GG auf, „weil es an rationalen Maßstäben für die Bemessung der Finanzkraft und des Finanzbedarfs weithin fehlt".[53] Nicht minder schwierig sind die Auslegungsfragen, die Art. 104a IV GG mit sich bringt. Die weit gefaßten Voraussetzungen für die Finanzhilfen des Bundes beeinträchtigen die Finanzautonomie der Länder und drohen „zum Einfallstor für eine neue ausgedehnte Bundesfondswirtschaft" zu werden.[54]

Abschließend ist auf die für eine Übergangszeit geltenden *Abweichungen* von der grundgesetzlichen Finanzverfassung für die *neuen Länder* hinzuweisen. Nach Art. 7 III des Einigungsvertrages vom 31. 8. 1990 (BGBl II, 889) finden die Regelungen über die Verteilung der Umsatzsteuer (Art. 106 III 4, IV; 107 I 4 GG), den horizontalen Finanzausgleich (Art. 107 II 1 GG) und die Bundesergänzungszuweisungen (Art. 107 II 3 GG) bis zum 31. 12. 1994 auf die neuen Länder keine Anwendung. Die Umsatzsteuer wird nicht nach dem Maßstab der Einwohnerzahl verteilt, sondern in einen Ost- und einen Westanteil nach Maßgabe des Art. 7 III des Einigungsvertrages aufgespalten. Neu geschaffen wurde der Fonds *„Deutsche Einheit"* in Höhe von ursprünglich 115 Milliarden DM, zu dem die alten Länder 47,5 Milliarden DM beigesteuert haben. 85 von Hundert der Mittel fließen den neuen Ländern zu, während 15 von Hundert zur Erfüllung zentraler öffentlicher Aufgaben auf dem Gebiet dieser Länder verwendet werden sollen (Art. 7 V des Einigungsvertrages). Besonderheiten gelten auch für den Anteil der Gemeinden in den neuen Ländern an dem Steueraufkommen (Art. 7 II Ziff. 2 und 3 des Einigungsvertrages).

§ 20. Das föderal-europäische Problem

Literatur: W. Grewe, Auswärtige Gewalt, in: HdBStR Bd. III, 1988, S. 921 ff.; *U. Fastenrath,* Kompetenzverteilung im Bereich der auswärtigen Gewalt, 1986; *A. Bleckmann,* Europarecht, 5. Aufl. (1990); *T. Oppermann,* Europarecht, 1991.

R. Hrbek – U. Thaysen (Hg.), Die Deutschen Länder und die Europäischen Ge-

---

[52] Siehe dazu vor allem: *R. Wendt* (o. Fußn. 49), S. 1060 ff.

[53] *F. Ossenbühl* (o. Fußn. 15), S. 144; *ders.,* Verfassungsrechtliche Grundfragen des Länderfinanzausgleichs gemäß Art. 107 II GG, 1984. Vgl. jüngstens: *BVerfGE* 72, 330 und 86, 148.

[54] *K. Vogel,* Grundzüge des Finanzrechts des Grundgesetzes, in: HdBStR Bd. IV, 1990, S. 3 ff. (17 Rdnr. 23); vgl. auch: *BVerfGE* 39, 96 (111 ff.).

meinschaften, 1986; *S. Magiera – D. Merten* (Hg.); Bundesländer und Europäische Gemeinschaft, 1988; *W. Kössinger,* Die Durchführung des Europäischen Gemeinschaftsrechts im Bundesstaat, 1989; *M. Schröder,* Bundesstaatliche Erosionen im Prozeß der europäischen Integration, in: JöR NF Bd. 35 (1986), 83ff.; *M. Borchmann,* Bundesstaat und europäische Integration, in: AöR Bd. 112 (1987), 586ff.; *Bundesrat* (Hg.), Vierzig Jahre Bundesrat, 1989; *F. Ossenbühl,* Föderalismus und Regionalismus in Europa (Länderbericht Bundesrepublik Deutschland), in dem gleichnamigen, von dem Autor herausgegebenen Sammelband, 1990, S. 117ff. (145ff.); *E. Klein,* Der Verfassungsstaat als Glied einer europäischen Gemeinschaft, in: VVDStRL H. 50 (1991), 56ff. (88ff.); *R. Riegel,* Gliedstaatskompetenzen im Bundesstaat und Europäische Gemeinschaften, in: DVBl 1979, 245ff.; *K. Hesse,* Bundesstaatsreform und Grenzen der Verfassungsänderung, in: AöR Bd. 98 (1973), 1ff.; *G. Ress,* Die Europäischen Gemeinschaften und der deutsche Föderalismus, in: EuGRZ 1986, 549ff.; *E. Klein,* Die Kompetenz- und Rechtskompensation, in: DVBl 1981, 661ff.; *R. Morawitz,* Die Zusammenarbeit von Bund und Ländern bei Vorhaben der Europäischen Gemeinschaft, 1981; *U. Oetting,* Bundestag und Bundesrat im Willensbildungsprozeß der Europäischen Gemeinschaften, 1973; *G. Jaspert,* Der Bundesrat und die europäische Integration, in: Aus Politik und Zeitgeschichte. Beilage zur Wochenzeitung „Das Parlament" B 12/1982, 17ff.; *H. E. Birke,* Die deutschen Bundesländer in den europäischen Gemeinschaften, 1973; *W. Rudolf,* Kooperation im Bundesstaat, in: HdBStR Bd. IV, 1990, S. 1091ff. (1123ff. Rdnrn. 66ff.); *ders.,* Die deutschen Bundesländer und die Europäischen Gemeinschaften nach der Einheitlichen Europäischen Akte, in: Festschrift für K. J. Partsch, 1989, S. 357ff.; *I. Hannaleck – W. Schumann,* Die Beteiligung der Länder an der EG-Politik des Bundes, in: ZfParl 1983, 362ff.

Von großer Tragweite sind die Auswirkungen der *europäischen Integration* auf den Bundesstaat. Die schrittweise Übertragung von Zuständigkeiten auf die Europäische Gemeinschaft (EG), die seit der Gründung der *Europäischen Wirtschaftsgemeinschaft* am 25. 3. 1957 (BGBl II, 766) erfolgt, hat nicht nur Kompetenzen des Bundes, sondern vor allem auch der Länder ausgehöhlt. Die EG-Verfassungsreform, die *Einheitliche Europäische Akte* (EEA) vom 28. 2. 1986 (BGBl. II, 1104), hat diesen Prozeß weiter verstärkt.

Der *Vertrag von Maastricht* über die Errichtung einer Europäischen Währungsunion vom 7. 2. 1992 (BGBl II, 1251) bedeutet für das föderaleuropäische Problem in doppelter Hinsicht einen Markstein: Er beschränkt sich nicht mehr auf die Übertragung einzelner Hoheitsrechte, sondern zielt auf die Schaffung einer *Europäischen Union,* die auf einer qualitativ anderen Ebene liegt als die bisherige Gestalt der Europäischen Gemeinschaft. Zum anderen führt er – auf Drängen der Bundesregierung – das *Subsidiaritätsprinzip* ein, um die Mitgliedsstaaten der Europäischen Gemeinschaft und nicht zuletzt auch die deutschen Länder vor der Auszehrung ihrer Kompetenzen zu bewahren.

Es liegt daher nahe, das föderal-europäische Problem in zwei Abschnitten darzustellen: im ersten geht es um die Entwicklung bis zum Maastrichter-Vertrag, im zweiten um die Neuerungen seither.

Die *erste Phase,* die durch stetige Kompetenzverluste der Mitgliedsstaaten der Europäischen Gemeinschaft gekennzeichnet war, hat sich unterschiedlich auf Bund und Länder in der Bundesrepublik ausgewirkt.

Während die *Bundesregierung* für die übertragenen Zuständigkeiten das Äquivalent ihrer Mitwirkung in den Gremien der Europäischen Gemeinschaft erhalten hat, haben die Länderregierungen und -parlamente, aber auch der Bundestag Kompetenzeinbußen ohne Kompensation erlitten.

Besonders hart betroffen waren die *Länderparlamente*, die ohne jede Verfahrensbeteiligung ihre Zuständigkeiten verloren haben. Vor allem die Einheitliche Europäische Akte hat die Gefahr eines weiteren Abfließens von Zuständigkeiten der Länder in greifbare Nähe gerückt, insbesondere auf den Bereichen der Forschungs- und Technologiepolitik, der Umwelt- und der regionalen Strukturpolitik sowie im Blick auf die erweiterte Durchführungskompetenz der Europäischen Kommission.[1]

Die besondere Problematik dieser Entwicklung hängt mit der Regelung des Art. 24 I GG zusammen: Danach ist der *Bund* alleiniger *„Träger der Integrationskompetenz"*,[2] das heißt er ist für alle Entscheidungen im Rahmen der Europäischen Gemeinschaft, insbesondere für die Rechtsetzung im Rat, allein zuständig und verantwortlich. Hoheitsrechte können auf die Europäischen Gemeinschaften durch einfaches Bundesgesetz übertragen werden, das nicht der Zustimmung des Bundesrates bedarf. Diese Befugnis erstreckt sich auch auf die Kompetenzen, für die die Länder nach der bundesstaatlichen Ordnung *ausschließlich* zuständig sind. Verstärkt wird diese Zuständigkeit des Bundes durch Art. 32 I GG, wonach diesem die *Pflege der auswärtigen Beziehungen*, zu der auch die Mitwirkung in den Organen supranationaler Organisationen zu zählen ist, allein obliegt.

Demzufolge haben die Länder ohne ein verfassungsrechtlich gewährleistetes Mitwirkungsrecht nach und nach Kompetenzen an die Europäischen Gemeinschaften verloren:

> „Der verfassungsfeste, dem Zugriff des Bundes verschlossene Kompetenzbereich der Länder, ihr Kompetenzminimum als essentiale der Länderstaatlichkeit, ist damit verfügbar geworden. Es ist deshalb offenkundig, daß die Lebensfrage des deutschen Föderalismus nicht mehr nur eine Frage der nationalen Verfassungsstruktur darstellt, sondern mit der europäischen Integration unlösbar verknüpft ist ..."[3]

Offenbar hat der Parlamentarische Rat, welcher der europäischen Integration – wie sich aus der Präambel und aus Art. 24 II GG ergibt – einen hohen Stellenwert eingeräumt hat, nicht bedacht, daß mit einer nahezu unbeschränkten Übertragung von Hoheitsbefugnissen auf europäische Instanzen durch den Bund unvermeidlich auch die *Schwächung der Eigenstaatlichkeit der Gliedstaaten* verbunden ist.

---

[1] Siehe dazu im Überblick die Angaben bei: *M. Schröder*, Bundesstaatliche Erosionen im Prozeß der europäischen Integration, in: JöR NF Bd. 35 (1986), 83ff. (86ff.); eingehender: *T. Oppermann*, Europarecht, 1991, S. 709ff. (Rdnrn. 1911ff.).

[2] *R. Riegel*, Gliedstaatskompetenzen im Bundesstaat und Europäische Gemeinschaften, in: DVBl 1979, 245ff. (246).

[3] *F. Ossenbühl*, Föderalismus und Regionalismus in Europa (Länderbericht Bundesrepublik Deutschland) in dem gleichnamigen, von dem Autor herausgegebenen Sammelband, 1990, S. 117ff. (147).

Die in der Verfassung *nicht vorgesehenen Mitgestaltungsrechte der Länder* bei der europäischen Integration lassen sich nicht nachträglich im Wege der Interpretation begründen. Aus der allgemeinen Regel des Art. 50 GG, nach der die Länder durch den Bundesrat bei der Gesetzgebung und Verwaltung des Bundes mitwirken, kann keine Generalklausel hergeleitet werden, die den Bundesrat zur Teilnahme an jeglichem politischen Entscheidungsvorgang innerhalb des Bundes ermächtigen würde.[4] Ebensowenig läßt sich ein Mitgestaltungsrecht des Bundesrates aus Art. 53 S. 3 GG entwickeln. Zwar hat der Bundesrat einen Anspruch, von der Bundesregierung über die europäische Integration auf dem laufenden gehalten zu werden, auch kann er dazu Stellung nehmen, aber er kann die Bundesregierung nicht auf eine bestimmte Auffassung festlegen, weil die Vertretung der Bundesrepublik im Rat der Europäischen Gemeinschaft als Bestandteil der auswärtigen Gewalt allein Sache der Bundesregierung ist (Art. 32 I GG).[5]

Im Schrifttum ist darüber hinaus eine aus dem Bundesstaatsprinzip abgeleitete *innerstaatliche Ausgleichspflicht für Länderkompetenzverluste* im Prozeß der europäischen Integration entwickelt worden.[6] Sie ließe sich nur begründen, wenn der *Kernbereich* der bundesstaatlichen Struktur beeinträchtigt wäre, der auch bei fortschreitender europäischer Integration in jedem Fall gewahrt bleiben muß, wie sich aus Art. 79 III GG ergibt. Von einer solchen Gefährdung kann indes noch keine Rede sein, weil die Zuständigkeiten der Länder bisher nicht existenzbedrohend ausgehöhlt worden sind.

In den vergangenen Jahrzehnten haben die Länder immer wieder versucht, über *Regelungen unterhalb der Verfassungsebene* auf den europäischen Integrationsprozeß Einfluß zu gewinnen.[7]

Nachdem der Versuch des Bundesrates fehlgeschlagen war, im Rahmen des Ratifizierungsverfahrens des Vertrages über die Montanunion[8] Mitwirkungsrechte der Länderkammer sicherzustellen,[9] bemühten sich die Länder nachdrücklich, bei den Verträgen vom 25. 3. 1957 zur Gründung der Europäischen Wirtschaftsgemeinschaft und der Europäischen Atomgemeinschaft[10] Einflußmöglichkeiten auf die Europapolitik zu erlangen.

---

[4] So mit Recht: *C. Tomuschat*, Bundesstaats- und Integrationsprinzip in der Verfassungsordnung des Grundgesetzes, in: *S. Magiera-D. Merten* (Hg.), Bundesländer und Europäische Gemeinschaft, 1988, S. 21 ff. (28).

[5] Statt vieler: *J. A. Frowein*, Bundesrat, Länder und europäische Einigung, in: *Bundesrat* (Hg.), Vierzig Jahre Bundesrat, 1989, S. 285 ff. (293 m. Anm. 26).

[6] Siehe den zusammenfassenden Überblick bei: *M. Schröder* (o. Fußn. 1), S. 97 ff.

[7] Siehe dazu die eindringliche Darstellung von: *M. Borchmann*, Bundesstaat und europäische Integration, in: AöR Bd. 112 (1987), 586 ff.

[8] Vgl. dazu oben S. 61.

[9] Vgl. im einzelnen: *U. Oetting*, Bundestag und Bundesrat im Willensbildungsprozeß der Europäischen Gemeinschaften, 1973, S. 24 ff.

[10] Siehe dazu oben S. 63.

Nach intensiven Beratungen im Bundestag wurde schließlich als Kompromiß der Art. 2 in das Ratifizierungsgesetz vom 27. 7. 1957 (BGBl II, 753) eingefügt, dem der Bundesrat zustimmte:[11]

„Die Bundesregierung hat Bundestag und Bundesrat über die Entwicklung im Rat der Europäischen Wirtschaftsgemeinschaft und im Rat der Europäischen Atomgemeinschaft laufend zu unterrichten. Soweit durch den Beschluß eines Rates innerdeutsche Gesetze erforderlich werden oder in der Bundesrepublik Deutschland unmittelbar geltendes Recht geschaffen wird, soll die Unterrichtung vor der Beschlußfassung des Rats erfolgen."

Aufgrund dieser Regelung hat sich eine fortlaufende *Informationspraxis* eingespielt. Wichtigster Adressat wurde für die Bundesregierung der im Jahre 1957 eingesetzte *Sonderausschuß des Bundesrates* „Gemeinsamer Markt und Freihandelszone", der 1965 in „Ausschuß für Fragen der Europäischen Gemeinschaften" umbenannt worden ist.[12]

Darüber hinaus haben die Länder die Institution des *Länderbeobachters* für Fragen der Europäischen Gemeinschaften mit Dienstsitz in Bonn und einem Außenbüro in Brüssel geschaffen.[13] Ihr obliegt es, die Länder frühzeitig über alle sie berührenden Vorgänge und Entwicklungstendenzen bei den Gremien der Europäischen Gemeinschaften zu unterrichten. Die Bemühungen des Länderbeobachters um Informationen und um Kontakte zur EG-Kommission und zu den Bundesministerien werden seither von der Bundesregierung unterstützt. Im Jahre 1984 unternahmen die Ministerpräsidenten der Länder den Versuch, die Dienststelle des Länderbeauftragten räumlich an die Ständige Vertretung der Bundesrepublik in Brüssel anzubinden. Doch scheiterten diese Bemühungen am Widerstand der Bundesregierung.

Indessen ging es den Gliedstaaten nicht allein um frühzeitige Informationen; ihr vordringliches Ziel blieb die *Einflußnahme* auf alle die Länderinteressen tangierenden *Entscheidungen* der Gremien der Europäischen Gemeinschaften. Aufgrund einer rechtlich nicht verbindlichen Absprache aus dem Jahre 1968 hat sich der Bund von Fall zu Fall vorbehalten, in bestimmten Fachausschüssen bei der Europäischen Kommission *Ländervertreter* hinzuzuziehen, „wenn der Bund wegen der innerstaatlichen Zuständigkeitsverteilung keine geeigneten Fachkräfte besitzt, wenn zur Erreichung eines optimalen Verhandlungsergebnisses eine Ergänzung der Fachkunde notwendig erscheint oder wenn der Verhand-

---

[11] Der Bundesrat hat in diesem Ratifizierungsverfahren ein *Zustimmungsrecht* für sich in Anspruch genommen, was er bei der Ratifizierung des Montanunion-Vertrages nicht getan hatte.

[12] Siehe besonders: *G. Jaspert,* Der Bundesrat und die europäische Integration, in: Aus Politik und Zeitgeschichte. Beilage zur Wochenzeitung „Das Parlament" B 12/ 1982, 17ff. (20ff.).

[13] Vgl. dazu – und auch zum Folgenden – näher: *M. Borchmann* (o. Fußn. 7), S. 590ff.

lungsgegenstand wesentliche Belange der betroffenen Länder berührt".[14]

Diese Praxis vermochte die Länder jedoch nicht zufriedenzustellen. In langwierigen Verhandlungen suchten sie den Bund zum Abschluß einer detaillierten Vereinbarung zu bewegen – jedoch ohne Erfolg. Das Einzige, was sie erreichen konnten, war eine Absichtserklärung des damaligen Bundeskanzlers *Helmut Schmidt* vom 19. 9. 1979, die er in einem Schreiben der Ministerpräsidentenkonferenz zuleitete:[15] Darin sicherte er zu, den Ländern in allen Angelegenheiten, die *ausschließliche* Länderkompetenzen betreffen, Gelegenheit zu geben, ihren Standpunkt eingehend und umfassend darzulegen. Der Bund werde nur aus zwingenden außen- und integrationspolitischen Gründen vom Standpunkt der Länder abweichen und ihnen in solchen Fällen die für die Abweichung maßgebenden Gründe mitteilen. Ferner sagte er zu, bei Vorhaben, die ausschließliche Länderzuständigkeiten betreffen, nach Möglichkeit zwei Vertreter der Länder zu den Verhandlungen in den Beratungsgremien des Rates und der Kommission der Europäischen Gemeinschaft hinzuzuziehen. Schließlich sollten die Informationsrechte des Länderbeobachters in der Gemeinsamen Geschäftsordnung der Bundesministerien konkretisiert werden.[16] Die praktische Bedeutung dieses Länderbeteiligungsverfahrens blieb indessen gering.[17]

Die unbefriedigenden Erfahrungen der Länder haben entscheidend dazu beigetragen, daß die Mehrheit der Gliedstaaten in Brüssel *Informationsbüros* eingerichtet hat. Den Anfang machte die Hansestadt Hamburg mit der Eröffnung des „Hanse-Office" im Januar 1985, gefolgt vom Saarland (1985) und dem Land Nordrhein-Westfalen (1986); die übrigen alten Länder schlossen sich später fast ausnahmslos an.[18] Die Bundesregierung hat diese Entwicklung sehr reserviert beobachtet, sich aber letztlich damit abgefunden.

Die letzte Stufe in der ersten Entwicklungsphase der Auseinandersetzung von Bund und Gliedstaaten über die Unterrichtung und Beteiligung des Bundesrates und der Länder bei Vorhaben im Rahmen der Europäischen Gemeinschaften wurde im *Ratifizierungsverfahren der Einheitlichen Europäischen Akte* vom 28. 2. 1986 erreicht. Frühzeitig hatten die

---

[14] Abgedruckt bei: *R. Morawitz*, Die Zusammenarbeit von Bund und Ländern bei Vorhaben der Europäischen Gemeinschaft, 1981, S. 87ff.; siehe näher dazu dort S. 39ff.

[15] Abgedruckt bei: *R. Morawitz* (o. Fußn. 14), S. 102ff.; ebenso bei: *R. Hrbek-U. Thaysen* (Hg.), Die Deutschen Länder und die Europäischen Gemeinschaften, 1986, S. 237f.

[16] Vgl. den neu eingefügten § 85a der Gemeinsamen Geschäftsordnung der Bundesministerien (GMBl 1980, 471).

[17] Siehe dazu: *I. Hannaleck-W. Schumann*, Die Beteiligung der Länder an der EG-Politik des Bundes, in: ZfParl 1983, 362ff.

[18] Vgl. dazu die Angaben bei: *M. Borchmann* (o. Fußn. 7), S. 596f.

Länder ihre Forderung nach Ausweitung der Mitwirkungs- und Beteiligungsrechte vorgebracht. Sie konnten ihre Vorstellungen nach monatelangen Verhandlungen mit der Bundesregierung in allen wesentlichen Punkten durchsetzen; die Ergebnisse sind in Art. 2 des Ratifizierungsgesetzes vom 19. 12. 1986 (BGBl II, 1102) niedergelegt:

„(1) Die Bundesregierung unterrichtet den Bundesrat unbeschadet des Art. 2 des Gesetzes zu den Verträgen vom 25. 3. 1957 zur Gründung der Europäischen Wirtschaftsgemeinschaft und der Europäischen Atomgemeinschaft vom 27. 7. 1957 (BGBl II, 753) umfassend und zum frühestmöglichen Zeitpunkt über alle Vorhaben im Rahmen der Europäischen Gemeinschaft, die für die Länder von Interesse sein können.

(2) Die Bundesregierung gibt vor ihrer Zustimmung bei Beschlüssen der Europäischen Gemeinschaften, die ganz oder in einzelnen Bestimmungen ausschließliche Gesetzgebungsmaterien der Länder betreffen oder deren wesentliche Interessen berühren, dem Bundesrat Gelegenheit zur Stellungnahme binnen angemessener Frist.

(3) Die Bundesregierung berücksichtigt die Stellungnahme bei den Verhandlungen. Soweit eine Stellungnahme ausschließliche Gesetzgebungsmaterien der Länder betrifft, darf die Bundesregierung hiervon nur aus unabweisbaren außen- und integrationspolitischen Gründen abweichen. Im übrigen bezieht sie die vom Bundesrat vorgetragenen Länderbelange in ihre Erwägungen ein.

(4) Im Falle einer Abweichung von der Stellungnahme des Bundesrates zu einer ausschließlichen Gesetzgebungsmaterie der Länder und im übrigen auf Verlangen teilt die Bundesregierung dem Bundesrat die dafür maßgeblichen Gründe mit.

(5) Ist dem Bundesrat Gelegenheit zur Stellungnahme zu geben, sind, unbeschadet der bereits bestehenden Regelungen, auf Verlangen Vertreter der Länder zu den Verhandlungen in den Beratungsgremien der Kommission und des Rates hinzuzuziehen, soweit der Bundesregierung dies möglich ist.

(6) Einzelheiten der Unterrichtung und Beteiligung bleiben einer Vereinbarung zwischen Bund und Ländern vorbehalten“.[19]

Das neue Mitwirkungs- und Beteiligungsverfahren der Länder bei Vorhaben im Rahmen der Europäischen Gemeinschaften wurde durch die Novelle zur *Geschäftsordnung des Bundesrates* vom 10. 6. 1988 (BGBl I, 864) näher präzisiert (§§ 45a–45k). Bemerkenswert sind inbesondere zwei Neuerungen: Für eilbedürftige oder vertrauliche Vorlagen, die Vorhaben der Europäischen Gemeinschaften betreffen, wird eine *EG-Kammer* eingerichtet, deren Beschlüsse die Wirkung von Plenarbeschlüssen des Bundesrates haben. In diese Kammer entsendet jedes Land ein Bundesratsmitglied; alle Mitglieder und alle stellvertretenden Mitglieder des Bundesrates sind stellvertretende Mitglieder dieser Kammer, so daß diese in Kürze beschlußfähig sein kann (§ 45b). Bei der Abstimmung richtet sich die Anzahl der Stimmen – anders als in den Ausschüssen des Bundesrates (§ 42 II) – nach der Stimmenzahl im Plenum (§ 45h I). – Die zweite Neuerung besteht in der Einführung eines *Umfrageverfahrens*, das eingeleitet werden kann, wenn der Vorsitzende der EG-Kammer die mündliche Beratung einer Vorlage der Europäischen Gemeinschaften für entbehrlich hält (§ 45i). Auch bei diesem Verfahren müssen die Stimmen

[19] Vgl. die Vereinbarung vom 17. 12. 1987, abgedruckt bei: *S. Magiera-D. Merten* (o. Fußn. 4), S. 263ff.

eines Landes durch ein Mitglied oder ein stellvertretendes Mitglied des Bundesrates abgegeben werden.

Alles in allem gesehen ist mit Art. 2 des Ratifizierungsgesetzes zur Einheitlichen Europäischen Akte und den konkretisierenden Bestimmungen der vorgegebene *verfassungsrechtliche Rahmen* aufgebrochen worden. Soweit dem Bundesrat ein Recht zur Stellungnahme bei bestimmten Vorhaben der Europäischen Gemeinschaften eingeräumt und die Bundesregierung teilweise an die Stellungnahme gebunden wird, sind im Blick auf Art. 24 I und 32 I GG verfassungsrechtliche Bedenken zu erheben.[20]

Das seither schwelende Verfassungsproblem hat Bundesregierung, Bundestag, Bundesrat und die Länderregierungen in dem Bemühen vereint, eine für alle vertretbare, verfassungsrechtlich einwandfreie Lösung des föderal-europäischen Problems zu finden.

Bei den Verhandlungen über den *Maastrichter Vertrag*, mit denen die *zweite Entwicklungsphase* einsetzt, hat die Bundesregierung durch das Dringen auf die Verankerung des *Subsidiaritätsprinzips* in Art. 3b des EG-Vertrages auch an die Entschärfung des innerstaatlichen föderalen Streits gedacht:

„(1) Die Gemeinschaft wird innerhalb der Grenzen der ihr in diesem Vertrag zugewiesenen Befugnisse und gesetzten Ziele tätig.

(2) In den Bereichen, die nicht in ihre ausschließliche Zuständigkeit fallen, wird die Gemeinschaft nach dem Subsidiaritätsprinzip nur tätig, sofern und soweit die Ziele der in Betracht gezogenen Maßnahmen auf der Ebene der Mitgliedsstaaten nicht ausreichend erreicht werden können und daher wegen ihres Umfangs oder ihrer Wirkungen besser auf Gemeinschaftsebene erreicht werden können.

(3) Die Maßnahmen der Gemeinschaft gehen nicht über das für die Erreichung der Ziele dieses Vertrages erforderliche Maß hinaus."

Ob mit dieser Regelung der Kompetenzschrumpfung der Länder wirksam begegnet werden kann, ist allerdings zweifelhaft. Denn das Subsidiaritätsprinzip bezieht sich auf die *Ziele* des EG-Vertrages, nicht auf klar abgrenzbare Aufgabenbereiche, so daß alles, was der Zielverwirklichung des Gemeinsamen Marktes entgegensteht, in die Zuständigkeit der Europäischen Gemeinschaft fällt. Welche Gesetzgebungsmaterien – so ist zu fragen – tangieren nicht die Realisierung des Gemeinsamen Marktes?

Eine einvernehmliche Lösung des föderal-europäischen Problems zwischen Bund und Ländern enthält die im Zusammenhang mit dem Ratifizierungsgesetz zum Maastrichter Vertrag beschlossene *Grundgesetz-Novelle vom 21. 12. 1992* (BGBl I, 2086). Nach dem neu eingefügten Art. 23 I 3 GG[21] gelten für die Begründung der Europäischen Union und für Änderungen ihrer vertraglichen Grundlagen, durch die das Grundgesetz

[20] Vgl. dazu die Ausführungen S. 153f. mit Fußn. 2 und 4–6.

[21] Der frühere Art. 23 GG ist mit dem Inkrafttreten des Einigungsvertrages aufgehoben worden (vgl. oben S. 77).

seinem Inhalt nach geändert oder ergänzt wird, die Art. 79 II und III GG. In Angelegenheiten der Europäischen Union wirken der Bundestag und durch den Bundesrat die Länder mit (Art. 23 II nF GG). Der Bundesrat ist an der Willensbildung des Bundes zu beteiligen, soweit er an einer entsprechenden innerstaatlichen Maßnahme mitzuwirken hätte oder soweit die Länder innerstaatlich zuständig wären (Art. 23 IV nF GG). Soweit in einem Bereich ausschließlicher Zuständigkeiten des Bundes Interessen der Länder berührt sind oder soweit im übrigen der Bund das Recht zur Gesetzgebung hat, berücksichtigt die Bundesregierung die Stellungnahme des Bundesrates (Art. 23 V 1 nF GG). Wenn im Schwerpunkt ausschließliche Gesetzgebungsbefugnisse der Länder betroffen sind, soll die Wahrnehmung der Rechte, die der Bundesrepublik als Mitgliedstaat der Europäischen Union zustehen, vom Bund auf einen vom Bundesrat benannten Vertreter der Länder übertragen werden (Art. 23 VI 1 nF GG). Nähere Einzelheiten sind einem Bundesgesetz vorbehalten, das die Zustimmung des Bundesrates erfordert (Art. 23 VII nF GG). – In Art. 24 GG ist ein neuer Absatz eingefügt worden: Soweit die Länder für die Ausübung staatlicher Befugnisse und die Erfüllung der staatlichen Aufgaben zuständig sind, können sie mit Zustimmung der Bundesregierung Hoheitsrechte auf grenznachbarschaftliche Einrichtungen übertragen (Absatz 1a). – Mit der Grundgesetz-Novelle vom 21. 12. 1992 wurden ferner die Art. 28 I, 50, 52, 88 und 115e II geändert sowie ein neuer Art. 45 eingefügt, der die Einsetzung eines Bundestagsausschusses für Angelegenheiten der Europäischen Union vorsieht.

Mit diesen Neuregelungen dürfte das bislang umstrittene föderal-europäische Problem an Brisanz verloren haben. Ob sich diese Bestimmungen in praxi bewähren werden, steht allerdings noch dahin.

Ausblick

In der Bundesrepublik hat sich die weitverbreitete und fundierte Überzeugung durchgesetzt, daß sich das Grundgesetz in den über vier Jahrzehnten seines Bestehens bewährt hat:

„Das als Provisorium für eine Übergangszeit als ‚vorläufige' Verfassung entstandene Grundgesetz hat sich in vier Jahrzehnten als geeignete Grundlage einer stabilen und leistungsfähigen Ordnung erwiesen. Unter seiner Geltung ist der Frieden bewahrt, Freiheit gewährleistet, Wohlstand verbreitet worden. Sein Verzicht auf gesellschaftspolitische Fixierungen, seine Offenheit sozialstaatlicher und wirtschaftspolitischer Gestaltung unter gleichzeitiger Einbindung in eine Grundrechtsordnung, die ihre Durchsetzung in einen Rahmen des Rechts verweist, hat den Wiederaufbau, Wachstum und Wohlfahrt, damit Stabilität ermöglicht und befördert ...".[1]

Das Grundgesetz fußt heute – mehr als jede deutsche Verfassung zuvor – auf dem verwurzelten Konsens breiter Bevölkerungsschichten und damit auf einem soliden Fundament, das eine gute Voraussetzung für die weitere Verfassungsentwicklung ist. Das berechtigt zu hoffnungsvollen Zukunftsperspektiven. Auf der anderen Seite ist nicht zu verkennen, daß das Grundgesetz angesichts zweier grundstürzender Veränderungen vor großen Herausforderungen steht: Die *Wiedervereinigung* vom 3. 10. 1990 und die *Entstehung des Gemeinsamen Marktes* am 1. 1. 1993 mit den Umrissen einer künftigen Währungsunion werden zu Eingriffen in die *Verfassungsstrukturen* führen. Hinzu treten sich beschleunigende Wandlungen im gesellschaftlichen und politischen Gefüge der Bundesrepublik, die bisher schwer abschätzbar sind.

Mit einiger Sicherheit läßt sich heute sagen, daß die Entwicklung zum *unitarischen und kooperativen Bundesstaat* weiter voranschreiten wird, wenn auch nicht in gleichem Maße wie in den vergangenen Jahrzehnten. Trotz kritischer Äußerungen, die vor einer Zunahme der Mischverwaltung und -finanzierung, vor Verwischung von Verantwortlichkeiten, vor der Schwerfälligkeit der heutigen Kooperationsverfahren und dem Machtverlust der Parlamente warnen, ist die Rückkehr zur bundesstaatlichen Ordnung strikt voneinander getrennter Ebenen des Bundes und der Länder eine illusorische Vorstellung, denn die komplexen Aufgaben der postmodernen Gesellschaft und die immensen Kosten, die zu ihrer Bewältigung erforderlich sind, lassen ebensowenig wie die wachsenden inter- und supranationalen Verflechtungen eine Umkehr in der Bundesstaatsentwicklung zu.

---

[1] *H. P. Ipsen*, 40 Jahre Grundgesetz der Bundesrepublik Deutschland, in: JöR NF Bd. 38 (1989), 1ff. (40).

Aus dem Kranz der sich stellenden Zukunftsfragen ist hier nur auf zwei besonders aufmerksam zu machen: Zunächst auf die einer Neugliederung des Bundesgebiets, da sich der Kreis der Länder durch die Wiedervereinigung auf 16 erhöht hat und seither an Grenzen effektiver Zusammenarbeit stößt. Aufregender ist die zweite Frage: was wird aus dem Bundesstaat bei Fortschreiten der europäischen Integration? Die bisher übertragenen nationalen Hoheitsrechte haben inzwischen einen Umfang erreicht, daß die Europäische Gemeinschaft allmählich aus dem Status einer zwischenstaatlichen Einrichtung herauswächst und mehr und mehr den Charakter eines Staates annimmt.

Vor großen Herausforderungen steht die *parteienstaatliche parlamentarische Demokratie.* Nach dem beispiellosen Vorgang der Wiedervereinigung in einem reibungslos verlaufenen demokratischen Verfahren steht die Bewältigung einer Reihe von Folgeproblemen an, deren Ausmaß noch nicht abzusehen ist.

Ungelöst ist die Aufgabe, wie angesichts der zunehmenden internationalen Verflechtungen und des entstehenden Gemeinsamen Europäischen Marktes der Schrumpfung der innerstaatlichen politischen Willensbildung wirksam begegnet werden kann. Insbesondere das demokratische Defizit im Prozeß der europäischen Integration behindert den Weg zu einem vereinten Europa.

Darüber hinaus setzen die vielfältigen gesellschaftlichen – insbesondere wirtschaftlichen und sozialen – Umbrüche und Wandlungen das demokratische System einer nicht geringen Bewährungsprobe aus: Die Bürger verstehen und überschauen die komplexen Entscheidungen des planenden, lenkenden, intervenierenden und verteilenden Staates immer weniger und sehen sich ihnen ohnmächtig ausgeliefert. Der demokratische Gedanke verliert dadurch an Wirkkraft, und die Bereitschaft der Bürger, sich am politischen Leben zu beteiligen, nimmt bedrohlich ab.

Hinzu tritt die Krisis des heutigen Parteienstaates, gekennzeichnet durch die Erstarrung und Verkrustung der Parteienlandschaft, die allgemeine Parteienverdrossenheit und die Bürgerferne der Parteien. Sie zwingt zu Korrekturen am Erscheinungsbild der politischen Parteien, vor allem zum Abbau von deren Selbstbegünstigung, soll nicht das – notwendigerweise parteienstaatliche – parlamentarische Regierungssystem Schaden leiden.

Die vielgepriesenen Allheilmittel der Volksbefragung, des Volksbegehrens und -entscheids versagen schon deshalb, weil sich die Bürger – angesichts des Übergewichts der großen Interessenverbände und des Meinungsdrucks der Massenmedien – realer Kommunikations- und Partizipationschancen beraubt sehen.

„Gewiß erlangt der Bürger des modernen Massenstaates erst über ‚seine' Organisation gesellschaftlichen und staatsbürgerlichen ‚Stand' und er gewinnt durch seine Verbandszugehörigkeit einen (auch Sachverstand produzierenden) Apparat, der seine Bedeutung als einzelner durch die Möglichkeit des plebiszitären Drucks erhöht. Hand in Hand damit aber gehen zugleich Verluste im ‚individuellen Stand'. Die spezifischen Eigengesetzlichkeiten vor allem in großen (und mächtigen) Organisationen bringen es mit sich, daß das Betreuungsmandat der (einfachen) Mitglieder sich zunehmend in eine Blankovollmacht zur Freiheitsbetreuung verwandelt: Der Gestaltungswille des einzelnen wird bereits im Entstehen durch die meist funktionärsbestimmte Gruppe mediatisiert und vorbeschnitten, wobei regelmäßig ein guter Teil der individuellen Originalität verloren geht ... Die grundrechtliche Freiheit politischer Mitgestaltung in und durch Verbände erschöpft sich unter solchen Bedingungen dann im wesentlichen in der Freiheit sozialer Gruppenbildung, konkret im Verbandseintritt oder -austritt".[2]

Große Anstrengungen erfordert die künftige Bewahrung des *sozialen Rechtsstaates.* Seine oben dargelegte Entwicklung und sein beschriebener tatsächlicher Zustand, für den sich eine Reihe weiterer Beispiele anführen ließe, zwingen zur Besinnung auf die Möglichkeiten und Grenzen des Rechts. Ein Übermaß an Gesetzen schafft noch kein Recht, und ein perfektes Verwaltungs- und Gerichtssystem allein kann es nicht gewährleisten. Ohne den Grundkonsens der Rechtsgemeinschaft, wie die Freiheit und Würde des Menschen in die Zukunft hinein zu bewahren ist, kann es kein dauerhaftes Recht und keinen beständigen Rechtsstaat geben. In der Betriebsamkeit unserer Tage bleibt wenig Muße, sich dieser Kernfrage unserer Verfassungsordnung zu stellen, ohne deren Beantwortung unsere Zukunft gefährdet ist.

---

[2] *W. Schmitt Glaeser,* Die grundrechtliche Freiheit des Bürgers zur Mitwirkung an der Willensbildung, in: HdBStR Bd. II, 1987, S. 49ff. (69f. Rdnr. 41).